MISSING PIECES
A Chronicle of Living with a Disability
by Irving Kenneth Zola

ミッシング・ピーシズ

アメリカ障害学の原点

アーヴィング・ケネス・ゾラ
ニキ リンコ 訳

生活書院

MISSING PIECES
A Chronicle of Living With a Disability
by Irving Kenneth Zola

First published 1982
Reissued with a new Foreword 2003
Printed in the United States of America

Japanese translation rights arranged
with Temple University Press, Philadelphia
through Tuttle-Mori Agency, Inc., Tokyo

序文

六〇年代後半のこと、私は「プリズナーNo.6」という英国のテレビドラマに夢中になった。あまり長くは続かなかったが、主演のパトリック・マクグーハンが企画し、ときに脚本も書いていた番組だ。主人公は英国のスパイで、諜報部を退職してすぐに謎の「村」に拉致される。「村」は三方を山に囲まれ、もう一方は海に面している。そこでの彼は「ナンバー6」と呼ばれ、「私は番号ではない、自由な人間だ」といくら抗議しても名前で呼ばれることはなかった。主人公はこのシュールな環境で毎回さまざまな災難に遭うが、いずれ劣らず現実ばなれした事件ばかり。結末も曖昧で、だれも（この番組を扱ったたくさんのウェブサイトも）しかとは説明できない。

この番組にはまったのは、当惑が味わえるからだった。この村はどこにあるのか？　住人たちは何者なのか？　人はどのように出入りするのか？　どんな規則があるのか？　規則を作ったのは誰で、破るとどうなるのか？

のちに私はドラマのことを忘れてしまい、何年も思い出すことはなかったのに、アーヴ・ゾラがもう一つの神秘の村、ヘット・ドルプを訪れた話を読んで、この架空の設定世界が思いがけなく頭に浮かんだ。アメリカからは地理的にも社会的にもひどく遠い世界だとはいえ、ヘット・ドルプは現実世界に実在するし、訪問することもできるのだが。

頼んであったとおりの部屋をなかなか貸そうとしない事務局を向こうに回したアーヴの交渉も、起伏のある敷地を車椅子で踏破する様子も、それどころか、身体障害者のために作られ、現に四百人が居住するこんな場所が存在すること自体が、当初は前後もわからぬ夢の断片のように感じられたものだった。

「プリズナーNo.6」に出てくる「村」は、白い球体が上空から人々を監視する悪意の空間だった。色彩は不自然に鮮やかで、おせっかいなアナウンスやテレビ画面が指図してくる。その意味では、ヘット・ドルプは悪意をもって造られた空間ではなかった。事務局がアーヴの希望を理解できないのは彼の邪魔をしたいからではなく、健常者上位主義者にありがちな鈍感さのせいだった。車椅子を使わずにすむ方法があるのなら（どんなに苦痛だろうと、どんなに疲れるものだろうと）、車椅子を要求する人などいるはずがないというわけだ。事務局の人々は、たしかにパターナリズムのかどで、あるいは住人たちになかなか権力を分け与えようとしないという罪でときどきクロではあったが、看守の仕事をしているわけではない。住人の中にはできれば別の場所に住みたいという人もいるだろうが、彼らとて事故や病気でここに住まざるを得なくなったのであって、人為的に強いられたわけではない。自立が可能なら離村の自由もあるし、現にそれを果たした者もいる。しかし住人の多くは、村外なら必死で探し求めなくては得られないレベルのケアを必要としている。利用できるリソースからいって、彼ら・彼女らは村内にいる方が外の世界でよりも自由なのかもしれない。

アーヴがピーターから受けた「シゴキ」はいじめではなく、車椅子を使う居住者になりたいというのがどこまで本気なのか試すテストだったし、同じテストをアーヴ自身も何度となく自らに課しては、めでたくクリアすることになった。住人たちはおおむね人なつっこく、自分たちの会話や活動にアーヴを迎え入れたし、質問には驚くほどあけすけに答えてくれた。補装具も杖も使っていながら長年自分の障害を否認しおおせてきた彼も、そんな仲間たちとどっぷり一緒に過ごすうち、自らの障害に関して一定の自己認識と自己受容に至ることになる。この訪問はほんの束の間のことだったし、自然な流れにまかせたもので、個人の変容をもたらす力があった（しかもユーモアがたっぷりで、かすかなロマンスの予感さえある）ことから、彼の語り口はどこか田園詩を思わせるものとなった。そしてヘット・ドルプは「プリズナーNo.6」の不気味な「村」よりもむしろ、シャングリ・ラかブリガドゥーンを彷彿とさせる。

こんな比較をしているのは、ヘット・ドルプのような場所が「現実の」世界に存在しうることをなかなか信じられなかった私の疑念のほどを示さんがためである（存在してほしいと願うか否かとは別問題だ）。公的支援による社会的プログラムにはなかなか予算が認められない国、最も良かった時代に激しい戦いでしぶしぶ認めさせたものが、今や見込みなしとして打ち捨てられている国に生きる私には、四〇〇〇人の障害者に加え、その介助に必要となる同数近い職員を支援できるほどの社会的コミットメントなど想像できなかった。私が生まれてこのかたずっと、まるで障害者は楽して得するため進んで事故や病気を得たかのように、あんな人たちを手厚く扶養したら甘やかしになって障害が悪化するとほのめかす政治的風土の中で生きてきたのだから。この国の人々はしじゅう、皆より先に飛行機に運びこまれる私を恨みがましい目で見る。狭苦しい機内でほんの数分よぶんに過ごせることが、私にはもったいない特権だとでもいうのだろう。そんな彼らは、私や私の同類たちのためにまるまる一つの村を造るため自分たちの税金が使われたらどれほど怒るとお思いか。私にとってヘット・ドルプなど架空の話のように思えたのも無理はなかろう。

ヘット・ドルプが周囲から離れていることに関しては、私も、アメリカ育ちの障害者たちがおそらく共有しているであろう複雑な思いをいだいている。電動車椅子を使っている私は、いきなり切り欠きのない縁石に出くわすのにも、市の偉い人が見すぼらしいツーソンの街に風格を与えようと煉瓦を敷きこんだ歩道でがたがた揺すられたりするのにもうんざりしているから、まったくバリアのない町と聞けば、天国の一片のようにも思えてしまう。しかしその町が私のために特に造られたものですよとなると、私はその町の中で疎外を感じはしないだろうか。分離はどこから隔離に、さらには追放になるのだろうか。幸い、私が住んでいるのは先進的な建設業者の手になる家だ。すべての住戸は玄関に段差がなく、廊下も部屋の出入り口も広く、手すりや握り棒があり、車椅子で入れるシャワー室があり、つまり故ロン・メイスが提唱した「ユニバーサルデザイン」と同じ特徴を備えていてしかるべし、住み手が車椅子ユーザーであろうとなかろうと関係ないという発想で、ほかの工務店もぜひともこの例にならってほしいものだ。仮に障害のある人々がみんなよそに分かれて住んでいたなら、世界全体をすべての人が生涯にわたって利用できるようにしつらえるインセンティブなどあるだろうか。

視界から消えたものは意識からも消える。健康人至上主義にして健常者至上主義のわれわれの社会には、車椅子や杖、白杖、酸素ボンベなどを見なくてすみ、配慮してやらずにすむならありがたいと思う人もいることだろう。それらはみな、人間とは壊れやすいものだとつきつけてくる、ありがたくない存在なのだ。私たちだけの町を持つことで、私たちは便利さと安全さを手にする代償に、存在を見せる機会を失うことにならないだろうか。私たちが外の世界に完全に参加しているうちは、私たちの人生も非障害者たちの人生も、複雑さによって豊かさが増す。人の世のさまざまな現実とは、本来複雑なものだからだ。私たちは、ただ自分たちが楽をするだけのために、非障害者たちからこうした見聞を剥奪してよいものだろうか。

本書の美点の一つは、こうした問いを、必ずしもじかに問うてはいないのに読者からおのずから引き出すところだ。その語り口に誘われて、私たち一人一人がアーヴの体験をそのままに共有し、どんなに平凡なことだろうとそのすべてを味わうことになる。アーヴはヘット・ドルプでの暮らしについて、職員に案内されての作業所見学や評議会の公開会議と同じくらい、洗濯をしたり友人たちと酩酊したりといったプロセスに身を浸すことで多くを学ぶ。彼はまたたく間に友だちを作り、周囲に渦巻く思考や感情を最大限に吸収しては、人々との出会いについても、また自分が相手に返した反応についても、敬意をもって公平に報告している。こうして数日のうちに、振り返っては噛みしめるに値するきめ細かな一個の世界が築かれた。荷造りをしてさよならを言い、いつもの生活に戻るべく汽車に乗りこんでからも、問いは尽きることがなかった。

この記録の生々しさには、彼が社会学者として訓練を受けていたことが役立っている。毎日必ず、経験したことを書きとめる時間を確保する習慣のおかげで、その体験は読者も没入できる詳細さで再現された。とはいえ、たいがいの社会学者の手にかかったら、こうした細部はデータに切り縮められ、表や図版に押しこめられ、個人的な要素はそぎ落とされた上に、専門用語と受動態でわかりにくく退屈な話ができていてもおかしくない。つまり本書だって、数少ない同業の社会科学者を除けば、採用を検討する大学関係者くらいにしか読まれない論文になっていたかもしれないのだ。そうならなかったおかげで私たちは、個人的な――それどころか親密な――経験というレンズを通して、閉鎖された環境における人間関係の形成や社交的やりとりに関する仮説を読むことができた。こうして彼はその仮説に障害者にとっての現実を、自分には障害がないせいでじかに知る機会のない人々にもありありとわかるやり方で生命を吹きこんだ。怒り、性、弱さ、可能性といった抽象概念は、人間の顔を与えられたときに初めて、意味をもってたち現れるのだから。

もしもアーヴが、そのデータは「ちゃんとした」学術的なモノグラフにして発表せよという圧力(いくらかはあったはずだと私は確信している)に屈していたなら、障害学の歴史はかなり違った方向に進んでいただろう――そもそも「障害学」が誕生していたらの話だが。

比較的若い読者たちから見たら、各種の地域研究は学問のカタログに昔から載っている古株だと思えるかもしれないが、米国で初めてブラックスタディーズ、ラ・ラザスタディーズ、アメリカンインディアンスタディーズ、アジアンアメリカンスタディーズの学科が誕生するには一九六九年、サンフランシスコ州立大学のエスニックスタディーズ学部設立を待たねばならなかったし、女性学を学べる初の課程もその少し後に登場したものだ。障害学となるとさらに新しい分野であり、それが存在すること自体、少なくとも現在のような姿になったことは、アーヴに多くを負っている。彼はSSCID（慢性疾患とインペアメントと障害研究部会、のちに障害学会と改称された）の創立メンバーとして、またディスアビリティ・スタディーズ・クォータリーの初代エディターとして、ときに障害学の「父」と呼ばれることもあった。そして、一九八二年には本書の刊行と並んで"Ordinary Voices: Voices of Disability & Disease（Cambridge-Watertown, MA: Applewood Books, Inc.）と題するアンソロジーの編者も務め、この分野の出発点を形づくったのだった。

その後、私たちは一九九四年にアーヴを心臓発作のため（あまりにも早く）喪ったものの、彼の残した流れは大きくなり、今に栄えている。あちこちの大学で、障害学の奨学金はすっかり一般的なものになった。障害学以外の学術集団でも、米国現代語学文学協会、アメリカ地理学会、全米コミュニケーション学会、アメリカ教育研究学会、アメリカ歴史学会、米国アメリカ学会など、障害の問題を探究する分科会を置くところは増えつつある。障害学の大会もハワイ大学やラトガーズ大学など幅広い機関で多数開かれるようになり、二〇〇〇年には全米人文科学基金の援助により、サンフランシスコ州立大学でサマーインスティテュートが行われた。現在では、カリフォルニア大学バークリー校、オハイオ州立大学、シラキュース大学、イリノイ大学シカゴ校といった主要な大学の学部で、あるいは大学院で障害学を学ぶことができる。読者の皆さんの中にも、まさにそうした授業のために本書を手に取られた方々がおられるかもしれない。関連の書籍も、テンプル大学出版局やミシガン大学出版局のようにこの分野のシリーズを手がけている版元のみならず大小さまざまな総合出版社からも、個人の手記から学術書に至るまで刊行点数は増えに増えた。

こうして本書は古典となった。ほんの二〇年ほど前に芽吹いた学術分野の基礎をかたちづくった文献の一つなのだから。だからといって、歴史上の遺物として読んでほしくはない。純粋に楽しみのために読んでもらいたいのだ。アーヴといっしょに、ヘット・ドルプ行きの列車に乗ってみてほしい。村での日々についても、障害があるという自身の現状との関係についても、彼の発見を共に味わってほしい。新しい友だちを作ってほしいし、つかの間の奇妙な日々で彼が学んだものの重みをゆっくり味わってもらいたいのだ。必ずや、行ってよかったと思うはずだから。

ナンシー・メアーズ

二〇〇三年四月

謝辞

私が受けた恩義を言葉で書き尽くすことはどうしようもなく難しい。このとおり個人的な記録だけに、そもそも私が「今のような地位」に至ることを可能にしてくれたすべての人々、すべての経験に恩義がある。続いて、自分たちの生活と体験の一部を分かちあってくれたヘット・ドルプの住人たちに。みんなが押し出してくれた内省の旅を、私は今なお歩みつづけている。原稿の段階で詳細な意見をくれた三人には、特別に感謝している。マーラ・サナディは最初の下書きの執筆をずっと支えてくれ、書き上がったものを読んでくれた。ボニー・レナード博士とユマ・マクリーン博士は、そこから改稿を重ねて文章を研ぎすますのを手伝ってくれた上に、方々の出版社に断られてもあきらめないよう励ましてくれた。出版に関しては、テンプル大学出版局の編集者、マイケル・エイムズに格別の謝意を表したい。それまで三五人から「無理です」「考えてみます」「お待ちください」を言われた私に、彼は朗々と「やりましょう!」と答えてくれた。

それから、初出誌からの再録を許可してくれた編集者のみなさんにもお礼を申し上げる。第九章の一部は The New England Sociologist 1, no.2（一九七九年夏号）二一〜三〇ページの「フィールドに分け入るとは自分に分け入ること」として発表された。十章の一部は、The Exceptional Parent 9, no.3（一九七九年六月号）D3～D8に「聞くことも語ることも難しい物語」という題のもと掲載されたもので、The Exceptional Parent 誌の許可を得て転載している（copyright（c）1979）。同章にはほかにも、Archives of Physical Medicine and Rehabilitation 62, no.8（一九八一年八月号）三三五～三五九ページに「『健常者』と『障害者』のコミュニケーション障壁」として発表された部分もある。また十一章の一部が、同誌の次号にも掲載される予定になっている。

最後に、友人と同僚全員、とりわけ、渋る私をたきつけ、この回想と注釈を公表する気にさせてくれたのはライデンのオランダ予防医療研究所、ブランディーズ大学の社会学部、グリーンハウス社、そしてボストン自助センターの仲間たちだった。自分の体験をきちんと形にすることから私が得たものは実に大きく、みなさんが本書を読むことでたとえその半分でも何かを手にしてくれたなら、この努力にも価値があったというものだ。

ミッシング・ピーシズ――アメリカ障害学の原点

目次

第1部　その前

「障害の克服」は障害の物語のはじまりにすぎない

その長短を問わず、また、それがライフサイクルの序盤であるか、中盤、終盤であるかを問わず、はっきりした意義もなく生きた時期が少しでもあったなら、一生をとおしての生の感覚も、死の意味も危うくなるものだ。人生のあらゆる時期は、互いに絡みあっているのだから。（エリック・エリクソン）

私は、社会観察と心理カウンセリングという両方の分野で専門教育を受けたプロだ。それでも二〇年以上にわたって、自分の中のある一部分を、自分の目から隠しおおせてきた。私の身体障害は見た目にもはっきりわかる種類のものだけに、それにはかなりの努力が必要だった。

私は一五歳から二〇歳までのあいだに二回、トラウマとして残るような大きな体験をしている。最初がポリオで、その四年後が自動車事故だ。二回とも、一年は監禁される羽目になったし、体も弱ってしまった。ポリオになったときは主な機能をすべて失い、当初は首から下が麻痺している状態だった。もっとも、その後の二年で感覚や動き、力が少しずつ戻ってきたのだが、結局最後までどうしても力の入らない、神経の損傷した部分が全身のあちこちに残された。中でもひどいのは、腹部と背中、それに右の脚だ。

自動車事故のときは切り傷と青あざがいくつかでき、右大腿骨が粉々になったのだが、このときの体験はポリオのときとはずいぶんちがったものになった。ポリオの療養では家族から離れて病棟で暮らしたが、まわりには、同じように回復を目ざして同じようにがんばっている患者たちがおおぜいいた。大腿骨が砕けたときは自宅での療養だったが、寝室でひとりぼっちで過ごし、外界から切り離されていた。右の足から胸までギプスに閉じこめられて、動けないという実感も、無力感も、ポリオのときよりはるかに強かった。日を追うごとに回復していくさまを目にすることも、回復のために自分で努力することもできないのだから。その代わり、九か月たってようやくギプスが外されたときには、事故の前とほとんど変わらぬ調子で立ち上がり、歩くことができた。事故を思い出させるものといえば、長くて細い傷跡と、脚の中に埋めこまれてはいるが、たいして気にならない鉄の板くらいなものだった。

この二つの「医療関係のできごと」の結果、私は、長い下肢装具と鉄で補強された背中用コルセットをつけ、杖も使うことになった。私の子どもたちが幼いころは、おもしろい歩きかたと言っていた。わが子以外の人々に言わせれば、要するにびっこを引いていたわけだ。では私自身はどう見ていたかといえば、単にやりたいことをじゃまするもの、乗りこえるべきやっかいごとがまた一つ増えただけと思っていた。二〇年のあいだ、そのために注ぎこんできた心理的、肉体的なエネルギーは、自覚していた以上のものだった。しかしそれを乗りこえたからといって、それと一体化したことにはならない。そのことも、本書に記したいくつものほろ苦い教訓のうちの一つだ。

一九七一年から七二年にかけて、私は一年間の研究休暇を得て、ライデン市のオランダ予防医療研究所に研究顧問として滞在していた。こちらがオランダ語らしきものをしゃべるのも大変だったが（休暇の終わりに、オランダの友人たちには「君のドイツ語は実にうまくなったね」と言われてしまった）、それよりも、彼らの慣れない英語を聞く方が落ちつかなかった。特に衝撃を受けたのは、肢体不自由者を表すinvalid（インバリッド）の発音を聞いたときだった。アメリカ人なら「イン」にアクセントを置くところなのに、オランダ人の友人たちは、語源に忠実にvalid（バリッド、「正当な、有効な」の意味）にアクセントを置いて発音するのだ（「根拠にならない、効力がない」という別の単語と同発音になる）。彼らにとっては、ある現実——健康な人と障害者との差異は、後者の無価値さにあるという現実——を表そうと思えば、これが唯一の自然な言いかただったのだ。この発音を耳にするたびに（ここが医療機関である以上、耳にする機会は多かった）私は身震いした。そのたびによびさまされる痛みは深いところに根ざしたものではあったが、そんなことはずっと棚上げしていた。それを改めてしっかり探ってみる気になったのは、当初は偶然だと思っていた、いくつかのできごとがきっかけだった。

研究所の同僚のひとり、ウィレム・メッツ博士の紹介で、私はヘット・ドルプの見学に誘われた。ヘット・ドルプとは広さ六五エーカー（約二六・三ヘクタール）の村で、重度の障害があるおとなのオランダ人四〇〇人の居住に供するという目的で特別に計画されたコミュニティだった。この村は本書の舞台ともなったし、私が自分の中の忘れていた部分、つまり身体の障害について改めて探ってみるきっかけともなった。当初の私の姿勢は、ふだんと同じものだった。自分は調査研究を行うのであって、中立の立場というわけだ。最初は一九七二年の一月、観光客兼専門家という立場での日帰り訪問だった。二度目は五か月もたってから、短期滞在者として一週間の再訪を果たした。それからも、一九七四年八月に三日間、一九七六年六月に週末を一度すごしている。

訪問という言葉こそ、ヘット・ドルプ再訪の一週間に私が当初やろうとしていたことを表すにふさわしいものだった。自分がなぜもう一度行きたいのかをはっきりと意識できていたわけではないが、本格的な研究調査をするつもりはまったくなかったし、まして、自分の体験を元に文章を書き、発表しようなどとも思っていなかった。メモをとるのは習慣になっているからとるだろうなとは思っていたが、記録をどうしようとまでは考えていなかった。

ヘット・ドルプを実感的に理解するために、私は、経験主義的アプローチを全面的に採用することにした。その一週間は、機能障害による下半身不随者に戻ることにしたのだ。療養していたころの経験もあることだし、体が動かせないために起こりがちな問題くらい、たいていこなせるだろうと思っていた。こうして私は、一週間、車椅子利用者に戻ってすごした。すべてを車椅子の高さからやってみた。移動し、食事をとり、顔や体を洗い、ひげを剃り、そして一日が終わるたび、大変な思いをして車椅子から体を持ち上げ、ベッドに乗り移った。狙いといえば、入所者たちの暮らしが身体面からみてどんなものなのかをよりよく理解できるだろう、それに、もしかしたら彼らとのコミュニケーションだっていくらかスムーズになるかもしれないし、という程度でしかなかった。入所者用の個室に泊めてもらえることはあてにしていたが、オランダ語がろくに話せない以上、交流する相手はほとんど施設管理職員に限られるだろうと思っていた。つまり、一週間の「患者体験」で得られるものは、せいぜいプラスα程度だろうと踏んでいたのだ。ところがふたを開けてみると、この「おまけ」がほぼ「すべて」になってしまった。

この七日の間は、通常の時間の単位が通用しなかった。それまでなら人々に受け入れてもらえるまでには数週間、数か月かかっていたのに、ここでは数分、数時間ですんでしまった。人々のつながりにもまたたく間に巻きこまれてしまい、時おり、早回しの映画にでも出ているような気分になった。また、別に時期を合わせたわけではなかったのだが、この一週間には、ヘット・ドルプにとって非常に象徴的な行事が二つもあった。一つは「大祭」という年に一度の大がかりな社交行事で、入所者と職員が芸を披露し、酒を飲んで浮かれ騒ぐというもの、もう一つはドルプ評議会では初めて開かれた公開会議である。ドルプ評議会とは、選挙で選ばれた入所者による会議体で、補助メンバーとして事務局のアドバイザーも参加している。公開会議の目的は、重要な決定がどのように行われるのかを人々に実際に見てもらい、ヘット・ドルプにかかわるさまざまな問題に入所者たちをもっと巻きこみたいということだった。

この一週間で私は、入所者が過ごす施設はもれなく訪れた。だが、何よりも大きかったのは、彼らが自宅へ、生活の場へ招き入れてくれたことだった。会いたいと思った入所者に断わられたことだって一度もなかったのに、向こうから会いたがる人がさらにたくさんいたのだ。また、私と彼らのやりとりが一方的なものになることは一度もなかった。みんなは自分のことも喜んで話してくれたが、私の体験も聞きたがった。どうやって学校を続けられたんですか。どうやって大学教授になったんですか。あなたはお金持ちですか。発言力はありますか。アメリカにはぼくみたいな者を支援してくれる特別な施設はあるんですか。

何から何まできかれた。多くは「身体機能にまつわる疑問」だったと言えないこともない。ただしみんなの関心は、私が日常生活を物理的にどうこなしているかだけでなく、性生活をどうこなしているかにも向けられた。歩行の補助にどんな器具を使っているかだけではなく、性的関係を持つのに何らかの補助手段が必要かどうかというわけだ。

一つ質問されるたび、その十倍もの疑問がわいてくる。自問自答の末に出る答えは、自分でも意外なものばかりだった。

七日間が過ぎると体はへとへとに疲れていたが、精神は大いに刺激されて浮き立っていた。詳細なメモは二〇〇ページを超え、そのほかに報告書や資料も山ほど手に入った。私が七日間で垣間見たものなど、ヘット・ドルプでの生活のほんの一端にすぎない。そう知りつつもなお、この本を書きたくなる理由がいくつかあった。

まず、ヘット・ドルプでの居住生活の実験はかなり異例のもので、それを記した文献で手に入りやすいものはほとんどない。それに、私はたしかにヘット・ドルプで起きたこと、今も起こりつつあることの一部には批判的だが、私が批判しているのは、入所者も運営側も共に歴史的、政治的、社会的な事情にからめとられているという状況である。つまり、ヘット・ドルプにおいて批判されるべきものは、「健常者」中心の世界で「障害者」であるという条件によって生みだされたものなのだ。これはよくきかれる質問でもあるし最初に答えてしまうことにするが、私はヘット・ドルプの実験を成功例と考えている——重度の身体障害者のための「決定的な」解決策ではないものの、「ひとつの」解決策ではあると思う。

二つめに、ヘット・ドルプが設立され、拡大されていったことそれ自体のうちに、人の社会生活というものについて学ぶべき根本的な教訓がいくつも見いだせるのだ。ヘット・ドルプで生活し、働く人々は、われわれが当然視しがちな生活技能を学ぼうと努力している人たちの集まりというにとどまらない。彼らだって「人間としてできるかぎりの幸福」を実現しようとしているのであって、その意味では彼らの目ざすものは万人に共通するものなのだ。

第三に、私がこのときの体験を語ってみたところ、聞いた人たちからは実にさまざまな反応が返ってきたものだ。ということは、私が語ればどうしても私自身の解釈が入ってしまうとはいえ、内容そのものにかなりの力があるはずだろう。

しかし何といっても、私が今こうして執筆しているのは、自分が学んだのが特別なことだったからである。ヘット・ドルプで七日をすごし、一五年のカウンセリング歴を積み、専門家として社会学を二五年研究し、障害をかかえて三〇年、生まれてから四〇数年を生きたことでようやく、「健常者中心主義の社会において障害があるとはどういうことなのか」という問題にきちんと意識が向いたのだ。この本は、単に「ありのままに語ってみました」という一つの実践の成果というにとどまらない。私の物語は、再発見の物語だ――「それ」はどんなことなのかのみならず、なぜ世間の人々が「それ」に目を向け、耳を傾けるのがこれほど遅れたのか、なぜ今もってこれほど時間がかかるのかということをも、改めて考え直した物語なのだ。

このように目標が多岐にわたっているため、私は、社会科学者としてはかなり異例の形式を選ぶことにした。本書は一人称の語りであり、すべてを私というフィルターを通して見ることになる。冒頭で背景説明に二章をさき、初めてヘット・ドルプを訪れたときの様子と、この記録を理解するに必要な基本情報――創設の経緯や建物の配置、入所者、職員、組織などについてのべた。その後の七つの章は、ヘット・ドルプの人々と私自身の人生から七日ぶんを切りとったものだ。入所者体験の中から気がついた問題はなるべくその日その日の記録の中にもり込むよう努めたが、中にはもっと時間がかかり、長くなるものもある。最後の三つの章は、こうした論点を扱うためのものである。

日付順に記述した理由についてては、もう少し説明の必要があるだろう。この記録は、通常のフィールドノートをただ並べただけのものではない。私の観察（それも、ところどころ後日回想した内容で補強されている）を編集したものと、見聞きしたことへの感想とが混ざりあい、その上に多少の解釈も重ねられている。話の題材には、入所者の体験もあれば、私自身の体験もある。

最後に、この記録の中に発言を引用された人々について、ひとこと断っておきたい。当の本人が見ればこれは自分の発言だとわかっても、それ以外の人にはだれの発言かがわからないようにとの配慮から、会話の行なわれた日時をずらしたり、発言者の外見、名前や年齢、性別などを変える、ある人の発言を別のだれかに言わせる、一人の人から聞いた話を二人や三人に分けて言わせる、などといった操作を行なっている。そのため、名前や外見が架空の人物は登場するかもしれないが、発言や行動の内容はそのまま記録してある。

そして何より、本書は一連の中間報告である。転機を乗りこえつつある私という人間についての、社会実験としてのヘット・ドルプについての、丸ごと一人の人間として扱われるべく闘う入所者たちについての、そして社会が、自らが「肢体不自由者」とラベリングした人々を統合するのに苦労しているさまを描いた中間報告なのだ。

私が書いたものは、「社会‐自叙伝」とでも言えるかもしれない。自分の人生には身体的差異が大きな影響を及ぼしていたことをようやく自覚しはじめたばかりか、慢性障害を抱えた人々を社会が無力にしていくさまざまなしくみに次々と目が向くようになった私の旅路、つまり、個人としての旅であると同時に社会的な旅ともいえる、長い冒険の記録なのだから。

第1章

はじまりには理念があった

ヘット・ドルプは、自分たち自身に対しても、ほかの人々に対しても、人間の問題にとりくむにあたっては、絶対に一時しのぎの手段や部分的な解決で手を打たないことを奨励せんとするものである。（アリ・クラップヴァイク）

一〇月のはじめ、私は自席でオランダ予防医療研究所の研究年報を斜め読みしていた。場所はライデン、ときは一九七一年、初めての研究休暇が始まったばかりだった。この小冊子は無味乾燥なものだから、もう何週間も放置していたのだ。でも、研究顧問という立場上、同僚たちが今、何をやっているのか知っておかないとまずいことはわかっている。現在進行中のプロジェクトを並べた長大なリストをじっくり見ているうち、ウィレム・メッツ博士という名前に目が止まった。この人物は、わが同僚の一人の言い方でいうなら「能力が減退した人々」、つまり、知的障害者や身体障害者、神経に損傷を負った人々についての研究に携わっていると書いてある。私も、専門分野はリハビリテーションと称してはいたものの、彼とよく似た分野に関心を寄せていた。そして、メッツ博士といえば、長年開業医として生きてきたのに、四〇代後半か五〇代初めになってから社会研究に転じた人だったぞと思い出したところで、この人に会ってみたいという興味がわいてきた。

それから数週間後、研究所のカフェテリアで昼食をとっているときにその機会が訪れた。隅っこのテーブルのあの人ですよと教えられたその人は、年下の男性と何かについて激しく議論しているところだった。背は高く、髪は白く、頬は血色がよく、活気あふれる六〇歳の男性だ。私は割りこむ非礼を詫びて自己紹介をした。それからの一時間で、自分たちには共通の体験がいかに多いかがわかってきて、仲間意識が芽生えていった。彼も私も、患者の生活や患者の抱える問題に声を与えようとするがゆえに、少なからぬオランダ人の同僚から感情的すぎる、主観的だと言われ、「現象学者」というなんだか不思議なレッテルを貼られていたのである。

メッツ博士は英語がうまくないのでとしきりに詫びていたが、われわれが目下の関心事について語るには何の困難もなかった。彼の話の中でも、ある話題がとりわけ気になった。ヘット・ドルプでの仕事である。ヨーロッパには昔から「治療共同体」というものがあることは知っていたが、それ自体で独立しているものも、身体障害者専用のものも、聞いたことがなかった。ヘット・ドルプのような場所はほかにはないよと博士は胸を張るのだが、どうも手放しでは信じられず、そのような「村」の姿が想像できないのだった。従来型の施設でのケアの経験が、あまりに深くしみこんでいたからである。めんくらう私を見て、よくあることですよという顔で笑いながらも、彼はちゃんと解決策を用意していた。ヘット・ドルプでは研究をしたこともあるし、よければ喜んで案内するというのだ。私たちはそれぞれの予定表を見て、一月初旬に仮の日取りを決めた。

私は興味をかき立てられ、ヘット・ドルプについて事前にいろいろ知っておくことにした。パンフレットや年次報告書、友人との会話（ヘット・ドルプについては、誰もが何かしら知っているようだった）から、ヘット・ドルプがどのように誕生したかおぼろげながらわかってきた。一九五九年に、クラップヴァイクという名の医師がヨハンナ有限責任財団の代表になった。これはオランダ初の、未成年の身体障害者を対象とした施設だった。センターは大きな成功を収めた――しかしクラップヴァイクは、なまじ成功したばかりに悩みを抱えることになった。クラップヴァイクとそのスタッフは、非常に重い障害のあるおおぜいの子どもたちに「身体面のリハビリを施し」たあげく、彼らには適応もできず、活動もできない世の中に送り出すしかなかったからだ。クラップヴァイクは感じていた。これは主として外の世界の側に、社会的にも心理的にも、また建築の面でも、彼らを受け入れる気がないせいではないか。かといって、それ以外の選択肢――施設や親元に隔離すること――が、「生きる」という名に値するとは思えない。隔離されて生きるなんて終身刑も同然、いや、終身刑というよりは死刑に近い。われわれが知っているような普通の人生は終わってしまうのだから。こんなことは不当だ、それも、オランダのように豊かな国でこんなことになるなんて。そう考えたところまではクラップヴァイクもほかの多くの人々と同じだった。しかし彼はみんなとはちがい、事態を変えるため何かをしようと決意した。彼自身の言葉によれば、「私は何らかの方法を見つけて、重度の肢体不自由者が人間として可能なかぎりの力を発揮し、人間として可能なかぎりの幸福になれるよう手助けしたい」というわけだった。この目標を出発点として、クラップヴァイクと仲間たちは最終的に次のような原則をまとめることとなった。

障害も持たず、近代的な福祉国家で生きる私たちは、快適な生活のための最低条件のいくつかを、気にもとめずに享受している。誰もが、次の六つの礎石をもとに自分の生活を築きあげている。

1 居住空間のプライバシー
2 有益な職業に就く、あるいは、少なくとも就こうとする機会
3 楽しみとくつろぎ
4 文化的な生活への参加
5 宗教的なニーズを満たす機会
6 私的生活や地域生活における発言権

これらの原則を、日常生活の方針という形に落としこむのは容易なことではないだろう。ほかのさまざまな「生活実験」もそうだったが、この試みも、現状の生の様式に対する幻滅から発したものだった。創設者たちの言葉を引用すれば、彼らが求めていた場所とは、

「一から生活をやり直せる場所、身体障害者の居住者が、医療施設に閉じこめられたような虚しさや絶望を感じることなく、尊厳と独立性をもって生活できる場所」であった。

クラップヴァイク博士には理念はあれど、賛同者はいなかった。政府機関にも、公の財団にも、民間の財団にも訴えた。どこへ行っても、「ええ、たしかに。おっしゃることは本当です。そのような方々がおおぜいおられることもわかっていますが、そんなお金はないのです」と言われる。とうとう彼は、やけくそ半分の思いつきから、この話を大衆にぶつけてみることにした。一九六二年の一一月、彼は数人の芸能関係者と組んで、今やアメリカの視聴者にはおなじみとなっている「二三時間ラジオ・テレビマラソン（テレソン）」をオランダで初めておこなった。結果は大成功だった。国民の良心を痛ませ、二一〇〇万ギルダー、およそ六〇〇万ドルという大枚をはたかせたのだ。高額の寄付こそほとんどなかったものの、この額だと大人のオランダ人一人につき約一ドル二〇セントを出した計算になる。

「国民の良心を痛ませる」という表現はわざと使った。私はその場にいたわけでもないし、当時を伝える資料もわずかしか持っていないが、ちょっと空想を遊ばせてみることをお許しいただきたい。有名番組はもちろん娯楽番組だ。しかし、うわべは陽気でも、裏には恐怖の見世物が隠されている。有名な芸能人や、身近さが売り物のにこやかな「普通のおじさん」が、かたわの子どもが這い回る姿、よろめく姿、死んでいく姿をさりげなく語ったり、ちらりと見せたりするのだろう。そして私は問いかけられる、「この子が歩けるよう、笑顔になれるよう、力になりたいとは思いませんか？」と。もちろん司会者は、身体障害者向けの長期養護施設の現状をイメージさせる。過密さも、むなしさも、悪臭も、残らず動員されたにちがいない。そして、入居者の苦しみは「あなたの幸福と豊かさ」と対比される。一九六〇年代の初期といえば西欧諸国が好景気に沸いた時代であり、オランダも例外ではなかった。カルヴァン主義の国のことだ、人々はどうしても後ろめたい気分になってしまう。そこに、罪滅ぼしの手だてがすぐ目の前に現れた。このときのテレソンの視聴者は、アメリカの視聴者に

オランダ国民の心を開き、ヘット・ドルプへの扉を開いたラジオ・テレビ募金マラソンのロゴマーク。この鍵は、入居者が自宅ドアを開けるものでもあり、ほかの場所では手に入らない自立の機会を提供するものでもある。このマークはヘット・ドルプの目的と構想を表現している。デザインは自らの手で支える屋根に守られ、安全にくらしている人の形で、ヘット・ドルプが障害者に提供する保護と自立のシンボルである。

はまず手にできないものを与えられた。アメリカの番組で募られる寄附といえば、たいていは、研究のように未完成の事業を支える資金だから、返ってくるのは可能性への希望でしかない。しかし、オランダの人々に与えられたのは、最終的な解決策への約束だった。「お金をくださったら、この人たちのために新しい世界を築きます」というわけだ。人々はお金を出し、クラップヴァイクと仲間たちは「新しい世界」をつくった。着工は一九六四年、第一陣の入居が一九六八年、一九七二年には全施設が完成して四〇〇人が生活していた。

実際のところは、クラップヴァイクも仲間たちも、決定的な、一回こっきりで片のつく解決策など約束してはいなかったし、将来起こるであろうさまざまな問題も十分に把握していたのだが（そのことは彼らの計画書にも示されている）、悲しいかな、そんなことは言い訳にならない。彼らはまるで理想郷を約束したかのように受け止められ、少しでも理想郷に至らない点があるだけで、ある種の裏切りと見なされる運命にあった。

この計画の対象者はどんな人たちだったのか？　案の定、オランダにおける身体障害や知的障害の有病率、罹患率については、正確な数字は見つけられなかった（これらの数字はアメリカでも手に入らなかった）。しかし創設メンバーたちは、そうした人たちが世の中にはおおぜいいることをはっきり知っていた。そこで、自分たちの臨床経験と希望的観測とを根拠に、次のような受け入れ方針を作った。

選定方針――ヘット・ドルプでは、入居者選定チームが希望者を選びます。ここでは身体障害者に対し、生活、社交、労働の機会を保障し、しかも、これらによって大きな幸福が得られるような環境を提供したいと願っています。入居者の選定基準は次のとおりです。

1 ヘット・ドルプはどのような思想信条をもつ障害者でも受け入れます。

2 ヘット・ドルプは、原則的にはあらゆる年齢の障害者を対象としています。しかし実際には、青少年は一八歳か二〇歳まではまだリハビリテーションを受けている時期でしょうし、六〇歳もしくは六五歳を超えた方でしたら（少なくとも現在のところは）高齢者向けの施設に入所する方がうまくいくかもしれません。

3 ヘット・ドルプは、入居前に最大限までリハビリテーションをすませた障害者だけを受け入れることが望ましいと考えています。そのためには当然、希望者の年齢や障害の種類を考慮に入れなくてはなりません。

4 ヘット・ドルプは知的障害者を受け入れません。ヘット・ドルプのコミュニティでは力になれないからです。この基準に関しては、優先的に考慮するのは知能指数ではなく、対人能力です。コミュニティに対してプラスになる貢献ができるかどうか、また、社交が本人にとってもプラスになるかどうかを重視するというわけです。

5 ヘット・ドルプは障害が感覚器のみの方は対象としていません。一方、他の基準が満たされているならば、身体障害者に聴力や視力の障害があるからといって、通常は審査の要件になりません。

6　障害のある入居希望者が、慢性疾患のために二四時間態勢で医療のケアや専門的なケアを必要とするなら、療養施設に入る方がよいでしょう。

7　障害の重さはヘット・ドルプへの入居の可否を決定する要因にはなりません。共用部も占有部も改造が可能ですし、できるかぎり充実した人生を実現したいと望む人々を念頭に置いて設計するのですから。

8　ヘット・ドルプは入居者の選定にあたり、なによりも希望者の利益を最優先します。このため、ヘット・ドルプ以外の場所でよりよいサービスが受けられるであろう場合にも（多くは助言を行うという形で）、常に希望者の利益を大切にしたいと考えています。ですから、その方があくまでも最大限の成長をとげるという目的のため、ヘット・ドルプはほかの選択肢を慎重に検討することがあります。

この方針が何を含意するのか読みとろうと、私は何度も何度も読み返した。思い当たった点は二つ。一つは入居者層の構成である。ヘット・ドルプはあらゆる人に開かれているため、階級も宗教もばらばらな人々が集まることになった。こんなことはオランダの地域社会、中でも人口四〇〇人の村にはめったにみられない。ヘット・ドルプがどの程度うまくいっているのかは私にはわからない。発見できた唯一の資料でわかったのは、男性よりも女性が多いこと（表1）、そして一般に女性は男性より寿命が長いため、年齢別の人数にもそれが反映されていること（表2）だけだった。

しかし本当に目を奪われたのは、入居者の診断名だった。手に入ったデータを見ると、彼らの抱える健康上の問題は深刻であることが確認できた。

選定基準によると、重病にかかっていても入居は許可されるとはいえ、どうやら病気をある程度はコントロールできている必要があるようだ。急激に進行するような病気の人は一人も入居していないが、いつか状態が大幅に悪化すれば、退去せざるを得なくなる可能性がうかがわれる。公式の文書を見ても、この疑いを晴らしてはくれない。

「年齢に上限は設けないが、加齢によって精神あるいは身体の機能を完全に失ったり、寝たきりになったりした場合、病院など、ほかの施設に移るよう説得せざるを得なくなるだろう。精神疾患あるいは身体疾患を発症して、看護や医療が必要になった場合も同様である。」

これより後になって作成された、入居者の目にも触れるであろう文書では、なんとかしてこの方針をやわらげようと努めている。

「将来、いつかは病気のために村を出なければならなくなると知りつつ転入してきたのでは、この

表１　1971 年の入居者数

性別	障害者	いわゆる健常者
女性	225	2
男性	162	6
合計*	387	8

＊合計には 37 組のカップルが含まれる。うち 29 組は障害者どうし、8 組は片方のみが障害者だった。

表２　1971 年の年齢別入居者数

年齢	男性	女性	合計
20 歳未満	1	0	1
20 歳－25 歳	24	30	54
25 歳－30 歳	35	22	57
30 歳－35 歳	20	28	48
35 歳－40 歳	13	28	41
40 歳－45 歳	16	28	44
45 歳－50 歳	21	26	47
50 歳－55 歳	15	26	41
55 歳－60 歳	9	18	27
60 歳－65 歳	7	12	19
65 歳以上	1	7	8
合計	162	225	387

病名別人数*

脳性麻痺　98
多発性硬化症　50
筋ジストロフィー　47
ポリオ　28
関節リウマチ　27
二分脊椎　27
外傷または手術による脳障害　23
フリードライヒ失調症　23
先天性形成異常　7
骨形成不全症　6
その他の身体疾患　5
関節拘縮症　4
ヒテレフ病（強直性脊椎炎）　3
パーキンソン病　3
スティル病　3
脊髄空洞症　3
先天性股関節脱臼　3
特発性後側弯症　3
モルキオ症候群　2
軟骨形成異常　2
血友病　1
骨化性筋炎　1
強皮症 1
結核性股関節炎　1
痙性脊髄対麻痺　1
てんかん　1

「健常者」　8

＊ 16 人の入居者は未分類

ことが精神的な負担となるでしょうし、人間関係になじむためにも、村で幸せに暮らすためにも、そのような精神状態が大きな悪影響を及ぼしかねないことは、容易に理解できるところです。(中略)今のところ私たちは、こうしたケースでも個人の自由選択という原則を崩してはならないと考えています。そうなると(ゆくゆくはという話ですが)、二四時間態勢で看護を行なう療養部門を立ち上げざるを得なくなるかもしれません。これについてはまだ検討中です。現段階では、それぞれの自室で必要な看護を提供することができています。」

私は本能で感じた。この言い方ではどのようにも解釈できる。この理想郷も、どんなに小さかろうと、影と無縁ではないのだ。

ヘット・ドルプに関する文書から知りえたことはこれで全部だった。次には、何らかの心の準備もいりそうな気がしてきた。それから二週間たった一一月一〇日のこと。たいした用事もなく机に向かっていると、ある記憶がうるさくつきまとってくるのだった。この日は本当なら、一四回目の結婚記念日になるはずの日だった(私はその年の秋に妻と別居していたのだ)。何でもいい、せめて自分の人生のある部分だけでも整頓したいという思いで、黄ばみはじめてはいるがていねいにしまってあるメモに手を伸ばした。これを書いたのは一九六九年五月二日と三日、世界保健機構(WHO)の仕事でインドのニューデリーにいたときだった。この二年半、いつの日かきちんとまとめるぞと心に誓いつつ身近な場所に置いていたが、今日こそその日だ。私は執筆に取りかかった。

インドでヒエロニムス・ボッシュとともに

インドに行けば風変わりなものをたくさん見聞きするだろうとは思っていたが、歓迎の挨拶までがそうだとは予想外だった。飛行機を降りて歩いていると、政府の役人が一人、私を出迎えるべく人混みをかき分けて駆けよってきた。シーク教徒で、ターバンを巻いた姿もまばゆいばかりの男だ。互いの自己紹介と握手がすむと、彼は矢つぎ早に質問した。「アメリカのどちらのご出身ですか？　学部はどこの大学でしたか？　修士はどこですか？　足はどうされたんですか？」アメリカ人ならだれでもおわかりだろうが、この最後の質問は初対面の者どうしの会話の導入によくあるものとはいいがたい。私は「ボストン、学部もハーバード、博士号もハーバード」とまとめて答えて、少々口ごもりながら「ポリオの上に自動車事故が重なったものです」と言った。この質問は不愉快だったし、もしかしてシーク教の人たちはこうなんだろうかとも思いはじめた。車のところに着くと、同僚を紹介された。今度はタミル人だ。今度も出身地をきかれ、学歴をきかれ、足はどうしたのかときかれた。それから数時間にわたって、同じことが何度もくり返された。官僚のトップであろうと大臣であろうと、最初の質問はほとんど変わらなかった。どうやら私の返答は、先方がまさに聞いておきたいし、覚えておきたい情報として適切なものだったようだが、こちらとしては、アメリカ人にとっては非常にプライベートな問題に立ち入られるのを奇異にも思ったし、少々いらだってもいた。私は背中のコルセットと長下肢装具をつけ、杖をつき、びっこを引いて歩いているが、そのことを露骨に突きつけられたのは数年ぶりだった。それでも私は、この件は受け流して目先の仕事に注意をふり向けようと決めた。ところがこれは、きたるべき事件の予兆、それから一週間後に「私の足はどうしたのか」を切実に意識させられるできごとの予兆だったのだ。

金曜日の午後二時ごろ、私は豪華なオベロイ・ホテルの表で腰をおろしていた。暑く乾いた日で、日陰でも三五度近かったが、気分が高揚しているおかげで、ふだんは苦手な暑さもさほど気にならなかった。これまで一週間の会議も面白くはあったが、その日は初めての「冒険」に出かけることになっていたからだ。それまでもりっぱな医療施設には何か所か連れていかれたものの、私はもっと地元ならではの場所を見てみたかった。その方が、より現実味が感じられそうだと心ひそかに考えていたのだ。同僚たちがそんな私の要望に応えて、とあるアーユルヴェーダの治療師、地元で民間療法を行っている医師に会えるよう、手配してくれた。そんなわけで私は、迎えが来るのを待ちながら、どんな質問をしようかと考えていたのだった。

クラクションが鳴り、見慣れたＷＨＯのマークをつけたバスが止まった。後部座席には、この日の案内役をつとめてくれるＴ先生とＭ先生が座っている。二人が手を振り、私も挨拶を返した。今日もサリー姿が美しいＭ先生の方にどうしてもよぶんに目をやりながら、私は両腕に力をこめて立ち上がった。そのとき、パキンという音がした。身体の内部で鳴ったように聞こえたが、けがをした感じはしない。バスまで歩くあいだも、キーキー、カチカチといやな音がしている。乗りこんで腰を下ろしたところで、問題の正体が明らかになった。ズボンのひざ部分から何かが顔を出しかけているではないか。一五年つけていた補装具が、ひざのすぐ下のどこかで折れてしまったのだ。

今や私はわが家を遠く離れ、見知らぬ土地にいる。仲間もいなければ、もちろん、予備も持っていない――しかも、（よりによって）アーユルヴェーダの治療師に会いにいく途中なのだ。この治療師はあらゆる病気を治せる人だという評判もまんざら嘘ではなさそうだが、さすがに溶接は無理だろう。私はおずおずと「あのう」と言ってみた。その声もつっかえがちで、あわてぶりがにじみ出ている。「ちょっと困ったことになりまして」と脚を指さした。残念ながらこれだけではわかってもらえず、恥をしのんでズボンをめくり、ぶらぶらになった部品を見せた。「大丈夫ですよ」と二人は言い、運転手に別の行き先を指示した。私はもはや汗びっしょりになっていた――不安のせいもあれば、車内がオーブンのように暑いせいもある。

何分か走って、低層の建物がいくつも並んでいるところへ着いた。ペンキははがれかけ、陽ざしに焙られてくすんだオレンジ色に光っている。私とは正反対にT先生は胸を張って、こちらはネルー・リハビリテーションセンターですと言った。一〇〇メートル近くも先の玄関まで足を引きずって歩くあいだじゅう、補装具のカタンコトンという音がひびきわたり、私が近づいてくることをみんなに告げ知らせているように思えた。建物の外観も、人々をちらりと見た感じも、安心材料にはなってくれなかった。待ち受けていたのは、リアルすぎるヒエロニムス・ボッシュの絵画とでも言うしかない光景だった。二人が担当者に事情を説明している間、私は眼前の光景を吸収しようと――あるいは、否定しようと――していた。手をのばせば届く範囲に、ありとあらゆる身体的苦痛がそろっている。ターバンを巻いた老人が一人、歯は一本もなく、目は片方見えず、脚も片方は足首から先がない姿で、誇らしげとも見えるほどすっくと直立している。二十歳ぐらいの若者がうろうろ歩き回ってはいろんな人に話しかけるが、だれも取り合おうとしない。数えきれないほどの子どもたちが、足を引きずりながら行き来している。もっと幼い子もいた。手足が縮んでいる子、泣き叫んでいる子、ただじっと見つめている子。みんな母親に抱かれ、ときおり揺すってもらっている。腕や脚を失っている人があんまり多いので、かつて戦地での切断手術について読んだシーンが目に浮かんでしまった。手脚は次から次へと切断され、投げ捨てられ、いくつもの山をなしたという話だ。何よりも耐え難いのは、人々がグロテスクとも思える方法で動きまわる姿だった。二十代半ばの男が荷車に膝立ちして、両手で漕いで前進している――『ポーギーとベス』のポーギーに似ているが、ポーギーの華麗さはない。脚が両方ともない男もいて、両手でぴょんぴょんと跳ねて動き回っているが、あまりの遅さに見ているのがつらかった。

しかしここにいるのは、ボッシュの絵画に描かれているような、呻き声をもらす人間の群れではなかった。どちらかと言えば、あるのはあきらめの色だった。そして、苦痛を表に出しているのは私一人であるらしかった。むかつく胃をかかえ、自分はこんなところで何をしているのだろうと思った。こんな目にあうというのに、なぜ安全なジュネーブを離れたのだろう。人々に医療サービスを行き渡らせるのが大変だという話を何日も聞いたあげく、今度はそれをじかに体験するのだろうか。参与観察をするつもりはあったが、これは覚悟していた限界をはるかに超えている。

つらさを一瞬やわらげてくれたのは、一人の幼い少年だった。少年が私をじっと見つめるので、私も見つめ返した。彼が私とそっくりな長下肢装具をつけているのに気づくと、嬉しさに叫びたくなった。このセンターで私の問題が解決できるばかりか、下の世代の少なくとも一部は最新のリハビリテーションを受けているということだ。M先生が私の名前を呼ぶのが聞こえ、次にT先生が近づいてくるのが見えた。「万事手配ができましたので、私たちは二時間ほどで迎えに来ます。よろしいでしょうか?」私は承知したしるしにうなずいたが、本心というわけではなかった。本当に置いていかれてしまうのか? そんなふうに思ってしまうこと自体が恥ずかしかった。自分は何を恐れているのだろう? そんなわけで、私は虚勢を張って肩をすくめた。あちらにベンチがありますよと言われたので、足を引きずって歩き、腰をおろした。これまで以上に直立とはほど遠い姿勢になると、よけいに打ちのめされ、息さえ詰まりそうな気がしてきたが、理由が解せない。入院生活も長かった自分なのに、なぜこんな反応になるのか。にわかに理由がわかった。私が入院していたときにまわりにいたのは、回復しつつある人たち、なんとか回復しようと奮闘する人たちだった。ここの人たちの病気や障害は慢性のもので、回復の見込みはほとんどない。

私のこんな気分は顔に出ていたのかもしれない。周囲の人々がかわるがわる自己紹介をしては、この場所のことをいろいろ教えてくれたからだ。みんな何とか力になろうと愛想よくしてくれるのに、彼らの言うことは一言もわからず、ほほえみ返すしかできない。そのとき一人の若者が、この人の悩みがわかったぞとばかりに、私の傍らの男に何かを言った。私の隣のひげ面の男が同意してうなずくと、若者は勇んで飛び上がり、左足をひきずりながら人ごみの中を走り去った。彼は数分で戻ってきた。さし出された手には、栓の開いたコカコーラの瓶がある。胃が重苦しくなってきた。気が進まない。わずか二日前、WHOの同僚と二人、飲み水から感染した赤痢でトイレに釘づけだったことを思い出す。またしても同じことをくり返す気か？私の絶望を見てとった若者は、わかりますよとでもいうように笑い、先に自分が一口飲んで見せた。そして、集まっていた人々に向かって自信ありげにうなずくと、瓶を私に手渡した。ばつも悪いし、親切もありがたいし、これ以上拒むわけにはいかない。私はコーラを飲み、瓶を渡した。その場の全員が満足げな表情になり、私もうれしかった。

自分の勇気をほめるひまもなく、丈の長い白衣を着た職員が現れた。「ゾラ博士、一緒にいらしてください、こちらで診ますので」。そのとき視界の端で、だれかが幼い男の子を抱いて、三方をパーティションで仕切られた小部屋から出ていくのがちらりと見えた。私が案内されたのは、その小部屋だった。「ここの方が落ちつけるかと思いまして。では、補装具を外してください」。彼は行ってしまい、私はぐるりを見回した。職員は去りぎわにぼろぼろのカーテンを閉めていった。丸見えよりは気分的にまし、という程度だ。私が座るはずの台には、尿の池ができていた。さっきの坊やが、私に場所を譲るべくあんまり慌ただしくどかされて、不安でもらしたのかもしれない。もうしわけない気分だった。だからといって、坊やを自分で作った水たまりのところへ連れ戻してもらったところでしかたがない。私はぐらぐらする椅子に腰をおろし、ズボンを脱ぎ、補装具を外し、再びズボンをはき、補装具を片手に足を引きずりながら小部屋を出た。歩みは来たとき以上にのろく、不安定で、補装具は右側が割れて垂れ下がっている。それを、今度は白衣の若い女性に渡した。

少しは落ちついて、先ほどのベンチに戻った。できることといえば、がやがやと騒がしい人々を眺めるくらいだった。たくさんの人が行き来している。ぎくしゃくした動きのせいで、スローモーションの映画の登場人物のようだった。一台の車椅子がものすごいスピードで戸口を抜けてきた。乗っているのは黒い巻き毛の十代の少年で、腰から上は筋肉隆々、腰から下は萎縮している。少年は職員に一枚の紙を渡した。そういえば、行き来している人の多くが何やら紙を持っている。私は何も持っていない。することもない。読むものもない。話し相手もいない。怖さよりは当惑で、私は子どもたちに笑いかけた。子どもたちも笑い返してくれた。しだいに、ぼろぼろの衣服と変形した身体に囲まれて、ある要素だけが浮いている気がしてきた――堅苦しい、輝かんばかりに白い白衣を着た医療スタッフだ。一人残らず若く、美男美女ぞろいなのだ。これは単に、彼らは健康で、われわれはちがうというだけのことなのだろうか。それとも、何らかの選択がはたらいているのだろうか。容姿を基準に採用しているのか、それとも、自分が容姿端麗だとこういう場所で働きたい気持ちになるのだろうか。どうしても思い出すのは歯科医院での経験だった。されるがままに座っている私の歯茎をつつき、正しく磨かない怖さを説明する歯科医師も、衛生士たちも、みんな虫歯のない、輝くような歯をしていたものだ。

とうとう、そんな空想も断ちきられるときがきた。「ゾラ博士、できましたよ」。私が立ち上がると、補装具があった――修理され、ちゃんとしている。もう一度さっきの小部屋に案内された。私は着替え始めた。そのとき、職員が首をつっこんできた。「すみませんが、こちらへ出てきていただくわけにはいきませんでしょうか。それか、ここでもいいんですが。補装具をつけて立っていただくだけでいいんです」。一瞬、何を言われているのかわからなかった。職員は言葉を続けた。「みんな喜ぶと思うんですよ。仕事のできばえがわかるわけですから」。まだよくわからないなりに、感謝の意を表するため、私は立った。恥ずかしかったが、一歩踏み出した。ズボンを腕からぶら下げて、私は立っていた――上半身は背広にシャツにネクタイをしめているのに下半身はパンツ一丁で、補装具をつけた私の姿はふだん以上に人目にさらされていた。つき添いの職員はそんな私にはちらっと目をやっただけで、私が出てきたことをみんなに知らせ、スタッフを呼びあつめた。さらなる衝撃が私を待っていた。来たのは男ばかり五人。一人は片腕と片足がなく、一人は松葉杖をつき、一人は片腕が萎縮していた。その隣は大柄な男で、同僚を一人、腕に抱えている。抱えられている男の脚は、ついさっきまでの私の補装具と同様に力なく、生気もなく垂れさがっていた。先ほど見た騒がしい光景のいくらかに納得がいった。みんなが紙を持って行ったり来たりしていた理由も、そんな彼らがおおぜいいた理由さえも。私がこの数時間をすごした場所は、リハビリテーション施設であるだけではなく、授産所でもあったのだった。

私はみんなにお礼を言い、自慢げに補装具を指さし、力をとり戻したことを示すように足を振って見せることさえした。みんなは歯を見せ、くすくすと笑い、帰っていった。私はズボンをはき終えて周囲を見渡した。このとき初めて、障害のある女性がまったく見あたらないことに気づいた。女性だって苦労しているはずだ。でも、どこで？　何らかの理由で、この程度のリハビリテーションすら受けるに値しないと考えられているのだろうか。女でありかたわである彼女たちは、二重に呪われているのだろうか。さっきとは別の美人職員が請求書をくれた。アメリカの相場からみればおそろしく安く、一ドルにも満たない。それでも私が感じたのは苦い味だった。私は、ここの人々のたいていには手が届かない金額を払うことができる。さっきの男の子のような例はどれくらい普通なのだろうか。ここと同じような場所はいくつあるのか。このように貧しい国では、だれかれかまわずリハビリテーションを行うなんて贅沢だと考えられているのかもしれない。もしかしたら、この国に着いたばかりの私があれほど好奇心の対象になったのも、そのせいなのかもしれない。みんなは普通、かたわ（いやな言葉だ）が社会的に高い地位につく、少なくとも、人前に出るような職に就くなんて思っていないのだ。

そんな思いを胸に、私は出発した。ひどく後ろめたい気がしたし、自分が何かから逃げているという確信もあったが、何から、なぜ逃げているのかはよくわからなかった。元どおりに不自由のない体になって嬉しいのはたしかだ。医療関係の仕事仲間に、いかにもアメリカ流の言い回しで「おい、君まで新品同様になっちゃって」と言われて、改めてそれを感じた。居心地の悪い思いはありながらも、この決まり文句で気分が高揚したからだ。車へ向かって歩きながら、私の受けたケアがどうだったか、ほとんど形式的にたずねられた。「りっぱなものでしたよ」と答えると、彼らはそれ以上何もきかず、次の見学先についての話題に移った。

一週間前の出迎えのときに交わされた会話と同様、私の三時間にわたる体験も、彼らにとっては雑多な情報の一つ、多忙な毎日の中で起きたできごとの一つでしかなく、記録をすませたらたちまち忘れられるたぐいのものだった。しかし、私にとってはそうではない。私にとっては。

私は満足感とともにペンを置き、書いたものを読み直した。外は暗くなっている。職員はほとんどが帰宅していた。いい気分だったが、ただ単に、けじめをつけてすっきりしたというだけではなかった。数か月後になって初めてわかったことだが、これは終わりであると同時に始まりでもあった——自分の身体障害を、私という人間の一部として、改めて組みこんでいく作業の第一歩になっていたのである。

ヘット・ドルプの不安な点も知り、自分自身についてもいくらかは見つめ直した私は、メッツ博士から見学を認められたという電話が来るのを待っていた。一二月下旬に電話があり、一九七二年一月五日、私はオランダを東へ横切ってアーネムへと向かった。

第2章

初めての理想郷訪問

そして私は信じる、人間はただ耐え忍ぶだけではない、人間は勝利する。
（ウィリアム・フォークナー）

ヘット・ドルプを初めて訪れたときのことを思い返すと、どうも奇妙な感じがする。無音の見学記になっているのだ。メッツ博士とはずっと一緒にいたし、案内役もおおぜい同行していたのに、会話をかわした記憶がほとんどない。もしかしたら、本当にそうだったのかもしれない。私の滞在できる時間は限られていたから、職員たちはみな、自分の仕事の内容をできるだけ詳しく、できるだけ早く説明しようとしていた。私の頭の中のテープレコーダーは回っていたし、指もデータをメモしていたのだが、視線も意識もしょっちゅうよそへ行っていた。

その日の朝はすばらしい晴天だった。オランダを横断する列車の旅は快適だったが、あまりに平坦なものだから、アムステルダムでどこかの塔にでも登ったらドイツまで見えてしまうのではないかなどと空想したものだ。列車に乗っている間は、意外なほどヘット・ドルプのことは考えていなかった。ところが、メッツの車で現地に近づくにつれ、その立地の皮肉さに驚かされた。オランダ人ときたら、こんなところでまで不屈の精神を発揮して、自然を克服したいのだろうか。国のほとんどが平地だというのに、アーネム市からちょこんとつき出したようなわずか六五エーカーのヘット・ドルプは、いくつも連なった丘や谷の合間に、てっぺんに、へりに建てられているのだ。この立地が選ばれたのは、主として空きがあったから、そして、母体となったクラップヴァイク博士の勤務先の施設（ヨハンナ財団）にも近いからということだった。一見すると、こんな地形では身体障害者ならだれもが困るだろうと思ってしまうが、そうではなかった。メッツ博士の話では、ヘット・ドルプの設計主任はJ・B・バケマという建築士で、この人は、再建なったロッテルダムの歩行者専用道路、ラインバーンの生みの親だという。ラインバーン商店街と同様、ヘット・ドルプにおいても、最優先されるのは人間。ただここでは、主役である人間が車椅子に乗っている点がちがうだけ。ヘット・ドルプは医療従事者が濃厚なケアを提供する場所としてではなく、人が住む場所として設計されたのだ。

実際、そうなっているように思われた。敷地内でいちばん高い場所に立ってみたが、特別に目立つものもない。見た感じは、外へ行かなくてもひととおりの用が足せる、中流階級向けの公営住宅街のようだった。三階建ての建物がいくつも風景になじむように建てられていて、オランダの家がたいていそうであるのと同じく、花壇に囲まれていた。敷地のすぐ外側に沿って、交通量の多い四車線の高速道路が走っている。この道路と接している側の一帯には、施設の本部棟、スーパーマーケット、レストラン、ガソリンスタンド、旅行代理店、郵便局、美容院が並んでいる。そのほか、礼拝所と公共図書館もあり、そこからは見えない離れた場所には体育館もあった。一つの村に必要なものは何でもあるわけだ。そして、これらの施設はどれも、ヘット・ドルプの入居者だけではなく、アーネム市民にも開放されていた。ここは、二つの世界――自由に動き回れる人たち（valid）の世界と肢体不自由者（invalid）の世界とが実際に接する場所でもあり、統合への出発点でもあったのだ。

そこは行き交う車の音がたえず響いてくる場所なのに、私の白昼夢を断ちきったのは、ある聞きなれない音、電動車椅子のかすかなうなりだった。だしぬけにふり向くと、目に入ったのは、ここへ来て最初に見る入居者だった。彼は私や連れのことなどほとんど気にもとめずに、スーパーへ乗り入れていった。あとをつけてみたいという願望はふり捨てて、ここがどんな場所なのかをつかもうと、もう一度ぐるりを見回してみた。最も大きな建造物は六階建ての塔だ。施設の案内役（メッツと私の見学に同行した何人かの一人だった）にあれは何か質問してみた。「あそこは職員の多くが住んでるところです」。顔色は変えずに受け流したものの、内心ではざわっとするものがあった。職員が入居者を見下ろすという象徴的な意味をどうしても思わずにはいられなかった。

入居者の住居のことをきいてみると、熱のこもった答えが返ってきた。住宅は実にさまざまで、比較的新しくできた既婚カップル一〇世帯用の建物もあれば、個室が三〇戸、九〇戸、あるいは一二〇戸というはるかに大きな建物もあった。案内役は、いちばん新しく建てられたカップル向けの住宅をとりわけ誇らしく思っているようで、ヘット・ドルプの歴史において結婚というものには特別な意味があるのだなと感じられた。そういえば、ここで行われた初めての結婚式の写真はパンフレットにも載っていたことを思い出し、それなら「初めての子ども」も誕生しただろうかともちらっと考えた。「夫婦向けの住宅が建てられたのは最近のことですが、それも無理のないことでした。入居者の八四％が独身ですし、一人での生活を望んでいますので」と案内役はいう。まさか、この人は本気で

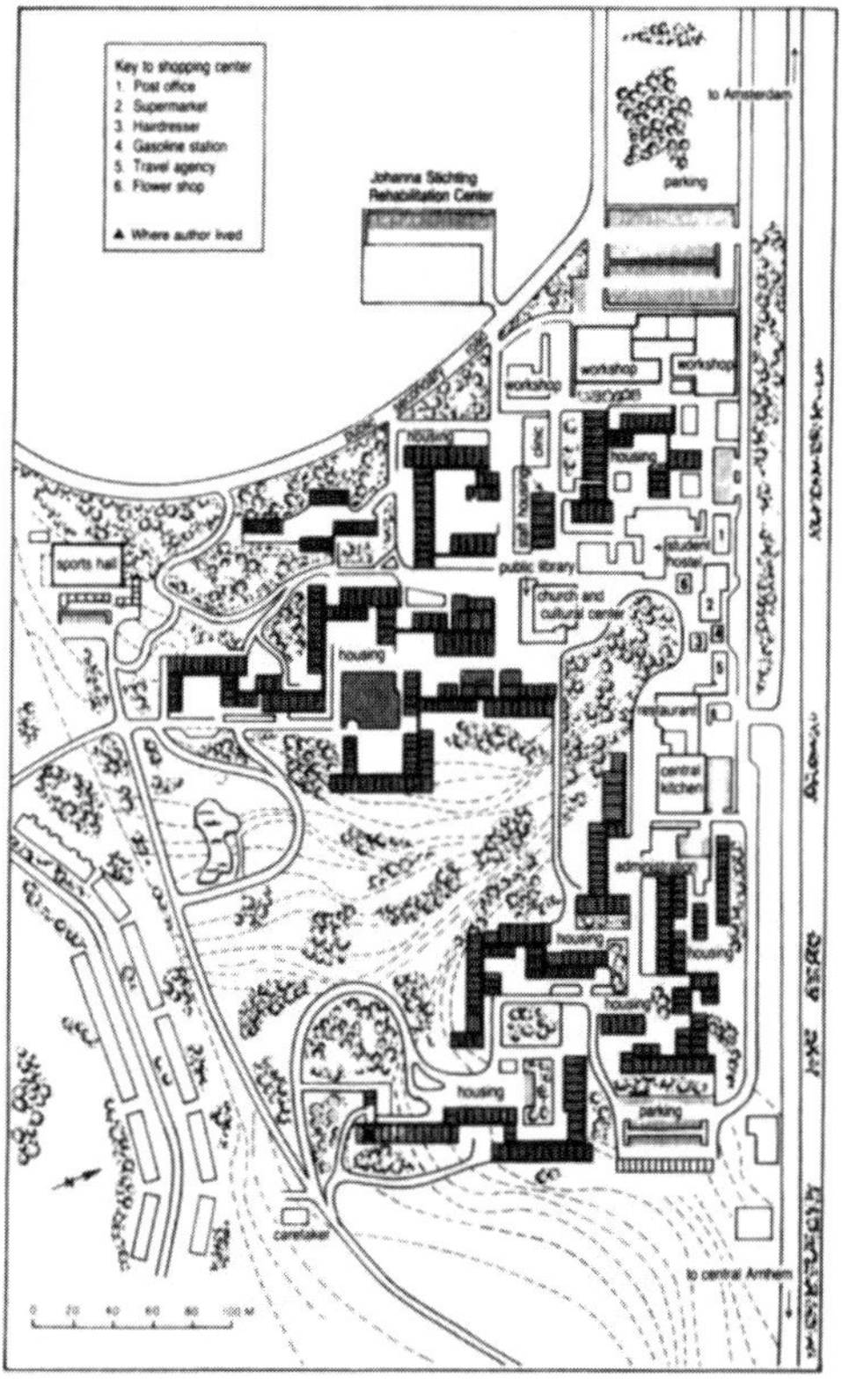

言っているのだろうか。

入居者の部屋を見学できますかと尋ねると、間髪を入れずに「入居者の住居は『部屋』ではなく『家』というんですよ」と訂正が入った。それでも願いは聞き入れられ、われわれの次の目的地はすぐ近くの居宅ということになった。ひと目見て、その広さに驚いた。一つずつの

部屋がどれもオランダの標準より広く、一六フィート×一四フィート（約四・九メートル×四・三メートル）で、細かいところでいろいろと造作に特色があった。コンセントはやや高く、窓はやや低く、出入り口はやや広い——どれも車椅子の利用者にはとても大事なことだ。浴室は私の感覚では巨大だった。洗面台は低めで、鏡には傾斜がついていて、壁には要所要所に手すりがネジ留めされている。また、どの住戸も、扉を開け閉めしたり、電話やテレビを操作したり、離れたところにある物を取ったりするのに必要なら、電気じかけの、あるいは器械じかけの装置をとりつけられるようになっていた。

ヘット・ドルプの成果で最も印象的だったのは、日常生活のさりげない要素に気を配っていることだった。そういえば、初期の計画段階で書かれた文書には、こんな控えめな表現があったのだった。

「もちろんヘット・ドルプは、公式には、また表向きには身体障害者の治療と介護を目的として助成を受ける施設ということになるが、入居者のためを思えば、建物も運営組織も、その雰囲気がほんのわずかでも施設とは似ないようにする所存である」

設計にあたった人々は、大変に気を使い、想像力をはたらかせてこの課題にとり組んだ。どの部屋も思い思いの使い方がされている。病院や養護施設とちがって、ベッドはここに置くものですとあらかじめ決まっていたりはしない。もちろん住戸ごとに個別のドアがあり、鍵もついているわけだが、その鍵を持っているのは入居者なのだ！　施設ではたいてい職員のベルトからぶら下がっている、例の大きなリング状のキーホルダーがここにはない。ここにないことでキーホルダー以上に目立つのは、白衣だった。もちろん医療スタッフは常駐していていつでも利用できるが、ただそれだけ――利用できるというだけ――でしかない。いわば大学などに設置されている保健室の豪華版みたいなもので、たまたま気分が悪くなったら行く場所という位置づけなのだ。もっと大変な病気があれば顧問医師が呼ばれる。道路をへだてた向かいにはヨハンナ財団リハビリテーションセンターがあって、ヘット・ドルプの「生みの親」であるクラップヴァイク博士が勤務している。すぐそばにはいるが、うろついてはいない。

このように「うろつかない」のが、常駐職員「ドーヘラ（dogela）」の特徴でもある。このドーヘラという肩書は略語で、do は dorp（オランダ語で「村」の意）から、ge は gemeente（コミュニティ）から、l は leider（リーダー）から、a は Arnhem（アーネム）から取ってつないだものだ。ドーヘラは、ヘット・ドルプが独自に考えだした職種で、内部で研修を行った女性たちから成る。三交代制の八時間勤務で、入居者から介助が必要だとの意思表示があれば、昼夜を問わずいつでも対応する。ドーヘラの仕事は、入居者の呼び出しによって発生する。ニーズを勝手にくみ取って動くことは業務に含まれない。予約の仕事もないわけではないが、それは、朝の出勤時など、毎日決まった時間に必要になる用事にかぎられる。

他にも従来型の施設にはない特色があった。普通の村なら、家は通りに面している。ここでもそれは同じで、ただ車が入れないというだけ。玄関を出た先は閉ざされた廊下ではなく、囲いで仕切られた道路だ。外壁はすべてレンガで、通りの名前も案内板も堂々と表示され、地面は黒いアスファルト道路だった。それぞれのドアには番地が書かれ、郵便物の投入口がついている。入居者一人一人の名前は、住所と電話番号と共にアーネムの電話帳に載っているのだ。こうした特色をさらに強調しているのは、家具や調度品だった。ここでは施設とちがって、みんながおそろいの家具を使っているのではない。いくぶんかの統一感が見えるにしても、それは単に、オランダの一般家庭に多いタイプだからにすぎない。お金のある人は自費で、ない人は補助金で、自宅のインテリアは各自が整える。カーテンや壁の色も、ベッドや椅子の種類も、テレビやステレオのグレードも、ホットプレートや冷蔵庫の大きさも、決めるのは当人の好みと予算だけなのだ。

このころには、われわれ一行は数人になっていた。メッツ博士、施設職員が三人、そして私である。見聞きするあれこれに恐れ入った気分がまださめやらぬまま、私は、入居者の部屋割りはどう決めるのか、そして、彼らは毎日何をしてすごしているかを質問してみた。全員が少しずつ答えてくれた。住戸は「ブロック」一つに一〇戸ずつで、そのうちの一つがドーヘラ長の部屋だった（各ユニットに担当ドーヘラは四人いて、交代勤務していた）。それ以外の九戸に入居者が住み、一つの班をなしている。案内してくれた人たちの話では、各班は人口統計上も診断上も、ほかの班とつり合うようにバランスをとってあるという。「診断上も」とは、障害の重さについて何らかの調整が行なわれているという意味なのだろう。この班三つごとに、洗濯室が一つ、共同トイレが一つ、それに遠方から友人や家族が来たときに泊まれる客室が一つずつ割り当てられている。それぞれの通りの角にはキッチンと談話室があった。談話室は娯楽の中心となる場所で、雑誌や本、テレビ、ピアノのほかに大きな長いテーブルがあって、食事はすべてここで供される。毎日の決まったイベントはいくつかあるが、食事もその一つだ。朝食は八時に始まるが、各自が好きな時間に来て食べればいい。反対に、昼食と夕食はぴったり一二時半と六時に出され、全員が時間どおりに集まることになっている。そのほかに三回、午前一〇時と午後三時、午後八時にはコーヒー、紅茶、クッキーが出るので、その機会に集まることもできる。

みんなにとって生活リズムのよすがとなるのは何といっても食事だろうが、仕事の時間もそれに近いものがある。ほとんどの入居者は、何らかの形で「仕事に就いて」日中を過ごしていたからだ。ヘット・ドルプにおいて労働がいかに重視されているかについては、外部向けの文書のどれを見ても強調されていた。もっとも、オランダ全体がカルヴァン主義の国なのだから、さほど意外なことではないのだろう。その割に、この日の日帰り見学で知りえたヘット・ドルプの特色の中で、ほかの医療施設との違いが最も小さかったのがこの分野だった。また、ヘット・ドルプのさまざまな局面の中で、外の世界の影響を最も強く受けているのも、この分野であるように思われた。オランダの新しい法律では、通常の少なくとも三分の一を生産できる者しか、作業所で働くことを許されない。作業所はどうしても政府の助成で運営することになるわけだから、この法律は事実上、正規の作業プログラム参加者の障害の重さに制限をかけることになる。この落ちつかない気分は、駆け足の職場見学によってひどくなるばかりだった。どういうわけか私には、ミシンをかけたり、電子機器を組み立てたり、粘土をこねたりして働いている入居者たちが、まるで展示でもされているように見えたのである。だから、先生はお時間もないことですし雇用に関するデータをごらんになる方がいいのではとだれかに言われると、私はその場から逃れたい一心でその提案に飛びついた。みんなで集まってコーヒーを飲んでいると、作業プログラムに詳しい施設職員がきて、われわれの前にいくつかの報告書を広げて説明を始めた。

およそ四〇〇人のうち、五パーセントがヘット・ドルプの外で働いていた。公式の文書の記述では、内容は事務職が中心だとされていた（のちに私は、会計士とエンジニア、電話交換手に会った）。雇用はすべて「報酬のある労働」と「無報酬の労働」とに分類されている。前者の中には、自営業者として小規模の事業を営む一パーセントの人々も含まれる（私はのちに、腕時計の修理人と、電気製品の修理業を営む人と会っている）。

それ以外の「報酬のある労働」で多いのは、作業所での仕事、それと、電話交換手や受付係、郵便局員、図書館司書など、ヘット・ドルプの内部で発生する仕事だった。作業所の仕事は、「手仕事」と「頭脳労働」とに分けられていた。ただし、この分類は作られる製品を基準にしたもので、必要とされる技能によって分けられているわけではない。「手仕事」に分類されていたのは、衣類や玩具、陶器を製造したり、組立てや梱包作業を行う作業所である。一方、「頭脳労働」には、視覚障害者のための文書を作成する部署もあれば、施設運営側がとりくんでいる特別なプロジェクトに携わる部署もあった。入居者の就業状況は次のとおりである。

ヘット・ドルプの外での勤務　五％
ヘット・ドルプ内で独立して就業　一％
ヘット・ドルプの村内の仕事　七％
「通常の」作業所での勤務　一二％
「頭脳労働を行う」作業所での勤務　一五％

ということは、入居者の約五〇パーセントが何らかの有償の仕事に就いていた。だからといって、それ以外の人たちが何もしていないわけではない。事務局の資料によれば、彼らは「無報酬労働」に関わっているとされている。この「無報酬労働」という言い回しは、いくらかは真実でもあり、いくらかは婉曲表現でもある。障害が最重度の人はたいていこのカテゴリーに含まれているであろうこと、少なくとも、作業所に参加するために求められる「通常生産能力」の三分の一に達しない人たちは全員ここに入るであろうことは容易に察しがついた。一方、そもそもこうした「生産的な」仕事に携わりたいと思っておらず、もっと良い（少なくとも当人の考えでは）時間の過ごし方を見いだした人たちもきっといることだろう。

これら五〇パーセントの人たちのためには、二つの選択肢が工夫されていた。「クリエイティブセンター」と「サービスセンター」である。クリエイティブセンターとは要するに趣味の工房、美術・工芸の工房のことで、道具や材料が用意され、製作方法を習うこともできる。製品はときおりアーネムの町で販売されていた。サービスセンターとは、ヘット・ドルプの入居者とアーネムの市民が共に、困っている人にボランティアで手を貸す場で、犬や草木の世話を代行したり、手紙を代筆したり、外出できない人の自宅を訪問したりという活動をしている。活動の性質上、どちらのセンターも、参加状況は数値的に把握することが難しい。タイムカードがあるわけでもないし、出勤しなくてもできる作業内容が多いだけに、物理的にセンターに詰めていた時間で作業量を測ることができない。この二つの活動に多かれ少なかれ関わっているのは、おそらく二五パーセントくらいだろう。

残りの人たちはどうしていたのだろうか？　私の考えでは、おそらく三つに分けられるのではないかと思う。まずは、事実上孤立した生活を送っている人々、そして、身体障害が重すぎて、準備されたプログラムにはどれにも参加できないものの、みんなとのつき合いはなんとかできている人たち、それから、ヘット・ドルプの村内活動に非常に積極的に関わっている人たち――たとえば皆の相談相手を活発に務めているとか、クラブや行事の運営に関わっている、公式・非公式の自治委員会や勉強会のメンバーになっているといった人たちである。

私はデータの渦におぼれそうになりながら、このヘット・ドルプという事業の規模の大きさには驚かされますねと言った。これには反応が大きかった。まず、見学に同行していた人たちが、これだけのことをするには大勢の職員が必要なのですと言う。すると、まるでバランスでもとるかのように、みんなが口々に、村の運営に入居者がどれほど重要な役割を果たしているかを語るのだった。たしかに、管理や生活支援に携わる職員はかなり多い。三五〇人以上というから、もう少しで入居者の数に迫るほどだ。そのうちの二〇〇人がドーヘラだった。ドーヘラを後方から支援するのが医療スタッフと室内清掃スタッフである。運営スタッフは、中央キッチンの補助職も含めると約五〇人で、それとは別に、七〇人が主として技術的な支援に携わっている。その中には、世間一般ではあまり見かけない種類の職人たち――車椅子の修理や整備にたずさわる人々、また、入居者の生活や仕事を少しでもスムーズにするため、からくりじかけや電気じかけの道具を開発し、改良する人々である。その工房の名前が「改造室」というのは言い得て妙というところだ。すべての職員の仕事は、この村を「よりよい住みか」にすることだが、おおまかにいって「総務」担当と「福祉」担当の二つに分けられることになる。福祉部門が目ざしているのは「社交面で最大限に機能できるようにテコ入れする」ことで、クリエイティブセンターとサービスセンターを運営するほか、入居者によるその他の社交行事を監督していた。

ヘット・ドルプに助言を行う外部の団体や理事会はいくつもあるものの、日常の業務は事務局長とその部下たちが切り回していた。そこでは、なんとかパターナリズムに陥るまいとして、意識的な努力がなされていた。そもそも村の建設計画の段階からすでに、入居予定者が少ない日で六人、多い日は四〇人も集まっては建設計画委員会に出席していた。そして開園すると間もなく、ある種の自治組織が導入された。入居者の作る班三つにつき一人ずつ、評議会の代表が選出される。評議会には小委員会が置かれ、「娯楽活動の世話役、村内のニューズレターの編集、そのほかさまざまな関連の活動を任されて」いる。公式文書によると、「いかなる重要な決定も、評議会に諮ることなしに下されることはない」と書かれていた。さらに、「評議会の役割は、村内の問題に助言を行うこと、コミュニティの新たなプロジェクトを立案すること」だという。最後に、評議会のメンバーから二名が、事務局による管理委員会に正会員として出席する。しかし、何が「事務局の」管轄事項で何が「入居者の」管轄事項なのか、あるいは「重要な決定」というキーワードがどう使われているのか、入居者による助言がどの程度真剣に受け止められているのか、最後まではっきりわからなかったことには触れておかねばなるまい。

そのほかにもう一つ、入居者が運営の中心的役割を果たしている分野がある。テレソンで集められた募金によってヘット・ドルプは開村したが、存続のためにはまだまだ資金が必要だった。一九七〇年に至るまでは、入居者が手にした収入は、自分の稼ぎであろうと年金や保険金であろうと関係なく、その九〇パーセントを村に拠出することになっていた。その後、住居費の支払いに関する新法によって、その必要はなくなった。それでも、一九七〇年六月に入居者たちが行なった投票では、別の方法で収入の共有を続けることがほぼ全会一致で決まった。今度は、なんらかの収入のある入居者の場合、毎月一二〇〇ギルダー（一九七〇年当時で約六五ドル）は本人のものとする。そして、一二〇〇ギルダーを超える収入があった者は、その五〇パーセントをコミュニティ基金に拠出することになった。こうすることで、収入がほとんど、あるいはまったくない入居者に何かニーズが生じたとき、村から補助金を出すことができる。「世界じゅう見ても、人々がこんな風に暮らしている村なんて、ほかにご存じですか？」と創設者のクラップヴァイク博士がいう。私は口ごもりながらも、頭に浮かんだただ一つの返事、「いえ」を口にして、これをもって数時間にわたる見学は終わりとなった。

帰りの車の中で、メッツは私に感想をたずねたが、私が黙っているのに何かただならぬものを感じたようで、「今は考えることにして、後で教えてください」と言った。そのとき考えていたのは入居者たちのことだった。心の目に彼らの姿が浮かぶのだ。入居者とはだれ一人、話をしていない。それでも、職員の説明を聞いている間ずっと、声は聞かずとも入居者の存在を感じていた。病名の一覧表を思い起こしてみる。医学的診断によれば、入居者の四〇パーセントは進行性の疾患にかかっていた。車椅子を使用しているのはたぶん九〇パーセント。考えられるかぎり、ありとあらゆる障害や変形があった。彼らは震え、よろめき、吃る。腕のない者、脚のない者、視力のない者、聴力のない者。四肢がねじれている者、縮んでいる者、しなびている者。両脚が麻痺している者、四肢が麻痺している者。それなのに、今まであちこちの病院や施設で味わった嫌悪感や恐怖感（たとえば、一章に出てきたインドでの体験みたいなものだ）を覚えることがなかった。それは単に、空間が閉ざされていないとか、清潔であるとか、尿や薬の臭いがしないというだけのことではない。とらえどころのない何かが――陰気さが欠けていたのだ。代わりに動きがあった！　ゆっくりでも、時には苦痛を感じさせるほどゆっくりでも、入居者は動いていた。とにかく自分で動いていたのだ。車椅子が通るたび、硬質ゴムが石とこすれる音や、電気エンジンのヒューッという音が聞こえた。何であれ、使える能力があるならそれを使う。指が一本倒せるなら指、てのひらを起こせるならてのひら、首を動かせるなら首、呼気をコントロールできるなら呼気、それと最新の精巧な電子技術とがあれば、入居者は自分で車椅子を使って、自分たちの村を動き回ることができた。見られる側がどうかはともかく、見ている側にとっては何と大きな違いだったことか！　彼らが動いているのであって、誰も車椅子を押していない。自立と尊厳のためには、小さいけれども重要な一歩だった。

ほかには何を感じただろうか？　多くの見学者と同じく、私もその素晴らしさに圧倒された。ヘット・ドルプはこれまでに見たどの長期療養施設ともちがっていた。しかし、それは小さな村のようだったとはいえ、もう一つのイメージもくり返し割りこんできた――大学の寮だ。それは私にとって、依存とも自立ともつかない宙ぶらりんの世界を暗示しているように思われた。もしかしたら、しじゅうつきまとっていた居心地の悪さは、これが原因だったのかもしれない。私が不安を覚えたのは、完全な施設であろうという意識があまりに強いこと、とにかく何でもかんでも、幸福までも自分たちの手で提供しようとしている点だった。これは長期療養施設の伝統に根ざしたものでもあり、理念の面ではユートピア主義者のコミュニティに通じるところでもある。

見学の最後に、事務局幹部の一人にこんなことを言われた。「ゾラ先生、今日の見学を楽しんでいただけましたでしょうか。先生やメッツ博士のような専門家の方々のご意見やご研究は、私どもにとってもありがたいものです。ですから、ぜひまた近いうちにいらしていただきたいですし、何でもお手伝いいたします」。答えの出ないままになっている疑問があまりにもたくさんある上、まだ自分でもはっきり気づいていなかったものの、個人的にもだんだんのめりこみつつあったものだから、これは断れない誘いだった。

それから何週間も、何か月も、私はしょっちゅうヘット・ドルプのことを考えていた。メッツとも数回は会って、私の感じたあれこれについて話し合ったものの、いざ再訪の日取りを決めようという段になると私は先延ばしをくり返した。だんだんわかってきたのだが、それは恐怖よりもむしろ期待のせいだった。この一年はずっと、新しい経験、新しい痛み、新しい気づきでいっぱいの日々だった。今度のヘット・ドルプ行きもそれに劣らず重要なものになるだろう、研究休暇の締めくくりになるだろう、最後のためにとっておくべきものになるだろうと、心のどこかで感じていたのだ。そのことに気づいてからは、本腰を入れて計画を立てはじめた。メッツと私が合意した日程は五月の下旬のどこかで数日間というもので、これはアメリカへ帰る予定の数週間前にあたる。

三月になって、私、メッツ博士、そしてヘット・ドルプ事務局との間で正式な手紙のやりとりが始まった。手紙では、一週間滞在すること、たくさんの職員に会って話を聞くこと、入居者の一人として生活すること、移動は車椅子で行なうことについて許可を求めた。ヘット・ドルプから直接の連絡はまったくなかったものの、メッツからは、何もかも順調に進んでいるというメモと、励ましの言葉が何度か来た。最後になって、メッツの力も借りながら、これまでにまとまっているはずの条件を最終的に確認しようと、一通の手紙を書いた。

（前文略）先ほどメッツ博士から、五月二五日から五月三〇日もしくは三一日までヘット・ドルプに滞在させていただけることになった旨、お知らせいただきました。ご存じのとおり、私は専門家としても個人としても、長年リハビリテーションの分野に関心を寄せてまいりましたので、ヘット・ドルプを直接体験できるというこのたぐいまれな機会を心から嬉しく思っております。私は一度そちらを見学したことがありますし、機関誌も紹介記事も残らず読みました。私の一番の目的はじかに経験することです。このような場所で患者であるとはどんなことなのか、「感触」を得たいのです。もちろん一週間の滞在では短すぎますが、これまでにも病院における同様の調査を多数経験しております。また、あるいはすでにご存じかもしれませんが、私自身も複数の長期施設に入所した経験があり、その期間は合計で二年にのぼります。もちろん、時間の許す限り多くの職員の方にお会いし、お話を聞きたいと願ってはいますが、メッツ博士からもお伝えしてありますとおり、何よりもまず患者さん方と共にすごしたいというのが希望です。患者さん向けの部屋に宿泊したい、滞在中は車椅子だけが頼りの生活をさせていただきたいと申し上げたのはそのためです。とはいえ、実際には完全に自立していますし、健康にも問題はありませんので、医療や介護は特に必要ありません。

この件についてのご検討とご尽力に改めて感謝申し上げます。五月に皆様とお会いできることを楽しみにしております。

アーヴィング・ケネス・ゾラ教授（博士）
（アメリカ、マサチューセッツ州ウォルサム、ブランダイス大学社会学部を研究休暇中）
オランダ予防医療研究所・研究顧問
cc：メッツ博士

これまでと同じく事務局からの返事はなく、メッツ博士から確認したとの連絡だけがあった。

一九七二年五月二五日木曜日が滞在の初日、五月三一日が最終日と決まった。

第2部　その間

第3章

もりだくさんすぎる一日
――五月二五日　木曜日

出発の前には、ヘット・ドルプについてもっと知っておこうか、それともなるべく白紙の状態でいるべきだろうかと迷ったものだ。だが実際には、毎日普通にしていれば、自然と白紙の状態を保つことになった。研究所には誰も、現地へ行ったことのある者がいなかったからだ。結局、誰かからカメラだけでも借りていこうと探してまわった。それはまるで、何か特別な道具がほしくなった、これまでの経験と不安以外にも何かを携えて行きたくなったかのようだった。

ライデンでの最後の晩は早く床についたものの、頭の中は落ちつかなかった。なぜこんな旅を計画したのだろう。これからの一週間、本当にこんなことをしてすごしたいのだろうか。うとうとしては目覚め、そのたびに時計を見る。そんなことをくり返したあげく、午前五時、ついにあきらめて起きてしまうことにした。少しも眠れた気がしないが、疲れは感じなかった。シャワーを浴び、お湯の心地よさに身をまかせた。ヘット・ドルプでは各部屋にシャワーがあるだろうか。私に使えるだろうか。何かをするたびに、これが最後という感じがした。気がついたら、目に映るすべてを、あたかも自分は二度と帰ってこないかのような目で見ているのだった。スーツケースはもう詰めてあったが、もう一度中身を確認した。五月の雨の日用、暑い日用の服。寝るときに必要なものと、ひげ剃り道具。鉛筆とメモ用紙、小説もひと山。いつものことだが、まるですき間でも埋めるかのように、必要以上の荷物を詰めている。

時計ではまだ六時だったが、もはや不安に耐えられなかった。駅まで行くタクシーがパンクしたらどうしよう。改札係にオランダ語が通じなかったらどうしよう。そうした不測の事態は現実にもありうることだし、もう出発してしまうことにした。数分後にはライデン駅に着いていた。出発時刻よりまるまる一時間も早い。パンクもなかった。言葉で困ることもなかった。

七時ちょっとすぎには乗車して自分の座席に落ちつき、これからのことを考えはじめた。いつも学生に言っているとおりにやればいい。「観察は常に予測とともに始まる」というやつだ。こうして私は鉛筆を片手に記録を始めた。

この旅は、まさに興奮と戦慄のカクテルだ。興奮しているのは、現場に戻るというだけでとにかく魅力的だから。私でもまだ参与観察を行う機会を持てるのだと実感すると気分がいい。それに、一応はこうした調査方法を教えている身としては、記憶だけを頼りに教えなくてすむのもありがたいことだ。戦慄を感じるのは、まるで異文化の中に踏みこむ人類学者のような気分だから。現地の事務局は私の目的をちゃんとわかっているだろうか。直接のやりとりといえば、メッツ博士からの非公式のメッセージだけなのだ。オランダ語力の不足は――ほとんど話せるとはいえないレベルだ――どれくらいのハンディキャップ（障害）になるだろうか。ああ、障害だなんて、図らずもだじゃれ第一号だ。人類学者と同様、通訳に頼らざるを得ないだろうし、それによってインフォーマントにも選別がはたらくだろう。手助けしてくれるのはどんな人だろうか。そして何よりも、私はこの調査から何を得ようとしているのだろうか。たった一週間で何かを得られると考えるのはなぜなのか。その根拠は。

自問するのはこれくらいでいいだろう。次は答えを考えてみよう。第一に、これは研究ではなく、つかの間の学習体験だ。以前、監獄や少年院でおこなった調査もそうだった。堅苦しい肩書きのついている私ではあるが、そのときと同様、勉強しにきたという立場を前面に押し出すつもりだ。こちらの施設について公式の調査をしようとか、みなさんの組織を評価しようとかいうのではありません、学びにきたのですというわけだ。私はただ、ヘット・ドルプで働いたり、生活したりするのはどんな感じがするものか、ある程度の感触がつかめればよいのだ。第二に、私は職業上、慢性病や長期の介護について多少の知識がある。だから、分野によってはかなり理解が速いかもしれない。三番目に、個人的な意味でも、この旅は以前にも経験したものだ。本だけで勉強してきたのとはわけがちがう。ポリオと大腿骨損傷で入院したことがあるからだ。そのことは、体裁を繕おうとする患者の態度を崩すのに役だつかもしれないし、自分たちの仕事はこういうものだという職員の思いこみをとり払う助けになるかもしれない。胸の内では、私は自分の感受性と経験とを頼りにしている。

これからの日々が、昔の感覚や感情のかずかずを、恐怖さえも含めて、呼びさましてくれるだろうと思う。もしかしたらそれによって、自分が現在抱えている問題や思い出さないようにしている過去のトラブル、ひいてはこれからぶつかる問題のうちのいくつかについて、もっとよく把握できるかもしれない。

早い段階から向き合わねばならない問題がいくつかある。私自身について、どのような印象を打ち出したらいいだろうか。できるだけ正攻法で行こう。第一に、誰にでも事情を話し、自分がここになじめると思う理由を言う。学びに来たことを強調し、評価しに来たのではないかという印象を与えないようにする。第二に、私がどれほど患者らしくふるまおうと、努力に免じて「おまけでA評価」をもらうのがせいぜいだろう。私がただの客人、言葉のあらゆる意味において一人の客人にすぎないことは、だれにでもわかってしまう。第三に、ヘット・ドルプのような場所では必ず「動物園現象」が生じる。人々が、自分たちは面白い見世物として展示されていると感じてしまう現象だ。私は克服できるだろうか。私が車椅子に乗っていることは助けになるはずだ。ことによると、案外うまくいってしまうのかもしれない。前に来たときは「動物園現象」が逆転していたからだ。みんな私のことをじろじろ見て、まるで「長下肢装具を付けて杖をついているこの男はいったい誰なんだ?」とでも言っているようだった。そして最後に、私は患者と同じ生活を目ざして、本気で努力するつもりだ。自分の車は持ちこまないことに決め、今もこうして列車で移動している。快適なもう一つの現実へ安易に、すばやく逃げ帰る道はないのだぞと自分自身に言い聞かせ、みんなにもわかってもらうためだ。私は患者用の部屋に住み、患者と同じ待遇で生活するつもりだ。車椅子はできるだけ早く手に入れ、最後の最後にヘット・ドルプを離れるぎりぎりまで、降りて歩くことはしないつもりだ。

こうして心の準備を終えて納得したため、記録は一時中断した。今回の旅では、こうして列車で移動するだけですでに、身体に障害があるとはこういうことなのだという現実の一端、私がこれまでの人生で注意深く避けてきた現実の一端を突きつけられることになっている。べつだん障害者らしい役割にはまろうなどと考えなくても、列車の乗りかえがある。あたかも山のように見える階段を、くそ重いスーツケースを持ってのぼるしかないのだ。私は必死でのぼった。一度に一段ずつ、スーツケースを前にやったり横に回したりしながら持ち上げた。そういえば昔もこんなことがあった。たいていはいくぶん恥ずかしく思いながら、スーツケースを体の前に抱えて階段を後ずさりしたものだった。しかし今回の旅では、誰かにお手伝いしましょうかと言われると喜んでご好意に甘えた。

車内での時間は、窓からオランダの風景を眺めたり、いく人かの乗客に話しかけたり、ときおりエドワード・H・ホールの『沈黙のことば』をゆっくりと精読したりしてすごした。時間はまたたく間に過ぎ、二時間もたたないうちにアーネムに着いた。

列車を降りたが、歓迎してくれる人は見当たらなかった。長いホームやら階段やらを切り抜けることを思うとまったく愉快ではなかったが、覚悟を固めた。一歩踏みだしたかどうかというそのとき、メッツ博士の姿が目に入った。手をふりながら、笑顔で、足早に歩いてくる。いたって元気そうに見えたのでそう言うと、骨の髄まで心理学者であるメッツは理由を説明してくれた。「仕事がとても順調に進んでいまして、好意的なレビューもいくつかもらってます」

前に会ったときにも話を聞いていたから、ここまでくるのが長い道のりだったことは知っていた。中でも彼は、現在執筆中の論文にことのほか情熱を注いでいた。それは痛みについての研究で、ほかに打つ手のない人が最後の手段として訪れる神経外科診療所での観察を元にしたものだった。[1]しかし、この成功とて良いことずくめではなく、彼は多大な犠牲を払っていた。「いつも、最初のうちは患者さんにもスタッフにも同じように共感してるんですよ。どちらの立場もなんて大変なんだろうってね。ところが論文を書く段になると、私たち（スタッフとメッツ）の仲はどんどん冷えていくんです。先生もお書きになってましたけど、スタッフが何でも医療化してしまってるのが見えてくる。だからそのとおりに彼らに伝える。でも、言われた方としては気に入らないわけです」

仕事のことではまだまだ言いたいことがありながらも、メッツは「でも先生はぼくのところに遊びに来たわけじゃありませんしね」と言った。「ここではみんなの不平不満を休みなく聞かされるんでしょうけど、万が一手があくようなことがあったら、ぼくの愚痴はそのときにでも聞いてもらいます

1　William Metz, Pijin-eer teer punt（Nijkerk, Netherlands: Vitgeverij G. F. Callenbach B. V., 1975)

よ」。彼は言葉少なになり、ほとんど黙りこみそうになりながら、「ぼくの最後の仕事」はどうなるだろうかという話をはじめた。「最後の仕事」という言い方が何度も出てくるのできいてみると、六五歳まであと二年ないからねと言う。彼の見解は評判がよろしくないため、年齢を口実に、研究費の支給される調査はさせてもらえなくなるのではないかと心配しているのだ。私は何も言わなかったが、内心、彼の不安は当たっているかもしれないと思った。

こうした暗い話題が呼び水となって、メッツはこれからヘット・ドルプで起きることについての不安を口にしだした。「先生が手放しで歓迎されるかどうか、ちょっと疑問なんです。今週も先方の何人かと話してみたんですが、みんな、受け入れの手はずについて、どうもはっきりしたことを言わないんですよ。先生がいつ、誰にインタビューするのかも把握してないようで」。彼は肩をすくめた。「それどころか、実を言うと、今からまっすぐ本部へ行くことさえできないんですよ。なんでも臨時の職員会議をやることになったんだそうで、終わるのは二時すぎ。それで、申し訳ないんですが、代わりにまずはランフレット先生のご自宅に行ってみようと思ってるんですよ。覚えてらっしゃいますか？」

ランフレット先生なら覚えていた。前回の見学で会った人の中でも、ひときわ印象に残っている。ヘット・ドルプで一般医として全科の診療をしている人だ。ほかの関係者にくらべ、ちょっと私への気遣いが細やかで、ちょっと入居者への態度が気さくで、ちょっとメッツ博士と仲が良さそうだった。

「もちろんですよ」と私は答えた。「どうしてご自宅におられるんですか」

「腰を悪くされましてね、ベッドで安静にしてないといけないんです。お客が来たら喜びますよ」

私のヘット・ドルプ初日は、すでに象徴的な意味合いを帯びつつあった。運営本部との初顔合わせは延期され、最初に訪れるのが「身体の自由がきかない人」の家というわけだ。居合わせた五人のうち、「五体満足」なのはメッツ一人だった。まず私がいて、ランフレット先生は仰向けに寝かされ、お嬢さんは病気で寝こんでいる。奥様は数年前に事故で視力を失っていた。

互いに形どおりの紹介がすむとわれわれは座ってコーヒーをご馳走になった。ランフレット先生は私の専門が社会学だということを覚えていた。実は、先生の息子さんも同じだという。先生はいくぶん遠慮がちに、アメリカ留学の相談に乗ってやってもらえないかと言う。私は了解し、とりあえずは仮の日程を決めた。

話題はすんなりとヘット・ドルプのこと、私がやろうとしていることへと移っていった。ところが、私がちょっと口を開くとすぐ、二人に言葉遣いを直されてしまう。ヘット・ドルプのことをリハビリテーションセンターの一種だと言うと、リハビリなどやっていないと言われる。「ヘット・ドルプは、これ以上リハビリの可能性がなくなった人たちが行くところですよ」。また、患者さんたちの話をしようとすると、「入居者」あるいは「住民」と呼ばなければならないと言われる。「自分は医療施設にいるのではなく、コミュニティの一員だと感じてもらうというのが主眼なんですから」。前回の訪問でも同じようなことを言われたにもかかわらず、私は今回もまたそのことに少し驚かされた。

二人はそろって、ヘット・ドルプのすべり出しは成功だったと語ってくれた。村を建設し、運営団体を立ち上げることができたのは、それだけでとてつもない成果だった。しかし、ランフレットも手放しで賞賛しているわけではない。「基本的な、物理的問題がだいたい落ちついた今、人間関係の問題が見えてくるようになりましてね。心理的な問題への配慮があまりにも足りません。特にひずみが出ているのはブロックごとの生活班です。実際にトラブルの起きている班もありますし、社交グループとして機能していない班もたくさんあります。社交を望んでいる人たちと望んでいない人たちが常に顔を合わせているわけですからね」

ここで私に発言の機会が回ってきたのだが、ぎこちない言い方になってしまった。「よく思うんですが、病気の重い人、ひどい障害のある人と毎日顔をつき合わせてるって、どんな感じなんでしょうかねえ」

ランフレット先生が話に乗ってきた。「たしかに、そういう人たちを相手に働く上で必要な性格ってのがあるんですよ。冷静すぎる人、客観的すぎる人、技術的なことばかり重視する人は適応できないし、住人にも受け入れてもらえません」と言った。メッツ博士も同意見だという。

しかし、私が言いたかったのは職員のことではなかった。「そうですね、その通りだと思います。でも私が考えてたのは入居者の方なんです。入居者にとって、病気とか、変形した身体とか、死とかにずっと囲まれたまま生きていくのはどんな感じなんでしょうか」

「それも一つの問題でしてね」とランフレット先生が答えた。「だれかが亡くなると本当に大変なんですよ。みんなひどく落ちこみますからね。中には、死の近づいた方はよそへ移ってもらう、遠ざけるのがいいと思ってる人もいますが、私は反対です。どこかよそで、一人で死んでいくことを迫られるなんてあってはならない。それに、追い出されることを心配してる人は多くて、体調が悪いのに受診を渋る人もいるんですよ」

私は、創設当初に作られた例の「入居者選定基準」の覚え書きのことを思い起こした。これでは病気が重くなった入居者は退去せざるを得なくなるのではと不安になった覚え書きのことだ。ランフレット先生もその可能性を明確に意識しており、そうした事態を防ごうとしている。

ところで私はまたしても、うっかり入居者を「患者」と言ってしまった。そして今度も直された。「患者」という言い方をやめるのは容易なことではなかった。自分はもはや彼らから距離を置こうとしているのだろうか。彼らを「患者」と呼んだ方が、調査期間中一緒に生活しやすいと私は感じているのだろうか。

人々はこれほどたくさんの病気に囲まれてどのように生きているのかという疑問がまだ頭を離れないので、私は重ねてきいてみた。「みんな、お互いに自分の体のことをしょっちゅう話題にするものですか」

ランフレット先生がうなずき、メッツ博士も続いた。「それも問題でしてね。自分の病気や障害が気になってる人は多いですよ」。そしてランフレットは、住人の一人が「ほかに話題がないんじゃないかって人たちもいるんです」と嘆いていたと教えてくれた。

口にこそ出さなかったが、私はそんなの当然だろうと思った。およそ施設と名のつく空間であれば、ある種のナルシシズムはほとんどつきものではなかろうか。「毎日毎日、他人の体調の話ばかり聞くのがいやになったとき、どこか逃げ場はあるんでしょうか」。形の上では疑問文だが、これは質問ではなかった。そのとき頭に浮かんだのは彼らの自宅、そして、ほとんどの施設では得られないプライバシーのことだった。「自分の家があることで、多少の救いになるんでしょうか」

「そういう人もいます」というのが答えだった。「一方で、ここでは前よりも寂しくなったと言う人もいるんです」

「これはまた、なんて皮肉な」。思わず声が出た。「プライバシーという発想そのもの、だれもが自分の家を持つということが、人によってはこれまでの経験と完全にずれてるかもしれないんだ。これでは本来の意図もかすんでしまう」。われわれはそろってむっつりと首を振った。

「ほかにはどんな問題があるのですか」

「そうですねえ、一つは、作業所の欠勤です。身体の具合が悪いから休むっていう電話がだんだん増えてくるんですよ。仮病じゃないかなんてことは誰も言いたがりませんが、がっかりだと言う職員はいますね」

「欠勤ってのはむしろ、事務局に対するメッセージじゃないのかな」とメッツが皮肉った。

またしても皮肉なすれ違いだなと思ったが、そのことは口には出さなかった。私が住人を「患者」とよぶとあれほど叱られるのに、住人の側は好きなときに患者という立場を利用できるし、運営側はそれをどうすることもできないのだ。

「欠勤という問題はもっと複雑でしてね」とランフレット先生は話を続ける。「別々の問題が混ざってるんですよ。まず、作業所の全体的な雰囲気がいやだというケースがあります（それ以上具体的な説明は先生には無理だった）。一方、単に趣味の時間がもっとほしい人もいる。これは無理のない話ですよね。そして最後に、本当に病気でやめていく人」

「どういう意味でしょうか」

「ええっとですね、病気によってはここまで急激な進行もありうるってことが、最初に読めてなかったんでしょうね。それで、まだ完全にやめるほどではない人たちが、勤務時間を減らしているわけです」

この説明はどうも引っかかった。一月に来たときに当のランフレット先生が言っていた話と矛盾するではないか。あのときは、進行性の疾患の人も予測よりも長生きしているようだと言っていたのに。私は前回聞いた話を出し、さらにつけ加えた。「ここで起きているのは、本当に身体の衰弱なんでしょうか。それとも、もっと心理的な何かが起きている可能性もあるんでしょうか」。そういう私にも具体的な心当たりがあるわけではなく、うつ病から退屈まで、広い範囲を想定していたように思う。

ランフレットは肩をすくめ、メッツはわかりますよという表情でほほえんだ。「そうですね、対処すべき問題は、次から次へと増えてくるものみたいですよ」。この言葉はあきらめではなく、どこか楽天的な響きがあった。ランフレット先生が言うには、今回新しく福利厚生担当の副事務局長が任命されて、この種の問題にフルタイムで専念することになるという。

ヘット・ドルプが現在、そしてこれからとり組むべきさまざまな問題を語るにあたって、ランフレット博士は職員からも入居者からも距離を置く言い方をしなかった。これらは彼自身の問題でもあったのだ。ランフレット夫人はひと言も話さなかったが、そのしぐさを見ていれば、夫と同様にわがことととして心を砕いているのがわかった。そういえばメッツが以前、ランフレットの「献身ぶり」について何か言っていたっけ。これからよそへ行ったとして、この家ほど気安く歓迎してもらえる場所があるだろうか。

車でヘット・ドルプに向かうあいだ、私は少しでもリラックスしようと努め、自己紹介の言葉をおさらいした。ものの数分でわれわれは本部棟の近くに車を停め、待合室に入って事務の女性に挨拶をしていた。最初のうちはほとんどメッツが話していたが、事務員は英語が堪能だったので、私もすぐに話に加わった。ようやく彼女は私の方に向き直って、「面会の予約はいつがよろしいですか」と訊ねた。

「早ければ早いほどいいです」

女性はスケジュール帳を開き、私の滞在が一週間であることは百も承知で、最後から二日目の日を指定してきた。

メッツ博士は、あまり好意的とはいえない笑顔を作り、「なるほど！　初対面の挨拶と別れの挨拶を一度ですませようってわけですな」と言った。

仕事の場にふさわしくないこの口調に女性は気分を害した。メッツにはしかめっ面だけを返しておいて、私にむかって言う。「ゾラ博士、お迎えできて大変嬉しく思っております。こちらで行っていることは何でもご覧いただけるよう、どんな手配でもいたします。お部屋の準備もできています。いい部屋ですよ。来客用の宿泊室です」

何かがおかしいという気はしていたのが、ここにきて濃くなった。「それはちょっとおかしいですね。来客用とはどういうことですか」

「あら、快適におすごしいただけるはずですが」

不安はますます大きくなる。そんな部屋が入居者用の部屋と同じであるはずがない。私がはっきりそう言っているのに、女性は耳も貸さず「このお部屋なら絶対に快適におすごしになれますよ。ご覧になったらいかがですか?」と言うばかりだった。

メッツも私もしぶしぶ承知して、指定された部屋まで歩いて行った。心配していたとおりだった。来客用という言葉から予想される、まさにそのとおりの部屋だ。前回の見学では、こんな部屋は見ていない。どちらかというと、ビジネスホテルの小さめの客室という感じで、簡易ベッドどナイトテーブルがあるだけだった。困るのは狭さではなく、障害者向けに改造がなされていないことである。

事務員にお部屋はいかがでしたかとたずねられ、精いっぱい穏やかにこの部屋が不適切である理由を説明したが、やはり無駄だった。少々腹を立てながら、私は手紙を取り出した。滞在の目的を説明するため、私が書いた手紙だ。「こちらの手紙ではっきりお伝えしてあるのですよ、入居者と同じ生活をしたいってね」

女性は同情を示しつつも、明らかに主導権は手放さないままうなずいた。「お気の毒です、ゾラ教授。とにかくお部屋がひとつもないのです」

不安な気持ちが広がっていく。私はまたたく間に、彼らにとって扱いやすい役割へと押しこめられようとしている。ていねいな態度はここまでにして、闘おうと決めた。自分に出せる範囲で最高に威圧的、かつ専門家ぶった声をふるい起こすと、もったいぶった抑揚をつけてやった。「先日お送りくださった資料を拝見しましたところ、最新の統計によれば、こちらには四〇〇人分の部屋がありますな」

「そのとおりです」

「さて、その統計によりますと、現在の居住者は三九〇人しかいない。つまり欠員が一〇人。そうなると空き部屋が一〇室あってしかるべきですな」

「先生のおっしゃるとおりです」と職員はにこりともせずに答えた。「そう、おっしゃるように空室は一〇室ありますけど、空室ってのはがらんどうなんですよ。どの部屋も、何もないのです。ご存じのとおりこちらの方針は、入居する本人が永住を前提に思い思いの飾りつけをするというものなんですから。空き部屋はどれも家具がついていないので、客室に泊まっていただくしかありません」

こちらも簡単には引き下がらず、言い分を展開した。「なるほどね。私の理解が正しいかどうか、ちょっと整理してみましょうか。ここは人がおおぜい住むための場所で、慢性疾患のある人、身体障害のある人、それに職員が住んでいる。家具や備品はずいぶんたくさんあるでしょうね」

「ありますね」、職員はややじれったそうに答えた。

「私はあちこちの医療施設に住み込んだり、勤務したりして二〇年近くにもなりますがね。寝室用の家具の予備が一つもない施設なんぞ見たことがありませんな。これだけの施設をみんなで探しても、余っているベッドがどこからも出てこないとでもおっしゃるおつもりですかね」。私はできるかぎり疑り深そうな声を出そうとがんばった。女性は、どこかにいくつはあるかもしれないと認めた。

「ようし、けっこう。その空き部屋に置いていただきたいのは、ベッド一つとテーブル一つ、それと椅子が二つです。ほかには何もいりません」

「私どもの方で、ちょっと……」女性の声がかぼそくなっていく。「できるかどうか調べてみます。できるだけのことはさせていただきますが、すぐにってわけにはいきませんよ。こんなにたくさん用事を作ってくださったんですからね。第一、スケジュールだってちゃんとできてたんです。ご用意していたお部屋にお泊まりになるものと思ってみんな準備してましたのに、それを全部変更しなきゃなんないんですよ」

いろいろと用事が増えてしまうことは丁重に認めつつも、私は言葉を止めなかった。「できるかぎりのことをしてくださることはわかっておりますよ。事務局長が以前、私の受け入れにはあらゆる手を尽くすとおっしゃっていましたからね」。それから、あたりをぐるりと見回した。「車椅子はどこですか」

「車椅子って何のことですか」

「手紙でお願いしておいた車椅子ですよ」

「あら、その車椅子のことでしたか」。彼女は妙に晴れやかすぎる笑顔になって「どのタイプにされますか」と言うと、車椅子の種類を次々と並べだした。どれも電動車椅子で、制御の方法がそれぞれ違っているのだ。

こんなところで選択権を与えられるなんて予想外だったが、少しでも返答が遅いと不利になりそうな気がする。これでは何も始められない。そこで急いで考えを巡らした。私が戻ろうとしている役割は非器質的下半身不随、つまり腰から下だけが麻痺している状態だ。ということは、上半身はしっかりしている理屈になる。それなら手動の車椅子くらい使えるだろう。「では、手動のにしてください」と、根拠もなく自信たっぷりに言い放ってしまった。

女性は私の選択に驚いた風を見せながらも、手配には数時間かかる可能性があるものの、担当の者が私の元まで届けると言った。そのとき私はどこにいるかわかりませんよと答えると、すぐに見つけますから大丈夫ですと言う。その自信には薄気味悪いものを感じた。

一連の顛末から、ヘット・ドルプの事務局は私が正式に依頼した内容を本気にしていないのみならず、私のニーズは私自身よりも自分たちの方がよく知っていると決めつけていることは明らかだった。最初のころに感じた、このあまりに完璧すぎる施設に対する気味悪さがよみがえってきた。中でも、誰かにとって何が一番ためになるのかをいちいちほかの誰かが決めてしまう場合に起こりがちな、さまざまな問題は出ていないのかという疑問が再燃した。

そんな考えも、長く引きずることにはならなかった。それから昼までのあいだはずっと、こみ上げる怒りを抑えることの連続だったのだ。この滞在が一筋縄ではいかないことは明らかだった。このほかにも、興味ぶかい「手ちがい」はいくつも起こった。たとえば私の滞在費用を計算するにあたって、担当の職員は予定の日数を短く間違えてくれた（実をいうと、私はそもそも料金が発生すること自体を知らなかったのだが、金額は名目だけらしく、わずかなものだった）。しかし最も穏やかでないのは、職員とのインタビューの予約が、一人を除いて残らずキャンセルされたことだ。実際に会うことができたその一人も、約束の日時を二度も変更したあげくに三〇分遅れてきて、自分は新人なのでヘット・ドルプのことはたいして説明できないのですと言うのだった。

メッツと私は精いっぱい「苦笑いしてやり過ごし」た。部屋の準備について続報を待っているあいだにも、これまでのなりゆきにだめ押しするようなできごとがあった。その日の午前中の大半を、私はある部屋で延々と待たされてすごした。そこはある幹部職員が使っている二間続きのオフィスの入り口がわの部屋だったのだが、奥の部屋にいた部屋の主は私について誰かとインターホンでやりとりするばかりで、ついぞ間のドアから顔を出し、私にあいさつしようとはしなかった。一月に見学に来たときは出迎えも見送りもやけに念入りだったことを思うと、対照的な扱いだった。あのときの私は名のあるアメリカ人の大学教授であり研究者だった。それが今度は、何か別のものになってしまったのだ。

正午近くになってようやく、メッツと私は長い拒絶続きの時間から解放され、予定どおりに昼食へと向かった。昼食を共にするのは入居者たちの生活班の一つで、どうやらこれからは、食事のほとんどはこの人たちといっしょにとることになっているらしい。食堂までの道すがら、事務局で何が起きているのかを二人で推測してみた。予約の段階では、すべてが順調かと思えたのに。つまるところ、事務局はある意味で、私がこんな体験を求めているとは信じられなかったのだろうということに落ちついた。

着いてみると、ちょうど配膳の最中だった。ここでもまた、私たちが来ることはみんなにとって予想外のことだった。入居者たちは、私が夕方に来ると聞かされていたらしい。それでも、料理は十分にあることだし、みんなは私たちの場所を用意してくれた。自己紹介が始まった。私のオランダ語はお粗末すぎたし、不安のあまり人の名前が頭に入らなかった。一人の男性、確かミスター・ランズマンだったかが場を仕切ってくれた。この人が質問も答えも全部通訳してくれたので、最初のうち私は、ほかの人はみんな英語がわからないのかと思っていた。後になって気がついたが、彼がまだ私の言葉を訳し終えないうちから、みんなは内容に合った表情やしぐさで反応している。どうやら、話せない人でも聞きとりだけはできるようだった。細かいことまではわからなかったものの、みんなは関心を持ってくれているようすだったので、だんだん緊張もほぐれてきた。私がヘット・ドルプの生活を体験してみることについて、何人かの人がそれはいいことだと言ってくれたが、私がそんなことをしたがる理由は腑に落ちないようだった。そこで、あらかじめ十分に練習しておいたとおり、自分がここに来た理由を語った。自分は何者か。入居者として生活することをどれほど望んでいるか。さらには、ここで学んだことをどうするつもりかという話。私は教師でもあるし、医療やリハビリ関係のさまざまな団体の顧問でもある。身体障害に対処する上で、従来とは別のやり方もあることを関係者に伝えようと思っていること。アメリカにはヘッド・ドルプのような場所がないと聞いてみんなは驚いていたが、信じられないというその反応の中にはある種の辛辣さが感じられた。話はしだいにもっと個人的なことに移っていった。みんな私の身体について詳しく知りたいのだ。発病したときのいきさつは？　補装具は何年つけているのか？　代金は誰が払ったのか？　どんなしくみになっているのか？

私の中のある部分は、このようにいきなり身体の話に立ち入ってこられてぎょっとしていた。大人の相手から、こんなに早く、これほど単刀直入に訊かれたことはなかったのだ。なぜ補装具をつけているのかとか、それはずっとつけていなくてはいけないのかとか、遠慮もせずに訊いてくるのは幼い子どもたちだけだった。特に古い友人たちでさえ、長年のつき合いののちにようやくためらいがちに「あのさあアーヴ、前からずっと疑問だったんだけど……、でも、もし話したくないならいいんだけどね……」と言いだすくらいなのだ。そこには、私は何か隠すべきことをかかえている、あるいは、それは隠しておくべきことであるという響きが感じられた。

私自身のこと、私の障害のことについての質問はまだまだ尽きないようだったが、誰か、たぶん今度もランズマン氏が流れを遮った。「ほかのことで質問があるんだけど、いいかな」。もしかして、私の落ちつかない気分を察してくれたのだろうか。いずれにせよ、話題が変わるのはありがたかった。

「事務局とのやりとりはどんな感じですか」

一難去って、また一難。どう答えるか難しいところだ。専門家としての訓練に従うならさりげなく流すべき場面だ。だが私は、もっと率直な態度へと押しやられる力を感じていた。このときの私には、中立の観察者でありたいという気がなかった。そこで、苦笑いを浮かべつつ「どうもね、事務局はあんまりぼくにはいてほしくないみたいですよ」と答えた。みんなは私が思ったほど驚かず、しきりに詳しい事情を聞きたがった。おかげで私はほとんど、午前中のできごとをそのまま報告する格好になった。この話はよく受けた。とりわけ、メッツ博士と事務の女性とのやりとりのくだりは喜ばれた。どうやらみんな、今さら私の話で事務局に幻滅したりはしないらしい。しかし、彼らの心持ちにはどうもつかみがたいところがあった。とりたててひどい対応を受けたとか、ないがしろにされたとかいう話は出てこない。それは何というか、焦点の定まらない不機嫌のようなものだった。事務局がしたことではなく、まだしていないこと。現在の生活への大きな不満、具体的な不満ではなく、何か、さらによくなる方法がありそうなものなのにという感覚。明らかに、ヘット・ドルプは彼らがこれまでにすごしたどんな施設よりも格段にすぐれている。それでもどういう点でか、これでも十分ではないのだ。

その場の全員が、私がこの村に滞在したいなら、自分たちがめんどうを見るしかないということで意見が一致した。そうして、みんなでほかのやり方をいろいろと考えてくれた。空き部屋ならほかにもあるじゃないか、ちゃんと家具一式のそろった部屋だってある。入院や帰省、旅行などで留守にしている人はたくさんいるんだから。留守宅を又貸しするのをいやがる人なんているかしら、と真剣に議論していた彼らも、準備した部屋に私をこっそり連れこもうという話では明らかに面白がっていた。独身女性と同居させたらいいという発言も出たようだが、オランダ語がうまく話せないので聞き流しておいた。これほどすぐに仲間扱いされたのにはずいぶん面食らったが、話はここで終わらない。今度はみんなで私のスケジュールを決めだしたのだ。全員がただちに合意したのは、私は土曜の夜の「大祭」に出るべきだということだった。ミセス・ファン・アメロンヘンという人がチケットは自分が手配しておくと言い、別の人は、会場までの移動を心配してくれた。続いて彼らは、会っておくべき人、訪れておくべき場所を話し合った。こうして注目してもらえるのは嬉しくもあったが、何もかも早すぎないかという気がして手放しで喜べなかった。それに、本当に事務局とのつながりを完全に断ち切っていいものかどうかも確信が持てないので、そのことを正直に話した。なぜなら、作業所をはじめ、事務局の許可がないと見学できない場所もあるのだから。みんなはそれもそうだねと言い、どっちにしても大祭だけは絶対見のがしちゃだめだよと念を押した。私は笑って、たしかに行きますよというしるしにウインクをした。

昼食もそろそろ終わろうというとき、ランズマンが私を自宅に招待してくれた。メッツの方をふり向くと、彼は先回りして言った。「行っていらっしゃい。ぼくはいくつか調べとかなきゃいけないことがありますから——泊まる場所とか、車椅子とか」。私は立ち上がろうとしたが、幸い、半分しか立たないうちに失敗に気がついた。食後のお祈りがあって、私以外の全員が頭《こうべ》を垂れ、両手を組んでいたのだ。これにはすっかり不意を突かれてしまった。丸一年もオランダにいながら、食事どきに感謝の祈りを見たのはこれが初めてだったのだ。自分はたしかに、オランダ社会の中でもこれまでとは別の場所にいるのだと改めて思い知らされた。ランズマンがテーブルを離れてから、私も両手をつっぱって身体を起こした。ランズマンは何も言わずに車椅子で去っていく。どちらの方向に行くのだろうかとふり返ったとき、だれかの質問でひきとめられた。

「今、ご結婚されていますか」と女性の一人が訊ねた。

「えっ、いいえ、離婚したんです」。まだランズマンを目で追いながら、私は急いで答えた。

「それのことで？」と言って、私の足を指さしてくる。

「もちろん関係ありませんよ」と口走ると、私は歩きだした。「話せば長いし、もっともっと複雑な話でして……」。向こうはすぐに納得したようだったが、こっちはそんなことをきかれて狼狽してしまった。

私は精いっぱいの速さで歩き、ランズマンに追いつこうとがんばった。そんな私の様子が背後から聞こえるのだろう、彼は肩越しに笑い、「どうしてそんなに時間がかかってるのかなあ」と言った。置いて行かれまいと必死で気づかなかったのだが、私のさらに後ろから、一人の若い女性がついてきていたのだ。二人とも着いた先はランズマンの家だったので、私は恥ずかしくなった。向こうは私ほどあわてていなくて、「モニカといいます。ピーターと婚約してるんです」と自己紹介した。彼女はここの住人ではなかったが、ランズマンと一緒にヘット・ドルプに滞在していた。

それからの三〇分は、私のオランダ生活、オランダとアメリカとの違いといった気楽な雑談で過ぎていった。そのとき電話が鳴って、話は中断された。車椅子が届いたという電話だった。ピーターとモニカにもてなしのお礼を言い、私は玄関へ向かった。ピーターはさよならを言う代わりに、三時から一緒に買い物に行きませんかと誘ってくれた。いい話だと思ったので、車椅子を受け取ってメッツにさよならを言ったらもう一度来るよと約束した。

いい気分だった。午前中の拒絶続きによる失望感は消えていた。いろいろあったけど、あれだってもしかしたらかえって得に転じたのかもしれない。新しい友だちだって何人もできた。そして、食堂で私を待っていたのは、勝ちほこった表情のメッツだった。頼んであったことは一つ残らず認められたのだ。食事はずっとさっきの班と一緒だが、住む場所は別のところになるという。ちょっと変則ではあるけれど、構うものか。一件落着したのだ。部屋もさほど遠くはなく、二人で「ちょっとしたドライブ」だと冗談を言い合った。説明がすむと、メッツは上機嫌で鍵をくれ、車椅子を見せてくれた。私は彼に杖を預けた。これを最後に、七日間は使わないことになるのだ。そして、不慣れな動作でどすんと車椅子に座った。

それからの三〇分間は何とも奇妙なものだった。一つには、車椅子はほとんど二〇年ぶりで、不慣れだったせいもある。しかし、ことはそれだけではなかった。目立たない変化ではあるが、あまりにも急激に、私は別の何かへと変えられつつあった。車椅子に座ったとたん、私はもはや、自分で自分のことができる人間とは見なされなくなったのである。メッツとは深いつき合いになって九か月になるし、これまでなら無断で手を出すようなことは絶対になかったのに、もはや許可なく私の行動を肩代わりしはじめた。突然、彼の中では、私は荷物も運べない、ほしい物も取れない、車椅子で動き回ることさえできない人になってしまった。私はそのどれも完璧にできるにもかかわらず、車椅子を押され、物が差し出される――それも、一度も私の意向を訊かずに。何よりも恐ろしいのは私自身がそれに合わせていること、自分で自分を疎外し、事態を他人ごとのように眺めていることだった。

メッツは私の部屋まで車椅子を押した。わずかな家具しかなかったが、私の部屋だ。滞在はスーツケースと杖を置くほんの束の間だった。私たちは小さな子どものように、このようにうまく事が運んだことをふざけながら祝福し合った。二人で部屋を後にしながら、メッツは私のために何人かと面会の約束をとりつけると言い、さらに自宅はほんの一五分なので私がどうしているか、ときどき見に来るとも言った。気にかけてくれることをありがたく思ったが、どういうわけか「私がどうしているか」という言い方すら子ども扱い、あるいは患者扱いしているように感じた。

私は車椅子に乗り、メッツは歩いて廊下を渡っていると、入居者たちが会釈した。そのほとんどはメッツに対してだった。入居者がメッツにご機嫌伺いすると、彼はそのたびに私のことを紹介していたが、不思議なことに、その紹介は少し不必要に思われた。彼らのあいさつから、私のことをすでに何か知っている様子がうかがえたのだ。

私たちがエレベーターに向かっていたとき、メッツは自分の名前が呼ばれるのを聞いた。長期入居者のマルレーネだった。彼女はメッツと会えて明らかに嬉しそうで、オランダ語で生き生きと話していた。私はマルレーネの顔立ちがとても美しいことにはっとし、その後で自分が驚いたことに驚いた。私は車椅子に乗っている人のことを不器量だと思いこんでいたのだろうか？　それとも、このような人に魅力を感じたことにもっと驚いていたのだろうか？　彼女の長い黒髪を見て、私はアメリカの恋人、マーラを思い出した。出会ってまだ数秒なのに、メッツがもう私を紹介してくれた。「彼女はよい話し相手になるでしょう。ここに来て長く、ヘット・ドルプが変わっていったのを見ていますから」

博士の言葉は英語だったので、私はすぐに気が楽になった。「そうですね、あなたが初めていらしたときから、ここがどのように変わったかを知りたいです」

「まず、大きな違いは障害者よりも病人が増えたことですね」

「よくわからないのですが」

「今は下半身不随や、ポリオや何かのけがをした人よりも、多発性硬化症や筋ジストロフィーの人の方が多いということです。そして、それはいいことではありません」

「なぜ問題なのですか?」

マルレーネはこの話を切り上げるかのように、こう答えた。「障害は症状が安定していますが、病気はそうではありません」

メッツが、ピーター・ランズマンとの約束の時間がそろそろですよと言った。私は行かなければならないのが残念で、マルレーネの住所と電話番号をきき、連絡すると約束した。彼女は微笑んでから(あいまいすぎる微笑みで私の好みではなかった)、車椅子で去っていった。下の階へ行くエレベーターの中で、私はメッツにマルレーネのことをもっと教えてくれないかと言った。メッツによると、彼女は二九歳で、ヘット・ドルプの開園以来の住人で、脊柱にある種の欠陥があるため可動性が制限されていて、ひどい痛みがあり、時々その他の合併症を起こすことがあるとのことだった。たまに歩くことがあったが、歩くとすれば自宅でだった。もっといろいろ聞きたかったが、もうピーター宅に着いていた。

メッツは私をそこに残し、さようならと手を振った。メッツに対して新たに抱いた相反する感情や、マルレーネと会ったことの意味を考えようとする前に、身体関連の最初の問題が生じた。ドアをノックしようとして前屈みになったところ、体のバランスを崩し、車椅子からひっくり返りそうになったのである。転倒したらどうなるのだろうか。私の実験は終わってしまうのだろうか。こうした考えを追いやって、ドアをノックするにはどうしたらよいかじっくり考えた。車椅子にもっと深く腰掛け、ふだん自分の車を運転するときにはつけていないシートベルトのことをちらっと考えた。今なら喜んでつけるだろう。問題は簡単に解けた。私はドアに横向きに近づいた。こうすればドアと平行になるわけだ。力いっぱいドアをノックすると、すぐに後ずさりした。「来ましたよ」、私はちょっと不自然な楽しそうな声を出した。「行きましょう！」

ピーターが私たちの行き先を指し示したとき、自分が根拠もなくやる気満々だったことにすぐに気がついた。スーパーはそこからかなりの距離で、しかも丘の上で、ヘット・ドルプで最も標高が高いところにあったのだ。私たちは出発した。ピーターが先頭で、私はその後に続いた。丘を一つ越えると、また丘が現れた。腕が痛くなり、息切れしてきた。ピーターはときどき振り返り、「まだそこにいますか、ゾラ教授？」と言った。これこそ、答えを必要としていない質問だと思った。でも私は、ここ以外の場所にいられればどんなにいいだろうと本当に思い始めていた。そして、現実を考えずになぜ電動車椅子をやめたのだろうと思った。ようやくスーパーに着いた。ここで少し休憩できればいいと思っていたが、すぐにその望みは消えた。確かに私は、この店や他の店にヘット・ドルプの入居者以外の人たちも意外とたくさん来ていることに気づけるだけの余裕もあったのだが、スーパーにいたわずかな間、ひたすら「問題に対処」し続けていたのである。棚の下の方にある缶を取ろうとすれば、車椅子と体が前に傾いた。棚の一つにもたれかかって体を押さえても、誰も助けに走り寄って来なかった。ここでも正解は「平行駐車」だった。しかし、それでも不十分だった。私がほしい物の多くは高すぎるか、低すぎるかどちらかにしか置かれていないように見えたのだ。誰かに手助けしてもらわなければならなかったが、それは絶対にいやだった！　ヘット・ドルプの多くの人が同じような体験をしていようと、何の慰めにもならなかった。屈辱感がますます募ったのは、「やっとのことで手に入れた」品物をひざに乗せて運ぶのに一苦労したことだった。車椅子を両手で操作しなければならなかったので、ひざに乗せた六個のりんごは、すぐに滝のようにあっけなく落ちて床に散らばった。中年の女性がそれを親切に拾ってくれた。私はありがとうと言ったが、最悪の気分だった。ここでもまた、車椅子操作のコツを一から学び直す必要があることを思い知った。ピーターと違って、私は何の用意もしてこなかった。彼はメッシュの買い物袋を持っている。そのとき私は、他の入居者たちも同じようなものを車椅子に引っかけていたことを思い出した。店での最後の屈辱は悪気なく行われたが、だからと言って気まずさが消えるわけではない。レジへ行き、勇気を出して女性店員にお金を渡すにあたり、私はオランダ語でお礼を言った。すると彼女はにっこり笑って英語で返事したのである！

スーパーへ向かうときはくたくたに疲れ、買い物中は恥ずかしいことばかりだったとすれば、帰り道はひたすら怖かった。行きにあれほど辛抱強く登った丘が、今度は私たちが下るのを待ち構えていたのである。私にはまるでジェットコースターのように思えた。でもピーターは車椅子にきちんと座り、体の前で腕を組むと手を放した。ピーターは砂ぼこりの中に消えていき、丘を急降下し、角でわずかに車椅子を操作し、そしてまた丘を下っていった。私に彼の真似は無理だったが、丘があまりに急勾配だったのでゆっくり下ろうにも下れなかった。二メートルほど手を放しては手でブレーキをかけ、また手を放してはブレーキをかけた。道中ずっと、止めては進んでを繰り返した。着いたとき、私の髪や服装はすっかり乱れ、シャツは汗だくになって体にくっつき、両手は車椅子をコントロールしようと握りしめていたため、黒ずんで腫れていた。ピーターはというと、もちろん何分も前に到着し、どこにも出かけなかったような顔をしていた。彼は私を笑顔で迎え、コーヒーの時間ですよと言った。時計を見ると、私たちが出かけてから、たった三〇分あまりしか経っていなかった！

コーヒー休憩はとても楽しかったが、疲れきっていたのであまり集中できなかった。みんな好意的で、彼らが話の中で私のスーパー行きについて触れたところだけは何とか聞きとれた。

車椅子に乗ったミセス・ファン・アメロンヘンが部屋に現れ、約束どおり手に入れた私の大祭のチケットを誇らしげにひらひら振った。四時ごろモニカが来て、これから一緒に戻ってお部屋を整理しましょうと言った。私はメッツのときと同じ不安を再び感じた。モニカだって、私がわずか二時間前に杖をついて歩いていただけではなく、スーツケースを持ち運んでいたのも見たはずなのに、何もきかずに私の行動を「乗っ取って」いた。そして再び、十分に意識することなく、私は黙って従った。かなり疲れていたし、部屋まで車椅子を押してもらうと安心だからと理屈をつけた。部屋に入ると、モニカは私に何か必要なものはないかと尋ねた。そして頼まれていないのにスーツケースの中身を出し始め、室内に何か所かある特別な設備について説明を始めた。二人のドーヘラが入ってくると、彼女は私を紹介し、私が誰で、なぜヘット・ドルプにいるかを説明した。ドーヘラは私に関心を持ったようだったが、照れている様子だった。そして、私がドーヘラに何かしてほしいことがあれば手助けに来ることになった。私が何をしてほしいというのだろう？　再び不快感を隠しながら、私はもごもごとお礼を言い、一週間以内に会えないかどうかといったことを口にした。モニカは一緒にピーターのところに戻りませんかと私を誘ったが、私は理由をつけて断った。疲れたことにしたが、これまでに起きたできごとの意味を飲み込む時間も少しほしかった。彼女が部屋を出て行ったとき、まだとてもじゃないがリラックスできないと気がついたので、こんなときによく効果があることをした。文章を書き始めたのだ。この日に起きた出来事をどうにか箇条書きしたところで六時になった。夕食の時間だ。

　ここでまた、思いもよらない状況に直面した。ドアを閉められなかったのである。取っ手をつかんで閉めようとするたびに、ドアは私が出て行くよりも前に車椅子にぶつかり、再び跳ね返って開いてしまう。そのときドアは敵となって立ちはだかっていた。忍び寄ろうとするのだが、車椅子のどこかが何度もドアにぶつかって、どうしても手が届かなかった。私は悲鳴を上げそうになるのをこらえた。目を閉じていたら、何軒かのドアの取っ手にひもがぶら下がっていたのを思い出した。やっとその目的がわかった。靴ひもを取っ手に結びつけると、車椅子で外に出る際に一緒にドアを引っ張るのにちょうどよいゆとりができるのだ。私は満足げにドアを引っ張ってバタンと閉め、鍵をかけ、通路に出ると全速力で走った。

いくつかの連結している廊下をできるだけ速く走ってエレベーターへ向かった。エレベーターの中で方向を転換し、目的地の階のボタンを押そうとすると、階数が表示されているボタンがなかった。つまり、地下や一階、二階を示すボタンがなく、ボタンには通りの名前しか表示されていないことがわかった。エレベーターから出ると、さまざまな通りを示す矢印にこれまでよりも目がいった。たぶん、それまでの私は単なる「お客さん」でしかなかったが、そのときの私は車椅子の「運転者」になっていたからだろう。食事の場所に入っていくと、明らかに遅刻だった。全員そろっていたが、私が来るのを待っていたのである。昼食のときに欠席していた何人かの人と自己紹介をした後、お祈りが唱えられ、食事が始まった。夕食はおいしかったが（ソースであえたマカロニ）あまり量が多くなく、バナナのデザートがついたものの、一人二杯では十二分とはいえなかった。すべてがあまりに早く進んでいたので、私は自分の役割が変わってきたことに気づくのに少し時間がかかった。仲間たちは私が来るのを待っていたし、わざわざ自己紹介もしてくれたので、夕食は私に関する話題が多いだろうと思っていた。でもそうではなかった。お互いにたくさんの冗談を言い合ったり、明らかに私の滞在に関する話もあったが、基本的に私は無視されていた。望んでいたよりも、あるいはそうしてほしいと思うよりもずっと早く、私はもうそれほど特別な存在ではなくなっていたのだ。ある意味で、ヘット・ドルプで夕食をとっている一人にすぎなくなっていた。

食事の後に誰もその場に残らなかったので、私はますますがっかりした。八時のイブニング・コーヒーの時間にまた会いましょうと言って、みんな家に戻ったのだ。何もすることがなかったので、私も戻った。部屋を出てからまだ四五分しか経っていなかった。

ドアを閉めるのにも苦労したが、鍵を開けるのにも苦労した。鍵を持って前傾したら、またもやひっくり返りそうになったのだ。私は車椅子を巧みに操作してドアに近づき、平行に止めて、ブレーキをかけてから鍵を開けなければならなかった。部屋の出入りだけでこんなに苦労したり、動作の調整が必要になったりするとは思わなかった。今日これまでに起きたことから、今回の経験と以前経験した二回の「車椅子生活」との違いが少なくとも一つ明らかになった。ポリオのときも事故のときも、こんな問題に一人で対処しなければならないことは一度もなかった。いつも誰かがそばにいて助けてくれた。看護師や患者や友人である。私はこのとき、この世界のほんのささいなことでも、障害のある人が自力で立ち向かうのがいかに大変かを目の当たりにしていた。

疲労と痛みがどっと押し寄せてきた。書くというよりも休みながら一時間ほどメモを続け、約束どおり夜のコーヒーのために食事の部屋に戻った。

コーヒーの時間はすべてが愉快に過ぎた。ほとんどがクッキーやコーヒーの味や質についてのたわいないおしゃべりだったが、私は夜勤のドーヘラに会った。みんなが私をどう紹介するか、また私の話の細かい部分を省略するかどうかを観察するのは面白かった。みんなは省略しなかった。部屋に帰ろうと思って方向を変えたとき、モニカが私の腕に触れた。「今夜はピーターと私と一緒に過ごしてくれませんか？　これからお客さんが来るんですけど、ピーターにだけ用があるのです。どうかいらしてください」

私はこんないい誘いはないのではないかと内心思って照れくさかった。ただ、照れくさいからといって断るのも気まずかった。

ピーターの家に来てから数分後、客がやって来た。モニカが飲み物を用意しているときに、私たちは全員ピーターから紹介された。しかしすぐに二手に分かれた。ルンド夫妻がピーターと一緒に、モニカと私はテレビの近くに座った。そのとき私は、最初は趣味か何かだと思っていたもの、つまりずらりと並んだピーターの時計や道具は、実は彼の仕事だということに気がついた。ピーターはさまざまな電気時計や計時システムの製造や修理を行っていたのだ。ピーターがルンド夫妻のタイマーのどこが故障しているかを辛抱強く説明している間、モニカと私はサッカーの試合を見ていた。約一年のオランダ生活で、私はサッカーファンになっていたので、私たちの話は途切れることがなかった。でも目の片隅で、私はピーターを見ていた。それはその日の午後、マルレーネに会ったときとまったく同じだった。そのとき私はとても魅力的な人に出会えたことに驚いたが、今は強い自立能力を発揮して自営業を始めた人を目にしていることに驚いていた。私はすでに、私自身のステレオタイプと向き合っていた。

夫妻が帰ってからも、ピーターは作業台にいて仕事を仕上げていた。するとモニカがごほうびのように飲み物とスナックのお代わりを持って彼のところに戻った。

私がソックスを引き上げようとしてかがんだとき、補装具がむき出しになり、ピーターは私たちが午後中断した話を始めた。私は再び家族のことを聞かれ、彼らはそれに対して自分たちの結婚の計画について語った。モニカをふざけ半分にくすぐりながら、ピーターは「一年ぐらいのうちにいい場所を見つけて、そうしたら結婚してここを出て行くつもりなんだ」と話した。誰かが出て行くという話を聞いたのはこれが初めてだったが、私は驚きを表に出さなかった。彼らは私のアメリカでの住居が「障害者用に改造されて」いるかどうかを尋ねた。私は意図していたよりもぶっきらぼうに、きっぱりと「いいえ！」と答えた。誰かの質問に不意打ちを食らったのはこれが二度目だった。私は冗談を言って本心を隠そうとし、そうした改造には多額の費用がかかるのだと言った。すると彼らは、私であれ誰であれ、アメリカではそんなに高い医療費を負担しなければならないことに驚いていた。彼らはときどき「アメリカで障害を抱えているということは、どのようなことなのか？」というような方向に話を向けた。でも、私に答えを迫ることはなかったのでありがたかった。どういうわけか、私の抵抗感は知識の不足というよりももっと個人的なことから来ているように思えた。すでに一日の許容量を超えるプレッシャーを受けていたのを自覚していたし、少しゆとりがほしかったので、一〇時半頃に疲れが出ましたと言った。それは嘘ではなかった。本当にくたくたになっていた。

自室に向かってゆっくりと車椅子を動かした。腕、背中、全身が一体となってズキズキ言っていた。どこもかしこも痛かった。心にも痛みがあった。最後の角を曲がったとき、車椅子に乗っている年配の夫婦が目に入った。私を通すために彼らが止まったので、私たちは互いに会釈した。通り過ぎるときに、彼らが「あのアメリカーネル（訳者注：オランダ語でアメリカ人の意）」と言っているのが聞こえた。好奇心というよりも礼儀から、私は車椅子を止めた。彼らは私にご機嫌いかがですか、ヘット・ドルプの印象はいかがですか、これから我が家にいらっしゃいませんかと言った。どうしたものかと思ったが、体の疲れよりも招かれた嬉しさが勝った。車椅子で玄関をくぐりながら、急にこれからどのように話したらよいのだろうと思った。彼らは明らかに英語がわからなかったし、私のオランダ語力はゼロも同然だった。夫の方は私に先回りして、自分と妻のどちらも「英語よくない」と言った。そこで私は笑顔で「オランダ語よくない」と答えた。

こうしてローカル・ルールが決まったので、私たちはドイツ語とオランダ語、そしてほんのわずかな英語、たくさんの指さしや絵、身振り、それに忍耐力をチャンポンにしたコミュニケーションを始めた。もうお決まりになった感があったが、最初の話題は私の「病気」と「障害」で、次に彼らが自分たちのことを詳しく話した。二人とも多発性硬化症で、この病気がアメリカでどのような治療や医療費の手当が受けられるかに特に関心があった。私は知っているわずかばかりのことを話した。ピーターとモニカのように、彼らも国の医療費助成がほとんどないこと、そして民間の寄付による支援というアメリカ特有の考え方に驚いていた。

それから二人は明らかに誇りを持って、そしてそれでいてやや遠慮がちに家族について語った。それはよくある成功体験の強調というレベルを超えていた。とにかく家族がいるという事実は、彼らの子どもたちがどんなことを成し遂げたかとまったく同じくらい重要な意味があるようだった。多発性硬化症だから親になることができないと、私が考えると思ったのだろうか？　二人は私に家族がいるかどうか尋ねた。そして、子どもがいることについては喜んだが、離婚について気をもんだ。そっと遠回しに探っていたかと思うと、尋ねられないはずのことを尋ねた。私の身体障害が離婚と関係あったかというのだ。今度はそれほど動揺しなかったので、私は自分が知る限りその件はあまり関係ないと言って二人を安心させた。私の答えを聞いて、彼らの顔がぱっと明るくなったように見えた。またそれによって、自分たちの「幸せな家族」に関する語りもより闊達になった。

飲み物を一、二杯飲んだ後、二人は「わが家はいかがですか？」と私に尋ね、家の中を案内してくれた。設備や調度品が整った家で、ヘット・ドルプに来る前からのたくさんの思い出の品と、便利な機能に囲まれていた。しかし、最も印象的だったのは物理的な設計だった。部屋は明らかにカップル向けにつくられていなかった。二戸分を使用し、間であちこち壁が取り壊されていた。ヘット・ドルプが夫婦向け住宅の必要性を予測していなかったのではないかというしるしを見たのは、これが初めてだった。それに、私の頭はあらゆる人口統計でいっぱいだったのに、配偶者の有無はその中に含まれていなかったことをそのとき思い出した。時刻は一一時一五分で、夫婦はまだ案内を続けられそうだったが、私が無理だった。再び疲れがどっと出てきたので、温かいもてなしに感謝して部屋を出た。

とにかくベッドに向かいたかったが、あまりにも多くのできごとがあったのでその気持ちをこらえた。自分の身に非常に特別なことが起きていることを感じ、それを逃したくなかった。そこで、疲れてはいたが一二時ちょっと前まで書き物をした。ただし代償は払った。私はユダヤ教の夜の沐浴をあきらめた。だいたい、そんなこと誰が気づくっていうんだ、と自分をからかった。トイレに行かずに寝ようかとも真剣に考えたが、膀胱がぱんぱんになって夜中に目覚めることを考えると、その方がずっとうんざりするように思えた。私は車椅子に座ったままで、シャツとズボンを置くために椅子をベッドの近くまで引き寄せた。疲れきっていたので、服を脱いでいったん車椅子に戻り、それからクローゼットにつるすことができなかったのだ。もうすっかりバランスを崩さない方法がわかってきたので、ベッドにどのように潜り込むかはすでに考えていた。私はベッドの横に車椅子を平行駐車し、ブレーキをロックし、体を前に押し出して立ち姿勢になった。車椅子を支えにして、背中がベッドに向くようにゆっくり方向転換し、それからベッドに座った。その場所なら、補装具や背中のコルセットを外し、服を脱いで、近くの椅子にぽんと置いておくのは簡単だった。

眠りにつく時間だった。体は「よし」と言っていたが、心は「だめだ」と言っていた。本当にたくさんのできごとがあり、本当にたくさんの決断をした。事務局はこれから私につらく当たるのだろうか。私は入居者たちに受け入れられたように思えたが、あれは本心だろうか。これからどんな試験に合格しなければならないのだろうか。この「試験」という言葉が引っかかった。なんてことだ、私は試されていたのだ。年配の夫婦の言ったことが突然ひらめいた。彼らが「あのアメリカーネル」と言っていたとき、それは私の車椅子とスーパーと何か関係があった。それですべて合点がいった。あのスーパーへの往復は私の体力のみならず私のやる気、つまり入居者のように生活したいと言ったことが本気なのかどうかについての試験でもあったのだ。一月に初めてここを訪れたときのことを思い出した。誰もスーパーに行くのにあの道を通る必要などなかったじゃないか。丘を一つも上り下りせず簡単にまっすぐ行ける道があった。すべての建物は地形に合わせて建てられているため、エレベーターを使って高台から高台へと移動することができるのだ。建物に一階から入ってエレベーターに乗り、最上階で降りて廊下を下り進み、三〇メートルほど行くと別の建物に到着するから、また同じ手順を繰り返せばいい。すると最後には、比較的苦労することなく、ほんのわずかな上り勾配を通るだけで行きたいところへ出られるのである。あのスーパーへの往復は、私が口だけかどうかを確かめるためにピーターが考え出したことではなかったかもしれないが、その役割を果たしたのは確実だった。でなければ、あの年配の夫婦は夕食の仲間たちとはあんなに離れたところに住んでいるのに、どうしてもう私がスーパーへ行ってきたことを知っているのだろうか。「合格だ！　合格だ！」と大声で叫んだ。私の筋肉は、試験の前に少しは鍛えておけばよかったのにと言っていたが、頭の方は、今の満足感に比べたら痛みなど何でもないと言っていた。自分が何者なのかはっきりわからなかったが、よそ者という感じがしないことは確かだった。

眠りはまだ訪れなかった。興奮しすぎていたのと、なかなか快適になれなかったためである。ベッドが岩のように固かったのだ。うとうとしかけたちょうどそのとき、眠りが妨げられた。私がうっかりしてスイッチを入れたのかもしれないし、あるいはおそらく、夜勤のドーヘラがちょっとした好奇心で私の様子を見に来たのかもしれない。どちらにしても、魅力的な若い女性が私に何かほしいものはありませんかと尋ねていた。頭に一つか二つ考えが浮かんだが、それは言わなかった。私が笑ったので、女性は困った顔をした。私は彼女に、笑ったのは本に書かれていたことを思い出したからだと言って、ベッドの横に置いている本を指さした。私の性的な空想を彼女に言えるわけがない。それに頭はその気でも、体はそうではなかった。彼女が部屋を出てドアに鍵をかけたとき、また別のことに気がついた。私がさっき鍵をかけたドアを彼女が開けたこと、そして部屋を出て自分で鍵をかけたことは明らかだった。一部の入居者による必要性を考慮すれば、そうした出入りが必要なのはわかるが、それでも私がヘット・ドルプに描いていた理想像が少しうち砕かれ、劇に出演しているような不快さを感じた。事務局は私たちが本当の村にいるかのように生活させているという考えがさっと頭をよぎった。それを考えるとあまりにも動揺しそうだったので、私はもう一度寝返りを打って何とか眠ろうとした。

第4章

一日を埋めつくす細々とした出来事

——五月二六日　金曜日

朝日が射しこんできたせいで、目覚まし時計が鳴らないうちに目がさめてしまった。この日ばかりは、午前八時なんて早朝のように思えた。私はごろごろしながら、まだ疲れはとれないが、朝日の暖かさで少しは元気になれたらいいのだがと考えていた。長い一日になることはわかっていたし、すでに目前には本日の試練第一号が迫っている——朝の洗面というやつだ。

エネルギーの消耗を抑えることはこの二〇年間自分の一部となっており、この日も例外ではなかった。私には何年もかかってあみ出した着替えのシステムがある。たんすとベッドが遠いときは、翌日の下着と靴下、ときにはズボンも手の届くところに置いておく。ヘット・ドルプではまったく脚を使わないつもりだから、近さはふだん以上に重要だった。いつものとおりに着替えを始め、腰から下のすべてを身につけたところで、ちょっと待てよという気になった。記憶のどこかから、ズボンをはいてはいけないという声がする。ベッドにいるうちにズボンをはかなければ、車椅子からベッドに乗り移り、また車椅子に乗る手間がふえるのにである。

記憶は正しかった。顔を洗う作業は大混乱になった。洗面台は十分低いはずなのに、なぜか全身ずぶ濡れになってしまう。あとから思えば、ズボンどころか、何ひとつ着てはいけなかったのだ。いつもなら、顔や胸、腕を洗うときは洗面台の上にかがんでいた。こうすれば、すくった水の残りは洗面台の中に落ちる。ところが、車椅子に乗っていると体の角度が変わる。あまりかがむと車椅子ごとつんのめるので、洗面台の奥まで身をのり出すことができないのだ。だから、水の多くは喉を伝って身体にしたたり落ちてくる。水をすくって洗うのはだめというわけで、湿らせたタオルで顔を拭くことになった。昔、「スポンジバス」と呼んでいたやり方だ。またしても患者のような、子どものような気分に襲われたが、今はそれどころではないので落ちこんでいる暇はなかった。ひげを剃る段になると、しずくのしたたりはさして問題にならなかった。問題になったのは、見え方の角度だった。鏡は下から見上げたときに映るよう角度がつけてあったが、これでは顔を間近で見ることができなかった。ちゃんと見るためには、専用の鏡を目の高さにとりつけるしかないだろう。

次の課題は、日常生活についての証言からあまりにしばしば省かれていること——排尿と排便だった。私だって本当は省きたいところだが、身体障害のある人なら誰もが絶え間なく苦労していることだという意識がある。だから、居たたまれない気分になりながらも、私がいかに「言いづらい行為」に対処したかを記録にとどめることにする。

洗面台の前から向きをかえ、今度は便器と向かい合った。入居者向けの部屋はどこもそうだが、便器はバスルームの角におさまるように設置してある。私は、車椅子で近づけるかぎり近づいた。そして、まずは両腕をつっぱって立ち姿勢になり、便座の上方の壁にねじどめしてある手すりをつかむ。これで身体が安定したら向きをかえ、後ずさりで半歩、便座に近づく。下着はここでゆるめた。それから、片手で補装具の留め金を外しながら、もう片方の手は体を安定させ、便座に腰を下ろしていった。まちがいなく、これは過去最高に楽な排泄だった。私は腹筋も脚も弱いから、手すりなどにぶら下がるか、椅子のアームなどを押し下げるかしないかぎり、体を起こして直立姿勢に移ることはできない。これまでも、テーブルや流し台に寄りかかりすぎて、一緒に倒れるという困った事態は一度や二度ではなかった。ここにきて私は、今までの苦労は避けようと思えば避けられるものだったと痛感した。

それでも、障害はまだ二つ残っていた。ちょうどよい用語がないので、一つめを「文化的な」問題、もう一つを「心理社会的」問題とよんでおこう。私は西洋人の男性として、両足でしっかり床を踏みしめて立って排尿するように育てられてきた。そのため、座って排尿するには多少の慣れが必要だった。しかし、この方法には思わぬ余禄もあった。立って行うときは、体を安定させるため、常に片手を空けておく必要があった。少なくとも、座ることによって排尿はより気楽な行為となった。二つめの問題は、より「心理社会的」なものだった。私はバスルームを離れるたび、「今のうちにもう一度しておく」べきかどうかを考えてしまう。これがまた、子どもに逆戻りしたような気分になるのだ。両親に「そろそろ出かけるから、今のうちに行っておきなさい」と言われたのを思い出してしまうし、そういう私だってわが子には同じことを言ったものだ。ヘット・ドルプのほかのトイレはどうなっているのだろう。私の部屋のと同じくらい使いやすいだろうか。というわけで、「言いづらい行為」についてはここまでとしよう。

私はベッドに戻った。水浸しになった下着を替え、ズボンをはき、アンダーシャツを着てコルセットをつけ、スポーツシャツを着た。冷えてきたときの用心にセーターを背中にひっかけ、記録用の紙をあちこちのポケットにつめこんだ。

ドアを閉めて鍵をかけるのはまだ多少は難しかったが、上達しつつあるのがわかった。

朝食に向かう途中、いくつかの「通り」を抜けたし、よその班の食堂の前も何度か通った。見知らぬ入居者が大声であいさつを交わしている。時刻は午前八時半だったが、私の食堂は空っぽだった。だれもいない。ドーヘラさえいない。なんだか気味が悪かった。一人で食べるのがいやなのではなく、同じ建物のどこかに何十人もの人間がいるとわかっていながら、その姿も見えず、声も聞こえてこないからだ。どこか遠くから流れてくる音楽と、ときおり響く電動車椅子の作動音だけが、確かに人がいると教えてくれた。

昨日は人酔いするほど人とつき合った後だけに、こうして急にひとりになると奇妙な感じがした。それでも、キャンセルされた取材の約束をとりつけようとがんばった。だれひとり、連絡のつく人がいない。だんだん歯がゆくなってきて、インタビューが無理ならどこか見学にでも行こうと思った。

作業所はもう一度見ておきたいという気がした。前回よりものんびりと見学すれば、このあいだ味わった不快感の正体だってわかるかもしれない。作業所に電話するのは大変で、オランダ語もつっかえがちだったが、やっとのことで、私から電話があるかもしれないと心づもりがあったとおぼしき人につながり、午前一〇時に会うことが決まった。

まだ九時一五分だったが、出かけてしまうことにした。村内の雇用の大半を支える場所を早く見たかったせいもあるし、こんな明るく晴れた日なのだから、のんびりと車椅子で散歩を楽しみたかったせいもある。外に出ると、私は地図を見てみた。作業所は昨日のスーパーよりもさらに遠かった。しかし、すでに長距離を移動する心構えもできていたし、時間もたっぷりある。ところが、地図は思ったほど役に立たなかった。坂になっているかどうかがわからないし、近道も描かれていないのだ。村内を歩き回るための基本的な情報が、この地図ばかりか、どの資料にも載っていない。それを大事だと思う人がいなかったのか、新入りには当然、先輩が教えるからいいと思われているのか。作業所めざして進めば進むほど、ますます道がわからなくなった。「本物の世界」と対照的に、道路標識も、さまざまな施設の方角を示す矢印標識も少ないのだ。入居者はどうせ家に引きこもって生活するだろうという暗黙の思いこみでもあるのだろうか。いわく言いがたい微妙な手口で、玄関の外は別世界だぞと思い知らされているような気がしてくる。だが、思い知らされているのは入居者としての私ではなく、よそ者としての私だ。もしかしたら、住人は地元民なのだからどこにでも勝手に行けると見なされていて、道を聞くのはよそ者だけということなのかもしれない。

こんな小難しいことばかり考えていたら気が散って、私はたちまち迷ってしまった——一度ではすまず、何回も。あるときは袋小路に入りこんだ。またあるときはエレベーターを探していたら、建物の一階で施錠されたドアと向き合っていた。にわかに、ヘット・ドルプが恐ろしい未知の場所になってしまった。これが夜ではなく、昼間なのがありがたかった。これまでにも、新しく入居してきた人がこうしてあっけなく道に迷ったことがあったのだろうか。それともみんなは、もっとゆっくりと行動半径を広げていくものなのだろうか。私は何度も地図を見直し、進路を変えた。もうすこしで一〇時ちょうどというときに目的地に着いた。たいした距離でもないのに、四五分もかかったことになる。

私はしばらく呼吸を整え、乱れた身なりを直した。作業所は平屋建てで、正面に受付があった。近づいてみると、受付の女性は車椅子に乗っている。ということは入居者なのだろう。名を名乗ると、ちょっとお待ちくださいと言って、しかるべき職員に私の到着を知らせた。間もなく、砂色の髪をしたスーツ姿の男性が横手のドアから現れた。

彼の背の高さはだいたい人並みのようにも思えたが、人の身長の目算はどんどん困難になっていた。自分の低い位置からだと、だれを見ても高いのだから。そういえばうちの子どもたちも、大きな人たちを見上げては恐れ入っていたっけと思い出す。私は別に恐れ入りはしなかったが、握手するにも顔を見上げ、身をのり出さなくてはならないのが恨めしい。彼は自分のオフィスに私を招じ入れ、英語でおかしなことを言った。こちらがすでに車椅子に座っているのに、「おかけください」と言ってしまったのだ。

彼はコーヒーを用意しながら、「保護された職場」の運営責任者として直面しているさまざまな問題に文句をつけはじめた。まずやり玉に上がったのは現行の法律だ。国が補助する作業所で働く人は、通常の人の三分の一以上の生産量を上げなくてはならないという法律である。三分の一にはるかに及ばない人が多いため、職員が数字をごまかすのにも限界があると彼は感じていた。それなのに、「一部の入居者の勤労意欲が低下している」ために、ことはますますやっかいになっている。その原因は二つあるというのが彼の考えだった。一つは、事務局が予測していた以上に、病気の重い人や、病気の進行が早かった入居者が少なくないこと。もう一つは、単にほかの活動に使う時間がもっとほしいか、あるいは、もっと必要だという人がたくさんいることだった。

この職員が一つの例としてあげたのは、「女性の方が、服を着るのに時間がかかる」ということだった。性差別的な発言と思われるかもしれないが、実はそれほどでもない。私だってその日の朝、身じたくをするのに相当の時間がかかった。社会が女性の外見に求める期待の高さを考えれば、男性よりも時間がかかることはあるのかもしれない。身体障害や慢性病によって、ある種の「女性らしさ」は、男性の「男性らしさ」がおびやかされる以上におびやかされるのかもしれない。ここで出会った人からも、障害のある女性よりも障害のある男性の方が結婚しやすいという発言は聞いたことがある。

私が住人たちの直面する現実を気にかけているのに対し、彼は運営責任者が直面する現実、つまり、労働力の減少にどう対処するかを気にかけていた。彼の解決策は、入居者の選定方針そのものを変更して、もっと「健康な」人を募集するというものだった。となると、下半身麻痺のように進行しない障害の人が多くなるわけだ。これは、少なからぬ入居者も賛成しそうな解決策だ。たとえばマルレーネも、「病気の人が少ない」方が好ましいと口にしていた。とはいえ私には、この発想そのものがどうも引っかかる。私の考える平等主義に違反するのだ。それに、よりによってこの場所で、ある種の疾患や障害を持った人々に対する偏見を感じるなんて、皮肉なことだとも思えた。

しかし、改めてこの職員に目を向けると、彼が入居者に共感を抱いているのが感じられた。彼はめったにないほど率直な態度で、自らの問題点や偏見を告白したのだ。「この仕事は相当しんぼう強くないと勤まりません。簡単にはいかないんですよ。いちばん大変なのが、相手が上手にしゃべれないときですね。最初は、ここ（と言って自分の頭を指さした）の問題なのかという気になってしまう。ちがうってことは知ってるのにですよ。本当に大変なんです。とにかく自分の部屋から追い出したい、目の前から消えてほしいと思うこともあります……。でも、だんだん不快に思わなくなってきました。慣れてきてるんです」

それにこの職員は、見せ物みたいになってしまうという入居者の気持ちも承知していて、正式な見学ツアーは許可しないと決めており、作業所には特別な訪問客か専門家しか入れないことにしていた。ただ微妙なのは、見学できる人とできない人を決めるのが入居者ではなく彼だということだった。入居者は基本的に、文字どおり彼が「責任を負っている」のであり、保護され、指導されるべき存在だった。「みんながこれまで知らなかったことは、こちらで教えないといけません。たとえば、スケジュールを守ることとかですね。外の世界とそっくり同じようにするんですから。人には休日があるし、休暇もある。金曜日には一週間が終わるから、みんな陽気になる。出勤してもらうには何らかの形で強制することになりますが、これは本人たちにとっていいことなんです。まるで自宅から追い出してるみたいですが、本人のためですから」

この最後の言葉にはむせ返るかと思った。これまで何度となく、なにか子ども扱いされているような感覚を味わってきたが、あれにはそれなりの根拠があったのだ。私はにわかに、彼がこれほど庇護者的な態度で話題にしている入居者と少しも変わらない心持ちになった。ただ車椅子に乗っているというだけで、自分でも脆弱で依存的な気分になったばかりか、周りの人々もそのつもりで接してきた。しかも、そういう扱いを受けると、こちらも受け入れた。なぜだろう。単に、先方が気を悪くしないようにというだけではない。どういうわけだか、私は抗議する権利を失っていた。私に対する相手の見方を受け入れてしまった。掌が汗ばみ、怖くなった。施設化の過程というものは、非常に強力なだけでなく巧妙でもあるがゆえに、自覚していてもなお抗えないのだろうか。

職員は私が考えこんでいる理由に気づかず、退屈していると解釈した。「まあ、こうしてお話ばかりでもなんですから。直接ご覧になりたいですよね」。彼は見ておくといい場所を残らずあげて、見学は案内役のつく部分とつかない部分の二段階に分けてはどうかと提案してきた。つまり、場所によっては私が一人で見学するということだ。こうして見学が始まった。この職員もやはり、たちまちのうちに私の車椅子を押すというパターンにはまった。車椅子を押すということは、私が注目すべきだと彼が思う方向へ、私の視線を物理的に誘導することになるわけだ。

案内つきの見学では、作業所の全域を回った。木工、陶芸、梱包、小さな部品の組立て、変圧器の組立て、裁縫の工場があった。みんなそれなりに快活にしている。どこへ行っても、指導の任にあたる職員が、作業の内容や進め方、一部の入居者の仕事のすばらしさなどをきまじめに説明してくれた。私が作業台のところへ来ると、入居者たちも指導係の例にならい、自分たちの仕事をすっかり見せてくれた。主だった施設の案内が終わると私は一人になり、自力で車椅子を漕いで回ることになった。それでも、親と子のようなイメージは消えなかった。作業員たちがあたかも従順な子どもたちのように紹介されただけでなく、私もみんなより年上の、しっかり者の兄か何かだった。教えることはみな教えたので、一人で「行ってもよろしい」と許可されているような感じがにわかに湧き起こった。だから、道に迷うなり面倒が起きるなりしたらすぐ助けに来られるよう、親がその辺にいるというわけだ。現に指導員たちは、私がただ何かを見る、ただ考えるのでは安心してくれなかった。私が何もせずにいる時間がちょっとでも長すぎると思うと、たちまち飛んできて説明を始める。彼らがうろついているせいなのか、それとも私がいるせいなのかは判然としないが、場の雰囲気はひどく張りつめているように思われた。私が話しかけた作業員たちは気おくれしがちで、たいていは、英語ができないものですからと言うのだった。会話が少しでもうまく通じないと彼らは顔を上げ、すぐに指導者が現れるのだった。

ようやく一人きりになってみて、こうしたすべてがひどく息詰まるものだったと気づいた。私の単独行動の最初は木工の作業所だった。私は木工品が好きなので、すばらしいできばえのおもちゃに目を引かれて止まった。案内役の人に品物をいくつか買いたいんですがと頼んでから、ある作業員が組み立ての最後の工程にとりくんでいるのをながめていた。先方も私が興味を示していることに気づき、自己紹介をした。ただ名前を名乗るだけでなく、わざわざ自分は結婚して何年たつかまで教えてくれた。ここで作業をしているのは彼一人のようなので、「みなさんはどこにいらっしゃるんですか」ときいてみた。彼は何も言わず、指導係が答えた。「そうなんですよ、これだけりっぱな機械があるのに遊ばせておくなんて残念です」と言って、機械のいくつかを指さす。「でも、入居者には無理ですからね。危険すぎて」

村の建設のときには、さまざまな設備が使えるよう、電気じかけの改造にあれだけの才能を発揮しておきながら、こうした機械を改造できないほど才能が種切れになったとは思えない。それに、危険という概念の持ち出し方にも疑いが残る。基本的人権とはリスクを冒す権利なのだから。「危険だから」という考えは、作業員たちから大人であること、個人であることを奪っていた。これもまた鎖の環、君たちはもはやちゃんとした人間ではないと彼らに思い知らせる鎖を構成する環の一つだった。これこそが、彼らと私が感じている気まずさ、前に来たときにランフレット博士が言っていた「いやな雰囲気」の源なのだろうか。ここで働く人々は自分自身から能力を奪う過程に自ら参加し、彼らも私もあるレベルではそのことをわかっていながら、その流れを止めるには無力だと感じていた。

まだあった。ますます憂うつをつのらせる引き金、どこかで見たようなという感覚だ。精神病院や知的障害者施設で見た光景が押しよせてきたのだ。ここでの仕事は単純すぎ、断片的すぎ、頭を使う必要がなさすぎ、無意味すぎた。たしかに入居者たちは身体的能力こそ限られているだろうが、なぜこんな価値の低い手作業の仕事しかないのか、補助金がなければ市場で通用しない製品しか作れないのだろうか。ここで働く人々が、自分たちは有意義な仕事をしていると少しでも感じられるだろうか。もちろん外の世界にだって、くり返しばかりで意義の感じられない仕事はいくらでもあるが、食べていくためにはしょうがないからなと思えば、多少はあきらめもつこう。ここの仕事は何のためにするものなのか。なぜ働く人のできそうなことではなく、できないことを基準に仕事を組み立てるのか。私はくり返し、ここの入居者は知能は正常なのですと聞かされた。それならなぜ、知能を活用するよう仕向けないのか。労働は肉体労働だけとはかぎらない。なぜよりによってこの場所で、額に汗して働くのが労働だといった神話がこんなにまかりとおっているのか。

そんなことを考えていると、職員の一人が私の車椅子を押しはじめ、次の場所へ連れていこうとした。私はとっさに「自分でできます」とはねつけた。そこまで言わなくてもというほどきつい口調になってしまい、向こうもぎょっとしたようだが、にっこり笑って「頭脳労働」という区域を指さした。たしかそこは、盲人用の点字文書や朗読物を作成している作業所だったはずだ。入ると気分が晴れやかになった。頭脳労働とは頭脳を使うだけでなく、こちらの頭脳に作用する仕事でもあるのだろうか。見回っていても、あらゆる動きに目を引かれた。なんと皮肉なことだろう。ここで働いている人のたいていは、ほかの作業所の人たちよりさらに身体の不自由が重い人のようなのだ。ここには、ほかの作業所にあれほど欠けていた工夫の精神がはっきりとみられた。ある女性は一本の指で機械を操作していたし、その右隣の男性は額に装着した道具でタイプを打っていた。仕事のほとんどは何らかのタイプ作業だったが、印象に残ったのは内容に変化があるということだ。単語、名前、データ、どれ一つとして同じではない。よく似た動きかもしれないが、まったく同じということはない。同じ金型に充填しつづける、同じ配線をとりつけつづける、同じすそを縫いつづける、同じ積み木にサンドペーパーをかけつづけるといった仕事との落差は見のがしようがない。達成感だって大きい。一ページが終わる、一つの章が終わる、あるいは一冊の本の最後にたどり着く方が、何か決められた数字を達成するよりも充実感がありそうだ。頭脳労働に対する私の分析には私の思いこみもあるかもしれないが、そこには目的意識というものがあった。その証拠に会話だってちがっていた。自分たちの仕事について説明してくれたとき、彼らはできばえへの満足感だけでなく、製品の最終的な用途への満足感も口にしていた。

点字作業所だけがよそとちがっていることは、作業員も職員も意識していた。ここでは仕事への満足度が高く、欠勤も少なかったが、かといってそれ以上に一般的な原則を導きだすのは無理だった。作業所全体の勤労意欲を思うと、ここで見たことは、目標にすべき可能性というよりは興味深い例外でしかないという気がしてくる。

帰り道で、ほかにもいくつか気づいたことについて考えた。入居者の情報網には恐れ入った。今日はまだ二日目なのに、働いていた人のほとんどが私の正体ばかりか、部屋はどこで、食事の班はどこで、昨日は何をしたかまで知っていた。アンテナを張っていたのは事務局も同じことで、私は作業所にいるあいだに二回も電話を受けとった。面白いではないか。行き先などだれにも言わなかったし、そもそも私自身、朝になるまでここに来るとは思っていなかったのだから。帰りの移動はけっこう楽だった。道を見つけるにも坂を避けて通るにも上達しつつあったのだ。

一二時をわずかに過ぎたころに食堂へ着いた。班の大半が集まっていて、何人かは仕事から戻ってきたところだった。私はまだ作業所のことを考えていたが、会話のはしばしは聞きとっていたし、みんなの名前も少しずつ覚えはじめていた。ミズ・シュルツという女性はアーネムの市内のどこだかがアクセスしづらいといって文句を言った。何人かがまったくだとうなずいたので、私などは逆に、アーネムにアクセスの楽な場所なんてあるんだろうかと思った。だれかが今夜のサッカーの試合を話題にし、ここのテレビでちゃんと映るだろうかと言った。話題は移動能力の不足（アーネム市内への外出）から、ありあまるほどの移動能力（動きの速いサッカー選手）へと移ったわけだが、またすぐに「不足」に戻った。何人かが臨時採用の新米ドーヘラの話を出したからだ。このドーヘラは休暇中の交代要員で、仕事ぶりが標準に達していないと思われているのだ。ミズ・ネイホフによると「ほんっとに遅いんだから。私をベッドから出すだけで二〇分とか三〇分とかかかってるし。いつもの人なら七分ですむのに」とのことだった。モニカが私の視線をとらえ、テレビでサッカーを見にきませんかと誘ってくれた。私は喜んで誘いに応じた。

ピーターに作業所の感想をきかれて、不満に思ったことのいくつかを話した。だが、今は「洗いざらいぶちまける」ときではないと感じ、話題を変えた。「その上に、事務局までがぼくの居場所を知ってたんだよ。少なくとも、ぼくのために悪い知らせを見つけてくれるのは好きみたいだ」

「へえ、その悪い知らせってなんだったの」とピーターがせっつく。なんとも直球でものをきく男だ。

「キャンセルに決まってるでしょ。だから今日の午後のインタビューはなし」

やっぱりねというような笑い声が上がったところをみると、何人かは私たちの話を聞くともなしに聞いていたらしい。

「じゃあこのあとはどうすんの」

「改造室に行ってみようかと思って。いろいろ話に聞いてるし」

これを聞いて、ミセス・ファン・アメロンヘンとシュミット夫妻が話に入ってきた。改造室がいかに「面白くて」「重要で」「斬新な」ところかについては、ほぼ全員がなにかひとことはつけ加えた。午後の予定をみんなに後押しされた私は改めて食事に集中し、昼食は気持ちよくお開きとなった。

休む時間とふり返る時間がほしかったので、うちへ帰った。昼寝をするなんて数年ぶりだ。いつもは補装具をはずさなくては楽になれないのに、この日は服まで着たまま眠ってしまった。よほどくつろいでいたのか、それとも疲れていたのか。二時四〇分に、元気いっぱいで目がさめた。バスルームで簡単に顔を洗うと、すぐに改造室へ向かった。廊下を抜け、別の廊下を進み、次の建物へ移り、エレベーターで上へ行くとまた別の建物の裏口に着く。かくして、坂道を一つも通らずして改造室に着いてしまった。

受付に近づくと、見覚えのある顔が目に入った。一月に来たときに会った女性だ。この女性が受付の担当で、覚えていますよという笑顔を向けてくれたので気が楽になった。私は相手のことをたいして知らないのに、向こうは私のことをよく知っているらしく、「ゾラ教授、楽しんでいらっしゃいますか」と話しかけてくる。まだ返事もしないうちに、後ろからまたも名前を呼ばれた。「ゾラ博士、またお会いできて嬉しいです」

ヘット・ドルプの創設者、クラップヴァイク博士だった。「私たちの招待に応じてくださって嬉しいです。いろいろうまくいってますか。こちらの手配とか」

「問題ないです」と笑顔で答えた。

「それはよかった。前回に差し上げた資料はお読みになりましたか」

「ええ、大いに役に立ちました」

「実は今から出かけるところなんで、また改めてお会いするとして、日と時間は私の秘書に電話して決めてもらうってことでどうでしょう」

そう言うと博士は私、受付の女性、それに近くにいた何人かに手を振って去っていった。見送るみんなの挨拶も温かなものだった。

この機を逃したくなかったので、受付係に博士の秘書に電話してくれるよう頼んだ。これまで事務局相手に毎回苦労してきたのと同じく、今度も簡単にはいかなかった。まず、回線がすぐ切れる。ようやく目ざす部屋につながったと思ったら、秘書は席をはずしていた。私たちが待っているところに、車椅子の若い男性が近づいてきた。

「ゾラ教授、ヘイエルと申します。改造室の」

「ああ、お待たせしてしまってもうしわけありません。すぐ行きます」

「気にしないでください。時間ならたっぷりあるんですから」

受付係も同意見だった。

「ここじゃだれでも、時間があるんですよ」

クラップヴァイク博士の秘書にもう一度だけ電話してみたところであきらめて、ミスター・ヘイエルと連れだってエレベーターにむかった。私も見学が楽しみだが、彼も私に負けず劣らず、案内するのを楽しみにしていた。これまでに会った中で仕事への熱意が一番であることはまちがいない。その意気ごみには、「社会の役にたつ仕事」に打ちこむ点字作業所の人たちの元気さに通じるものがあった。改造室に着いてみて、彼の満足感にはもう一つ理由があることがわかった。本人もすかさず口にしていたが、ここでの彼は「健常者」集団に囲まれた唯一の入居者だった。このことによってある程度の達成感を味わいながらもまだ飽き足りないようで、当人の言葉をそのまま借りれば、今はまだ「途中経過」と感じるという。

「通信教育で電子工学を勉強してるんです。でも、もっと先へ進むかも。三〇歳じゃ、学校に入り直すには遅いと思いますか」

私はきっぱり「そんなことないですよ」と言ったが、彼はどう見ても相談しているのではなく、語りたいのだ。

「まあ、それはともかく、ぼくはもうじき結婚するつもりなんです。それから住むところを見つけて、ヘット・ドルプを出ます。ぜひ彼女に会ってほしいなあ。『健常者』なんですよ。大祭にいっしょに行きますから」

何と答えればいいのかわからなかった。彼女のことを「健常者」と紹介する言い方にはぎょっとした。彼にとって重大事なのはわかるが、どうも引っかかる。われわれの生きる社会は、「健常者」との婚約が快挙になるばかりか、それをことさらに宣伝しなくてはと彼に思わせるような場所なのだということに嫌悪感をいだいた。そういう私だって実際のところは彼と少しも変わらず、同じ圧力の被害者だとわかっている。私はただ、それを宣伝せずにすむように人生を組み立ててきたにすぎない。全寮制の特殊学校に行くのを拒否することで、早いうちから身体障害者たちから距離を置いた。のちには、慢性疾患や身体障害のある人とはいっさいつき合いを持たなかった。私もまた、交友関係を通じて別のアイデンティティを獲得しようとしてきたのだ。

ヘイエル氏の発言には、ほかにも聞き流せないところがあった。ここを出ていくという具体的な計画を口にしたのは彼で二人目だ。ヘット・ドルプは一度入ったらそれで終わりという場所のように聞いていたが、実際にはそれほどでもないのかもしれない。

私たちはすでに工房を通り抜けて、元のショールームに戻っていた。まず意外だったのはチームの人数で、六人しかいないという。それでいて、ここそがヘット・ドルプ全域の活動を可能にしている場所なのだ。ヘイエル氏が広げた腕で示したのは、ずらりと並んだ多彩な装置、道具類だった。電子回路を使ってドアを開けたり電話を使ったりする操作パネルから、コップやフォークを持つためのにぎりのような素朴なものまで、驚くほど幅広い。

呼気をコントロールできるとか、指を一本伸ばせる、あるいはうなずくことができるなら、その能力を利用すれば行動の幅を広げることができるという。しかし、感心しながらも同時に気が滅入ってもくる。外の世界の人々にとって何でもないことに、入居者たちはとてつもない時間と労力を費やさなくてはならないのだから。今朝、着替えと洗顔の大変さに不平を言った自分がちょっとばかり恥ずかしくなった。このときばかりは、目の前に並んでいる発明品――シャツのボタンをとめる道具、靴ひもを結ぶ道具、コップを傾ける道具――を使わなくてすむことに無言で感謝した。みんなの仕事には大いに感銘を受けつつも、自分にはまだまだ知らないことが多いのだとわかって、少しばかり用心する気になった。

「この中には、大量生産して商品化できるものもあるんじゃないですか」

「でしょうね。でも、ぼくらみんな忙しくて。ここじゃ、一人一人の困りごとに合わせて、改造のやり方をうまく選んでいくことを大事にしてるんですよ」

言っていることはもっともだが、「忙しくて」という言葉がどうも引っかかった。病院や医師だってよく、「忙しすぎて」、患者ごとに個別の問題にまで手が回らないと言うではないか。なぜ病院のことを思い出したのかはわからない。もしかして、このように個別対応を強調したくなる背景に、何かの事情があるのだろうか。一つにはそれを探りたいこともあって、私は質問してみた。

「全製品を紹介しているカタログとか、リストみたいなものはありますか」

彼は少しきまり悪そうに「それが、ないんですよ」と答えた。

「前々から作ろうとはしてるんですけど、なかなか時間がとれなくて」

「それだと、ほかの部署との連携がうまく行かなかったりしませんか」

彼が打ち明けてくれたところによると、なにかの機械を苦心して作ったり改造したりしてしまってから、前にも別の人がまったく同じ製品を作っていたとわかったことは一度ならずあるそうだ。

ヘイエル氏が席をはずしたので、そのあいだ、なぜこうしたことが起きるのだろうと考えてみた。ただ単に、発明者がデザインの権利を独占しているとか、そういうたぐいのことなのだろうか。それとも、何か隠すことでもあるのだろうか。たとえば障害そのものもしばしば隠されるのと同様に、「必要な調節」や便利道具にもなにかスティグマのようなものがつきまとっていて、人々が口に出せなくなる、あるいは、口にしてはいけないことだと思ってしまうのだろうか。ここまで言ってしまうのはさすがに言いすぎかもしれないが、情報のすばやい蓄積や伝達を堰きとめていると、障害者たちに、外の世界にいたときと同様、ヘット・ドルプの中でさえも遠慮するように仕向けてしまう作用があるのではないだろうか。これで思い出したのは、人口肛門をつけている人のための袋や器具はあまりに種類が多すぎて、役に立つ以上に混乱の種になっていることだ。そういえば私だって、新型の補装具が出たというのでいろいろ調べたくてもうまくいかなかったことを思い出し、こうした情報に関して自分がいかに義肢装具士に依存していたかを自覚した。そしてこのとき、自分が二〇年以上も「患者兼顧客」としてつき合ってきた人たちに対し、生まれて初めて憤りを覚えた。

ヘイエル氏が戻ってきて、見学会はお開きとなった。いろいろと教えてくれたことにお礼をのべ、翌日の大祭で会う約束をした。

帰る途中、娯楽室の横を通った。ちょっと入ってみると表示があって、開室時間は午前九時から正午と午後二時から五時までと書いてある。これは変ではないのか。作業所の就業時間と重なっているし、夜は開いていないというのだ。つまり、仕事を持っている人は利用しない、あるいはできないということだろうか。仕事に就いていない人専用の場所なのだろうか。

見回してみると、趣味の工房によくあるような広い部屋で、織物や洋裁、絵画などのコーナーが設けてある。指導員がすぐにあいさつに来て、私がなにか訊こうと口を開く隙も与えず「入居者がやりたいと思うことなら、たいがいは習うことができるんですよ」と請け合った。一見、結構な話のようだが、私には疑問だった。作業所もそうだったが、その趣味の活動はだれが選んでいるのか。ここでも、本人のためになることをするよう、それとなく圧力がかけられてはいないのだろうか。

全体的にあまり面白そうな場所という感じがしなかった。自分が入院していたときのことを思い出してみても、こうした場所にはまったく心を惹かれなかった。私は元来のんびりと時間をすごすのが大好きなだけに、娯楽室に対して不快になるのはどうも解せない。どうしてこんなにくだらないと感じるのか。もしかしたら、この部屋に来るのは遊びのためではなく、ひまを作らないためだと感じたのかもしれない。それに私は、遊びとはごほうびであってほしいのだ。あるいは私も入居者たちも、遊びは仕事が終わってからするもので、仕事の代わりではないとする文化にどっぷり浸りすぎているのかもしれない。開室時間もこの印象に輪をかけていた。娯楽室での活動には、何かスティグマになるような——怠け者がすること、孤独な人のすること、能力のない人がすることといった暗黙のニュアンスがたしかにあるのかもしれない。私だってこんなところではすごしたくない。入居者たちもそうらしい。そのときは二人しかいなかった（一週間のあいだに、同様の状態は何度も目にすることになった）。

部屋を出ようとしたところで、「パリ・マッチ」誌をはじめ、いくつかの国際雑誌の最新号が置いてあるのが目についた。これを見てふと、食堂になっている談話室を連想する。あそこでも雑誌や本が目につくところに置いてあるが、ほとんどは並べられたときのままで、手に取られていないように見えた。テレビもあるが、ついていたことは一度もない。そういえばだれかが、生活班が共同体として機能していないというようなことを言っていたが、ここにきてその言葉が意味深に思えてきた。しかし、ことはそう単純ではなかろう。娯楽室から棟ごとに配置された備品に至るまで、「社交用の設備」が放置されてもったいないと嘆く声はたしかに多い。食事やコーヒーの後、みんな長居したがらないというのも本当だ。でもそれだって、悪いことばかりでもないのかもしれない。ここで忘れられているのは人々のニーズ——具体的には、プライバシーがほしい、一人になりたい、自分だけの楽しみは自分で作り上げたいというニーズなのかもしれない。もちろん、本当に共同体が成り立っていないということはあるのかもしれないが、その原因も解決策も、趣味の道具をあてがい、出会いと社交の空間を設けるといったレベルにはない。皮肉なことだが、入居者たちにとっては交流が少なすぎるどころか、逆なのではないか。一日三度の食事と二度のコーヒー、村内で働いている人ならそれ以上に互いの顔を見ているのだ。入居者たちは、ゴフマンの言葉を借りれば、それなりの「私的空間」を作り上げたのかもしれない。そのせいであたかもあてがわれたものを拒絶しているように見えるかもしれないが、それは、私的空間を作るに伴って起きた、偶発的なできごとだったのだ。

考えごとに夢中になっていて、ファルク夫妻からコーヒーに招かれていたことを危うく忘れそうになった。紹介してくれた人からは、二人はかなり外の世界に比重を置いている人たちだと聞いていた。そんな二人らしいとでもいうべきだろうか、待ち合わせの場所はレストランで、ヘット・ドルプの中でも村外の市民が最もよく利用する施設だった。入っていくと、二人はすぐに私に気づき（それまでは電話で話しただけだったのに）、手を振って私を招いた。二人はお似合いの夫婦で、ヘット・ドルプには古くから住んでおり、ともに車椅子の利用者で、四〇代だった。場所のせいだったのか、彼らがそういう人たちだからなのか、ここでの生活はどうですかという簡単な質問を除けば、話題はすべて外の世界のこと——映画やスポーツ、オランダの文化——だった。それまでヘット・ドルプにどっぷり浸かっていた私にとっては、ちょっとした息抜きだった。ようやくヘット・ドルプの話に戻ったのは、会話をしめくくろうというときのことだった。ミセス・ファルクがにっこりと笑って、「お話しできて本当によかったです。ここでは楽しい会話ってめったにないものですから」と言ったのだ。

このときには互いにけっこう打ち解けているという気がしたので、ここは踏みこんでみることにした。「ほかの人からも似たようなことを聞きました。何がいけないのでしょう」

すると、二人とも勢いづいて、入居者たちの世界の狭さについて語りだした。「みんな話題が乏しいんですよ。その少ない話題だって面白くないし」。最初のうち二人は、みんなオランダ全土から集まってきたため、互いに出身がかけ離れているせいにしていた。「ほかの住民」とのつき合いが大変だとなんとなく口にする人々はほかにもいたが、こうしてはっきりと言葉にしたのは夫妻が初めてだった。夫人はだんだんこの話題に熱が入ってきて、こんなリストができ上がった。

教養――「ほとんどの人たちはあまり高い教育を受けていないので、本を読むとか、そういったことをしません」

ソーシャル・スキルの欠如――「みんな、ここに来るまでずっと施設に入っていたか、親元に住んでいた人たちで、本当に何にもしないんです！」

孤立――「一日じゅう自分の部屋に座っているだけっていう人もいるんです。そういう人たちにはがまんができません」これを聞いてミスター・ファルクが詳しく説明した。「そういう人たちは、とにかく時計ばかり見ているんですよ。午前八時半だから朝食だ。午前一〇時、コーヒーだ、午後一二時半、昼食だ、午後三時半、コーヒーだ。さあ、これの時間がきた、今度はあれをする時間だ、ってね」

嫉妬――ミセス・ファルクが続きを語った。「私たちが結婚しているというので嫉妬してる人。それがここでの大問題ですね。私たちがしょっちゅう外出すること、友だちがたくさんいることにも嫉妬されます。みんな、私たちがどこへ行って、いつ帰ってくるのか、全部知ってるんですよ。それがいやで」。私自身、ここでは人の出入りが常に見張られているように感じていたが、この二人も私と同意見だったとわかった。

関心の狭さ――「あの人たち、自分の障害のことしか知らないんです。でもねえ、私にしてみたら、障害って最近なったものですから。前は歩いていたし、走ったり、踊ったり、スポーツもやりました」と語る彼女は明らかに誇らしげだった。「生まれつき障害者だった人がほんとに多いですけど、私はそうじゃない」

障害による障壁――ミセス・ファルクはいらだたしげにつけ加えた。「それから、ごく一部ですけど、その、けいれん性の麻痺がある人と会話するのって、とにかく大変なんです」。ファルク氏も盛んにうなずいていた。

私をたちまち打ちのめしたのは、ファルク夫妻の抱く不快感の中でも、ほかの入居者と共通するのみならず、外界の人々の見方とも重なるいくつかの点だった。私は無邪気にも、ヘット・ドルプの人たちなら違うだろうと期待していたのだ。なんらかのマイノリティに属する集団であっても、やはり偏見は持っているのだと知るたび、いちいちショックを受けてばかりいる。どうも、「自分たちも被害にあったのなら、それくらいの分別はあってもいいのに」という感覚があるらしい。それにしてもなかなか納得がいかないのだが、このような偏見を持つことで、何が得られるのだろうか。たとえば、

「自分はあの人たちとは違う、少なくとも、あの人たちより幸せだ」という感覚だろうか。ファルク夫妻もそうだが、ヘット・ドルプには進行性の疾患を抱えている人が非常に多い。そんな場所では、こうして他人と自分をはっきり区別することは、ほかの場所以上に大きな意味を持つのかもしれない。ある意味でそれは、ヘイエル氏が仕事や婚約者の選択を通じて行なっているのと同じことではないか。なぜ私は、こうした形で距離を置くことにだけこんなに怒りを感じるのか。自分には要求しないことを、夫妻にだけ要求しているのだろうか。またしても、自分のことを思い出してしまう。障害のある人とは友だちにならない、恋人にもならないと、私は無意識のうちに決断していたのではないか。物思いから離れて顔を上げると、もはやファルク夫妻は「偏見のある」人ではなく、いたって感じのいい二人に見えた。

二人と別れたのは五時頃だった。そして、車椅子に乗っているせいで子ども時代を思い出しやすくなっていたのだろうか、母のことを考えた。夕食まであと一時間しかなく、（空想の中の）母に、食事前に菓子パンを食べたりして、ごはんがまずくなるじゃないのと叱られてしまった。母のことは忘れようと首を振り、わが家へむかった。まだ会ったことのない入居者が手を振って、片言の英語で「大祭を忘れないで」というようなことを言った。だれもが、それも知らない人までが、私が大祭に確実に来るように声をかけてくる。こうしてかまわれるのも、たしかに悪い気はしなかった。最後の角を曲がったところで、私の玄関の前に車椅子が一台停まっているのが見えた。作業所で注文したおもちゃを配達しにきた人だった。彼は品物を持ち上げ、これは上等だからお子さんたちも喜びますよと言った。子どもたちへのみやげだと、なぜ断言できるのだろう。まあ、ここの人たちは私のことなら何でもご存じのようだし、このことだけを隠せるはずもないのだが。

腕と背中がひどく痛んだので、この日二度めの昼寝をするためにベッドに戻った。といってもわずかにうとうとできただけで、眠ったかと思うと数分で目ざまし時計にたたき起こされてしまった。あわてて食堂へ飛んでいったが、今度は惜しいところで遅刻してしまった。こうしてぎりぎりになってしまうなんて、どうも私らしくない。ふだんなら、どこへ行くにも早めに着くようにしているのに。だがここでは、ある場所から別の場所までどれくらいかかるかの見積もりを間違えてばかりいる。まるで、自分が車椅子に乗っているという現実を認めようとせず、以前のようにそれなりの時間的余裕を見こむことを拒否しているかのようだった。食堂に入るとすぐ、みんながまたも食事を始めずに待ってくれていたばかりか、私のための場所も空けてくれていたことがわかった。こうしてみんなに受け入れられているという感覚には、ちょっとばかり気圧される感じがした。こんなに急激に仲間扱いされることには慣れていなかった。何か引っかかるものを感じるのだが、それが何なのかはわからなかった。

遅れた時間を取り戻すかのように、食事はことのほか速く進んだような気がした。私も昔からよく早食いだねえと言われている方だが、ここのみんなも、ありとあらゆる身体的制約をかかえている割には食べるのが速かった。食事は三皿で、スープ、肉、じゃがいも、ほうれんそう、パン、デザートだったが、全部で二〇分か二五分くらいしかかからなかった。

話題はずっと、次の晩の大祭の話に終始した。新しい出し物のこと、これまでの祭の回想、準備につきもののさまざまな苦労への同情。苦労しているのは、単に劇の内容だけでもないようだった。ミセス・ファン・アメロンヘンは私のチケットを手配できて満足げだったが、シュミット夫妻をはじめ数人が、私がどうやって会場まで行くのか心配だという。ピーターとモニカはみんなに、自分たちの車に乗ってもらえばいいから大丈夫だと請け合った。その具体的な手はずを決めようと、全員での話し合いになってしまった。当の私はどうしたものか決めかねていたのだが、ばつが悪くて言い出せない。私としてはぜひとも自力で行ってみたいのだが、みんなは私が車椅子で行けるとは確信できないらしい。話をさえぎって「大丈夫、行けるよ」と言いたかったが、本当に大丈夫という自信もなかった。講堂は丘をいくつも越えた向こうにあるのだ。ピーターとモニカの車に乗せてもらうなら、車椅子を置いていくことになる。車には車椅子は一台しか積めないし、積むならピーターのということになる。私が本当は杖でも歩けることはだれもが知っているのだから。でも私にしてみたら、ここで杖を使ったのでは、自分を裏切るような気もする。私はのんきそうに、それでいてあまり自信ありげにならないように、講堂っていってもそんなに言うほど遠そうに見えないけどと言ってみた。わが子を案じる親の役割になっているピーターとモニカは「うーん、まあ、どうだかねえ」と訳知り顔でうなずいた。

そのとき、モニカが話題を大きく変えてくれたので助かった。彼女はその日の午後にけがをしたというのだ。洗面所の棚が上から落ちてきて、中身の当たった肩と胸があざになり、割れた鏡でかかとを切ったらしい。本人も洗面所もひどいありさまだというので私はかなりうろたえてしまったが、当人は自分の災難をユーモアまじりに語るので、その場の全員が笑った。人々は、モニカは怪力だなと言ってからかい（棚に触っただけで落ちてきたという話だったから）、けがをいたわった。彼女が絆創膏を指差しながらふくれっ面をして見せると、私も笑わずにはいられなかった。

話題は今夜のサッカーの試合に移り、これをしおに夕食も終わりになった。一人、また一人、「じゃあコーヒーの時間に」とか「また明日」とか言って帰っていく。私も出ようとすると、モニカに止められた。

「今晩、来てくれない？　ほら、ピーターはサッカー好きじゃないし。それに、今日も仕事のお客さんが来るし」

私はちょっとどぎまぎして、「おじゃま虫にはなりたくないんだけどな」と言った。

「全然。今日は面白い試合になりそうだもの」

本当のところは、さほど強く言われなくても行く気になっていた。私たちが着いたときにはもう、ピーターは仕事に没頭していた。私はテレビの近くに陣どり、モニカはちょっと片づけものをしてからコーヒーを淹れはじめ、カップを出したり、テレビを見ながらつまむおやつを用意したりしていた。最初のうち、時間は何ごともなく過ぎていった。最初の得点が入った直後、客が三人やってきた。小さい男の子とその両親だった。みんなピーターとはちょっと話をしただけですぐに観戦に夢中になり、ファンらしくしかるべき場所で「あーっ」「おーっ」と歓声をあげた。

ハーフタイムになると、モニカがコーヒーとクッキーを出した。このとき初めて、彼女の歩き方に目が行った。来てすぐに目の前を横ぎったときも時おり足を引きずっていたのに、そのときは昼間のけがのせいだと思って気に留めなかったのだ。でも、この歩き方はけがだけではない。なぜ今、急に彼女の障害に気づいたのか。なぜ今までは見すごしていたのか。ふだんの私なら、どんなわずかな障害も敏感に見抜いてしまうのに。もしかしたら私も、障害者にありがちな世界観――「健常者」と自分たち――をそのまま借用してしまったために、いったん「健常者」と分類したモニカのことはていねいに見なかったのかもしれない。あるいは、ヘット・ドルプではもっと重い障害に囲まれることになるので、この程度の軽い障害は目立たなかったのかもしれない。どうやら、決定要因になったのは私の社会的な認識だったようだ。というのも、相手がここの住人だと知っていたら、私もすぐに運動の障害を探すはずだ。だがモニカは入居者ではなく、訪問客だった。今夜、彼女がつまずきもしないのにバランスを崩すのを見て初めて、私も新たな目で見直した。それでようやく、彼女が足を引きずりながらふらついていること、そのバランス障害は多発性硬化症によるものだと気づいたのだった。そして案の定、モニカは本当に多発性硬化症だった。一部の住人たちが採用する区分法によれば、二人は「混成カップル」、「障害」と「疾患」との組み合わせということになる。ピーターは下半身不随で、将来は老齢による問題こそ出てくるかもしれないが、症状は一定範囲内で安定している。ところがモニカは進行性の疾患だから、今後は悪化する一方なのだ。現在は一番いい状態だったが、いつまでこの状態が続くのか二人とも案じていることだろう。いつの日か、ピーターの方がモニカよりもはるかに状態がよくなり、皮肉にも二人の役割が逆転するときがくるのだろうか。

試合の再開と同時に、ピーターの修理も最後の仕上げに入った。男の子は、ピーターの説明を聞かなくてはならないのに試合も見たくて気もそぞろだったが、とうとうピーターが勝った。ほどなく、家族連れは満足したようすで帰っていった。立ち聞きするつもりはないのに聞こえてしまった修理費は、けっこうな額であるように思われた。そこで試合が終わってから、この仕事を始めたいきさつを訊いてみた。

ピーターの話では、今はまだ規模も小さいが、しだいに成長しつつあるという。「今のところはまだ口コミだけでやってるけど、近いうちに広告を出さなきゃいけないだろうね。で、もっと大きくなったら……」と、モニカをちらりと見た。彼女も笑みで応える。そのとき急にピーターが手をのばし、モニカを引き寄せてそっと膝に座らせるとキスをした。彼女は恥ずかしいというよりは不意を突かれたらしく、ピーターのわき腹を軽くつついて、「何やってんのよ」とでもいうように眉をつり上げてみせた。二人は照れながらオランダ語で話しはじめた。言葉はわからなかったが、そんなことはどうでもよかった。いい気分で、温かく安らかな気持ちだったし、彼らも同じなのが感じられた。

帰り道では、これ以上はだれに誘われても応じないぞと用心しながら進んだが、そんな心配はいらなかった。ほとんどの人はもうわが家に落ちついていたのだ。テーブルに小さなメモを残らず広げ、一時間あまり書いてから手を止めて考えた。いくら漏れなく書こうとしても、常になにかしら忘れたことがあり、重要だと思わずに片づけていることがあった。また、何度も似たような場面に出会って初めて意識することもあった。正直、それまで気に留めなかったのは、私の側に聞きたくないという気持ちがあったせいのように思う。

　このときも、そんなことの一つがしだいに形をとりつつあった。準備の段階でも、メモの中でも、そして自己紹介をするときにも、私はずっと「滞在客」と名乗っていた。そればかりか、ただの滞在客でしかないことを謝りさえした。そのことで入居者と同じ立場になれずにいると思っていたからだ。しかし私が謝るたび、みんなはきまって好奇の目で私を見るのだった。ときには、冗談まじりに訂正してくることもあった。私はその冗談を深く考えなかったし、まして記録にも残さなかった。私は、自分を楽々と成功した人間として差別化することには無頓着なのに、「私」と「みんな」のあいだに自ら作りつづけている隔たりばかり気にしていたのだ。

　しかしみんなは前々からずっと、私のそんな迷いを解こうとしんぼう強くはたらきかけてくれていたのだ。彼らがずっと私に教えようとしていたのは、この世の人間を分類するなら二つ、つまり「健常者」と「障害者」だということだった。彼らの発想では、私がどちらに属しているのかは明らかで、私の願望など無関係だった。私は自分がヘット・ドルプを訪問中なのだと考えていたが、みんなは私のことを、外の世界を訪問中だと考えていた。外の世界、つまり健常者の世界とは、障害者にも出入りは許されるものの、認められるのはあくまで一時滞在、しかも、特定の条件を満たした場合だけという場所なのだ。彼らは何度も何度も、私がたびたび否定してきた現実を突きつけてきた。「この先、体調が悪化したら、年をとったらどうしたらいいのか？」という問いである。みんなから見れば、私は許可証を与えられて外の世界に滞在している身分なのであり、有効期限が切れたらどうなるのかを気にしていたのだ。

　自分が目を背けてきたことを見抜かれて、素直に耳を傾けたとはとても言えない。それでもみんなに強いられて、私自身について、そしてリハビリテーション一般についての自分の考え方を見直すことになった。適応や順応について論文を書こうとか、研究を行なおうとかいったわれわれの試みが、実に貧弱なものであることにも気がついた。たしかに、ここまでが成長でここからは成熟ですよとわかるなら、あるいは、ある困難に対する対応と順応はこれにて完了しましたと言いきれるなら、ことはすっきりするだろう。しかしたいがいの困難は、いや、もしかしたら人生の基本的な問題のほとんどは、そんなふうに一度に片がついたりはしない。何度も何度も向かいあい、ふり返り、定義しなおし、手直しするくり返しなのだ。そしてこのときにわかったが、これは私自身にも当てはまるのだった。どれほど人にほめられ、自分でも納得していようと、直面すべきことはまだまだ山ほどあるのだ。私が立ち向かわなければならないことはまだまだたくさんあった。「私のポリオ」と「私の事故」は単なる過去ではなく、私の現在の、そして未来の一部でもあるのだ。

　私の中の何がとはわからないが、何かが変化しつつあった。ベッドに入り、しばらくは本を読んでも頭に入らず、ほんの少し夢を見て、ついには深く安らかな、とぎれることのない眠りに落ちたのだった。

第5章

一年でもっとも華々しい夜

——五月二七日　土曜日

しっかり睡眠をとったというのに、着替えや洗顔には相変わらずいつも以上の時間がかかった。九時ちょっとすぎにようやく朝食に行ったときにはだれもいなかった。でも今朝は気にならなかった。静けさが嬉しかったのだ。あまりにたくさんのことを一気に体験した感じだったし、「オン」ではない状態の心地よさをのんびりと味わった。静けさが中断されたのはドーヘラがコーヒーを運んできたときだけで、彼女は天気とアメリカについてしゃべっていった。

帰り道で、私の進む速さに合わせ、真似をしているような足音が聞こえた。顔を見ようとふり向くより先に声をかけられ、おかげで被害妄想に陥らずにすんだ。足音の主はメッツ博士だった。

「昨日は来られなくてすみませんでした、とにかくやることがたくさんあったもので。大丈夫ですか。今日はだれに会う予定ですか」

「特にだれとも決まってないんです」と私はいくぶん言い訳がましい言い方になった。

「困りましたね、それはいけません。滞在日数も限られているのに」

「でも、ほんとにいろんなことがありましてね。あまりかっちりお膳立てされすぎるのもね。向こうからうちへ来ませんかと誘ってくれる人がいたり、自然にまかせる方が好きでして」。思ったより強い口調になってしまった。私はたしかに、人に世話を焼かれすぎることに抵抗しているようだ。そう自覚したことで決意が鈍り、「それでもどうしても会っておいた方がいい人がいるから」と説得されるとあっさり納得した。

メッツはしばらくその場を離れ、「古株」の入居者二人に電話しに行った。一人はドルプ評議会の委員を長く務めている人で、もう一人はここに来てすぐ結婚したという人だった。

「二人とも、村とのつき合い方がほかの人とずいぶんちがうんですよ。きっと面白いはずです。ところで、最初の二日はどうでしたか」

「そうですねえ、私たちが心配していたことも、こないだの印象も、いくつか当たってたみたいですよ」と、作業所で感じた不安を打ち明けた。

メッツは、似たような経験はこれまで自分が見てきたケア型の施設でもよくあることだったけどねと念を押した上で、われわれが調べにいく施設の責任者の言動はたしかに矛盾しているよと同意してくれた。「みんな、お気づきのことがあれば喜んで伺いますなんてしょっちゅう口にするくせに、自分たちの考えに反する意見だと聞こうとしない」

彼は一〇時ちょっとすぎに帰り、私はノート書きに戻った。その合間に時おりヘット・ドルプに関する資料を読み、一二時一五分ちょっと前に作業を終えた。

今度は一分前に食堂に到着した。ところが私が着いたのは、おだやかならぬできごとの真っ最中だった。ミーケという目の見えない若い金髪の女性の服に黒い髪の毛が一本ついていると言って、男たちが数人でからかっていたのだ。彼らがあれこれと質問するのに答えず、「どこについてるって？どこよ？　ここ？」と返すのを聞いていても、私はますます不快になるばかりだった。ところが部屋を見回してみると、当の彼女を含め、だれ一人気にしているふうではないのだった。

そんな中、私の登場がきっかけで、人々の関心は、私の移動手段という問題に移った。ミスター・シュミットは精いっぱい丁寧な言い方で、本当にあれだけの距離を行けるのか、坂は大丈夫なのかとたずねた。

私はピーターの方を見て、「うーん、練習だってしてるし。最初はスーパーで、昨日は作業所。余裕をもって十分早く出発したら行けるはずだよ」と言った。真剣な、訴えるような声は、まるで子どもの声のように響いた。

私が子どもならピーターとモニカも親の口調になって、私のことは自分たちが「ちゃんと気をつけとくから」とみんなに約束した。こうして一件落着してみると、入居者というアイデンティティを放棄せずにすんで、自分がこんなにほっとしているんだとはじめて自覚した。

細長いテーブルのぐるりを見渡すと、ようやくみんなの名前と顔が一致したことに気がついた。また、食事のときの席順は、たまに少し入れ替わる程度で、だいたい固定していることもわかった。私は食べながら、それぞれについてわかっていること、感じたことをありったけ思い出してみた。

テーブルの端にすわっているのがミセス・ファン・アメロンヘン、食事のたびに笑顔で迎えてくれる人だ。英語はかなり上手で、おそらく四〇代の半ばか後半だろう。ずっと目の色は青なのかと思っていたが、それは単に、目がきらきら輝いて見えたせいだったのだろう。口元の小さな笑いじわと頬の丸みがその目を引き立たせていた。車椅子を使ってはいるが、上半身の動きの機敏さと力強さにはいつも感心させられる。そのことから、病気ではなくて、何らかのけがで身体が不自由になったのではないかと思った。エネルギーは無尽蔵らしい。ヘット・ドルプに来る前から情報交換のネットワークを設立していて、ここへ来てからも続けている。そのせいだろうか、起きるのは早くて寝るのは遅そうという印象を受ける。いつだったかピーターが、あの人は一日に二〇通も手紙を書くんだよと尊敬をこめて言っていた。彼女は戦う闘士でもあり、組織づくりにも長けているとの評判だったが、それが何を根拠として言われているのかはわからなかった。

たいていその左隣に座っているのはミズ・シュルツだった。朝食ではときどき見かけるが、昼食ではめったに見かけず、夕食にはいつも来ている。三〇代の華奢な女性で、巻き毛を長く伸ばしている。この班の中では、体調は彼女がいちばん良さそうな印象だ。自分で歩き、わずかにぐらつく程度だった。発音が不明瞭なことから、脳性麻痺ではないかと思う。非常に内気な人という印象だ。仕事は、「手作業の」作業所で組立作業をしている。そこでも人づき合いはないらしく、自分の作業台で一人黙々と働いていた。私が作業所で声をかけたときはうれしかったらしく、まわりの人たちに私のことを自分の友だちだと言っていたほどだ。といっても、こちらは彼女のことをろくに知らなかったのだが。

次がミーケだ。会話はほとんど交わしたことがないが、顔を合わせるごとにあいさつに親しみが増してくるような気がする。しばしば私は自分のぎこちなさを身ぶりなどの非言語コミュニケーションによって帳消しにしようとしていたが、目の見えない彼女が相手だとそれは通用しなかった。金髪をショートカットにしているのが四角い顔によく似合っていて、昔のペンキ看板に描かれたオランダ少年のようだった。彼女は盲人用の杖はついているが、普通に歩いている。しかし、二週間に一回通院しているし、食事のたびに薬をのんでいるところを見ると、何かの慢性疾患なのかもしれない。私はよく華やかな色彩に目を奪われるのだが、こうして食事をしているミーケを見ていると、カラフルな服装につい目が行った。彼女が笑うと、四角い顔が丸くなった。この人のことはもっとよく知りたいと思った。

ピーターはいかめしい表情で座っている。ときどき私は、これは彼が引き受けている役割なのではないかと思うことがある。モニカがいたずら好きの妖精役だから、それを受けるまじめな男というわけだ。長身でやせ型、髪は角刈りで青白い顔をしていた。下半身麻痺の人によくある体形で、肩は非常にたくましく、腰から下がひどく細かった。最初の日の会話で進行役を務めていたのは彼だったが、その割にはどちらかというと少々一匹狼タイプのようだ。雰囲気も見た目も、オランダ版ゲーリー・クーパーといった趣だ。自営業をしているせいでみんなとの交流も少ないが、奥ゆかしい温かみもあって、この人なら信頼できるという気がした。

ピーターに感じるのが信頼なら、モニカから感じるのは楽しさだった。厳密に言えば訪問客にすぎないが、非常に有名だし人気者でもある。みんなの動向にもいたって詳しいようだ。外見は性格にぴったりだった。二〇代後半で身長は約五フィート四インチ（一六三センチ）、まっすぐな黒髪、鼻は小さくてちょっと上を向き、目はぱっちりしている。気のきいた言葉がぽんぽんと口からとび出す彼女は、ひどくきまじめなピーターとまったく対照的だった。二人は婚約してから一年以上になり、いつ結婚できるかはアーネムかその周辺に「改造された」住まいが見つかるかどうか次第だった。

モニカの隣には、九番目の仲間が座っているはずだった。手術のためにどこかへ行っているということ以外、この男性の話はほとんど聞いたことがない。

テーブルの反対側に移ると、ミセス・ファン・アメロンヘンの右側はシュミット夫妻だった。シュミット氏は近くの席の人たちに、近く夫婦で出かけるという旅行の計画について話していた。ミセス・シュミットはいつものように、軽くうなずくだけでほとんど何も言わない。シュミット氏の性格は外見とはかなり対照的だった。小柄でがっしりして五〇歳前後で、車椅子に堅苦しく座っている姿はいかにもよそよそしそうに見える。ところが話しだすと目にはいたずらっぽい輝きが現れ、声にも生気があふれている。本人も公言しているとおり、彼は完全にヘット・ドルプの中だけで生活を組み立てている人々の一人で、さまざまな委員を務めていた。「外にいたときよりも、ここに来てからの方がよく働いてるよ」と語っていた。

その隣ではミセス・シュミットが黙々と食べていた。四〇代後半のとても上品な人という印象だった。英語で話すときは口ごもりがちになる。察するところ多発性硬化症か筋ジストロフィーで、上半身の力がしだいに失われつつあるのではないかと思う。その一方、たぶんほんの一瞬かそこらではあるが、立つことができた。

それから私だ。自分がみんなの目にどう映っていそうかを説明するのは難しい。身体の不自由についてはすでに書いたとおりだ。心の目で想像してみると、だいたい五フィート七インチ（一七〇センチ）、太りぎみで骨格もがっしりしており、肩幅は広いが腰から下は段ちがいに細い。髪は黒く、ヘット・ドルプに住むほとんどの男性よりやや長めだった。人にはよく、茶色の目がすてきですねとか、愛想のいい顔だとか、笑うときは口を大きく開けるんだねとか言われている。きっとその通りなのだろう。おとなしいという評判はまったくなく、いろんな場面でいろんな人から、傲慢だとか、攻撃的だとか、外向的だとか、率直で熱しやすいとか言われてきた。

私の隣には、ミズ・ネイホフが座っていた。七〇代のとても温厚な女性で、表情も親切そうで、小柄でずんぐりした、丸っこい体つきをしている。私にわかるのは、原因がなんであれ、明らかに全身が弱ってきていることだけだった。食べ物を自分で口に運べる程度には手も動かせるが、あらかじめ小さく切ってもらう必要があった。それでも一度、とてもゆっくりではあったが、車椅子を下り、歩いて家に入るのを見たことがある。話し上手らしく、グループの中でときおり冗談を言っていた。そして、小さい子どもたちが遊びに来ているのを何度も見かけた。

私の反対側は、ふだんはミスター・アルトマンが座るところだという。彼は風邪をひいているので、まだ会ったことはない。みんなの話によると三〇代で、外見は学者っぽい感じで、四肢のすべてがあまり動かせず、力も入らないという。意見をはっきり言う人で、全住民の中でいちばん理屈っぽく、政治的な関心もいちばん強く、「外の世界」におおぜいの知り合いがいるそうだ。ピーターの友達で仲がいい。

ドーヘラたちも食事には同席しているが、これといって決まった席はないらしい。もしかしたら、だれかをひいきしているような印象を与えないためなのかもしれない。ドーヘラ長は休暇中で、私が会ったのはほとんど臨時雇いの人ばかりだった。

この班の仲間たちがどの程度ヘット・ドルプ全体の構成を反映しているのかは判断が難しい。男性四人に女性五人（留守中の人を含み、訪問客であるモニカと私は除いて）で、年齢は二〇代から七〇代まで。「障害者」と「病人」の割合はわからないが、後者の方が多そうに思われた。不自由の重さについては、基準次第で変わってくる。服を着るとき、ベッドから出るときなど、場面に応じて介助を必要とする人は何人かいるようだが、ほぼつきっきりの介助が必要な人はいない。はっきりと目立つのは、身体にそれと見てわかる変形がある人と、全身麻痺の人が一人もいないことだった。常時であれ、時おりであれ、車椅子を使っているのは九人中七人だった。

日中は何をしてすごしているかという面では、彼らはヘット・ドルプの縮図のように思われた。ミズ・シュルツとアルトマン氏は作業所。ミーケは村外へ通勤し、アーネムで電話交換手をしている。ピーターが小規模な自営業者。シュミット氏とミセス・ファン・アメロンヘンは居住者のグループの世話役など、村内の活動を積極的に担っていた。ミセス・シュミットとミズ・ネイホフが何をしていたのかは知らないが、特に何もしていなかったのではないかと思う。村外に手術に行っているミスター・ヘスリンハが昼間何をしているかは聞けなかった。

あるときシュミット氏に、この班の人たちは幸せだと思うかときかれたことがある。私はうろたえてしまい、少なくともみんな仲よくやってるようには見えるけどと、つっかえながら答えた。食事どきもコーヒー休憩も、冗談、打ち明け話、その日の報告などがとぎれず、活気がある。とはいえ、彼らが特に強い友情で結ばれているというような感じは受けなかった。たぶん、どこの大学でも見かける人間関係と同じようなものなのだろう。同じ階（ヘット・ドルプでは同じ「通り」）で知り合って親友になることもあれば、別の寮（ここでは別の建物）に住んでいても親友になることもあるのだから。彼らどうしの友情がどんなものだったにせよ、みんなは私のために居場所を作り、自分たちの生活の中に迎え入れてくれた。事務局がこのグループを選んだ理由はわからないが、結果的に相性がよかったことはたしかだ。

時刻は午後一時半で、ヘンドリクス夫妻に会いに出発する時間だった。村の中を進んでいくあいだにも期待が高まってくる。二人の家は夫婦用に造られた新しい建物の中にあった。この建物にはカップル用が九戸、単身者用が二戸あり、そしてなんと、ドーヘラの部屋がない。つまり、ここの住人は程度の差こそあれ、人の手を借りずにすむ人ばかりということになる。障害の種類や程度ゆえに自分の身の回りのことは自分でできる人か、片方が「健常者」で相手を介助できる夫婦というわけだ。

ドーヘラを利用するのは特別な場合で、作業内容と時間を予約する方式になっていた。

ヘンドリクス夫妻というのは、いったいどんな外見の人たちなのだろう。夫妻についてはメッツ博士からほんの少し聞いているだけなのだ。二人とも車椅子に乗っていて、夫は外傷、妻は先天性の変形だという。リハビリテーション施設で出会い、長年にわたって交際をつづけ、ちょうどよい住まいの手配ができたときに結婚した。結婚してからは、妻の両親と一年間同居し、ヘット・ドルプの別の場所で二年間くらし、三年前にここ、自分たちの「終の棲家」に入居した。

今度は時間ぴったりに着くことができた。ヘンドリクス氏が玄関まで出てきて、妻を紹介してくれた。彼女は内気な人らしく、コーヒーを淹れますねと言ってすぐに引っこんでしまった。ヘンドリクス氏の方は緊張した様子もなく歓迎してくれた。「メッツ博士のお話では、先生は夫婦の生活ぶりに関心をお持ちだそうですね。わが家を案内しましょう」

中はかなり広々として、家具や調度がよくそろっていた。玄関を入るとそこは小さなホールで、右手には大きな浴室があった。約六フィート（一・八三メートル）四方で、私がヘット・ドルプで借りている住戸の浴室とほぼそっくりだった。ホールの左手にはちょっとした納戸がついている。正面奥には大きめの寝室があり、そこからドアを開ければ外のテラスに出ることができる。その庭のみごとさも、氏が庭を自慢にしていることも、私には意外だった。庭に凝るのはオランダでは当たり前のことなのに、きっと私は、彼に障害があるがゆえに予想していなかったのだろう。そんな私の心をまるで読みとったかのように、彼は「自分で設計したんですよ」と強調し、さまざまな花や草木の手入れのやり方、育て方を詳しく説明してくれた。居間に戻ってくると、印象的なのはその広さだった。家具は戸棚、ソファー、テーブル、椅子二つというごく標準的な一セットだが、その間を車椅子が二台で行き交えるよう、十分なスペースがとってあるというわけだ。カーテンで仕切られた先には台所があり、車椅子の人が使えるように、何でも低く、奥行きも浅く設計してあった。居間の右側には小ぶりの部屋がもう一つある。来客用にする人もいるそうだが、夫妻は書斎兼作業部屋として、夫は読書に、妻は裁縫に使っていた。

見学が終わってしまうと、気まずい間が空いた。沈黙を破りたいというのもあって、私は話しだした。「本当にすてきなお宅ですね。大事に手を入れていらっしゃってすごいなと思いました。立地も最高ですよね。外の景色も広々して……」

ヘンドリクス氏がせっかちに口をはさんだ。「別に、評議会で活動しているから入居できたわけじゃない。ちゃんと抽選で当たったんです」

まさか、この場所を手に入れるためにコネを使ったなどとは考えてもいなかった。そういえば、このような住戸は不足しているのだった。だから、「恵まれた」立場にある彼は居ごこちの悪い思いをしているのだろう。

このとき、ミセス・ヘンドリクスがコーヒーを運んできた。台所はいかがですかときいてみると、熱のこもった口調になって、器具もみんな障害者向けに改造してあるんですよと話してくれた。ところが、すぐにはしゃぎすぎたとでも思ったのか、また黙りこんでしまった。ヘンドリクス氏が会話を引き継ぎ、「村外の」友人たちや活動について逐一語ってくれた。「出られるときはいつも外出することにしてるんです。二人共通の趣味が旅行でしてね。去年は南アフリカに行きましたが、あれはまたとない経験でしたよ。そうだろ」。ミセス・ヘンドリクスがうなずいた。「向こうに友人がいまして、全部お膳立てをしてくれたんですよ。段差のない部屋も見つけてくれたし、手を貸してくれる人がとぎれることもありませんでした。特に、バブズに介助が必要なときには、必ず人手がありました」どうやら彼女には、何か夫ではできない介助が必要であるらしい。また、おそらく彼自身は、さほど特別な介助はいらないのだろう。

こうした話題が続くあいだ、私はずっと、何かしら二人の村外での活動をほめるような受け答えをしなくてはというプレッシャー感じていた。皮肉な話ではないか、そもそも二人に会うことにしたのは、ヘット・ドルプの「古参」だからだったというのに。この辺で話が一段落と思ってもいいかなという間をとらえて、私は「村内」に話題を切りかえた。「メッツ博士のお話ですと、ヘット・ドルプ開園当初から積極的に関わっていらしたそうですね。ものすごい事業だということは疑う余地もありません。その一方で、まだこれから解決していかなきゃいけないのは、どんなことだとお考えですか」

大きな問題はいくつもあるとのことだったが、ヘンドリクス氏はそのうちの二つをあげた。一つは夫婦用の住戸の不足、もう一つが、少なからぬ入居者の孤独だった。どちらについても、解決策の話は出なかった。ほかの人たちも言っていたのと同様、彼もまた、入居者の出身が多様すぎるという問題を強調していた。みんながオランダじゅうの「いろんな所から」集まっているというのだ。私に言わせれば、この「いろんな所から」というのは、自分たちより低い階層の人、学歴やソーシャル・スキルも乏しい人が多いという意識の婉曲表現だった。あるいは、オランダ全土の人を一か所に集めたことで友人や家族から引き離され、ただでさえ貧弱だった人間関係がますます減ってしまった人たちもいたかもしれない。外からの刺激が減ったため、関心が内に向かってしまった人もいるだろう。自分自身や自分の体のことばかり考えていたのでは、人と話をしようという気も失せ、ほかの人から見ても、つき合ってもつまらない人になってしまったというわけだ。

彼は続けた。「本当に残念な人たちがいるんですよ。とにかく自分のこと、自分の障害のことしかしゃべりたがらないんです」

私は、ヘンドリクス氏が自分とほかの入居者との間に距離を置いているのを感じとった。それでもなお、彼は評議会の委員に選ばれているのだ。いや、もしかしたら、その方がかえってプラスなのかもしれない。彼は古株だし、事務局と親しいし、村外でも成功している。そして、村外の世界こそ、彼が語りたい話題なのだった。作業所という世界について質問したら、よく知らないのでと言って返答を避けた。もしかしたら、作業所には行ったことすらないのかもしれない。

「未解決の問題」はほかにもあると言っていたのに続きが出てこないので、私は、もしかして、障害の重さが固定していない入居者がたくさんいることでしょうかときいてみた。

「なんのお話なのか、よくわからないんですが」

「数人の方から聞いたんですが、将来、病気が進行したらどうなるかが怖いっていうんですよ。退去を迫られはしないかと心配しているように思います」

彼の返答はいくらなんでものんきに響いた。「夫婦の場合はそう問題にはなりません。たいがいはどちらか片方は安定してるんですから、一人の具合が悪くなっても、残った方が介助できるでしょう。それに、ドーヘラの利用を増やすだけで解決することですから、たいした問題じゃありません」。私はうなずいてはみせたものの、釈然としないのが顔に出ていただろう。だって、入居者の大多数は独身のはずではないか。

彼は話題を変えて、またも自分自身のことを語りだした。自分は「運がよかった」という話をいくつもあげた。たとえば、雇い主が「いちかばちか」採用してくれたのもありがたかったという。こうして製図工になって、もう一〇年働いているそうだ。しかし、そんな彼が何よりも感謝しているのは、ヘット・ドルプのおかげでそうしたチャンスを活かせることだった。「この場所がなかったら、せっかくの幸運もなかなかつかめなかったでしょう。それに、失敗したときの心配をしなくてすむというのもあります。何があっても、行く所だけはあるわけですからね」。これは確信というより願望ではないのかと、どうしても考えてしまう。

ヘット・ドルプのことや、村が提供するサービスの話をしているうち、話題は自然と、アメリカで受けられるサービスの話へ流れていった。いつもと同じく、話は私が受けた治療についての質問から始まり、そこから、アメリカとオランダとの比較へと移った。ここで私は一つ、自分の気づいたことを話した。

「オランダでは、どこの村、どこの町でもたいがい障害者を見かけます。車椅子とか、カートなんかに乗って出歩いています。でも正直、アメリカではこんなに見かけた記憶はないんですよね」

「でも、それがそんなに変ですかね。もしかしたら、技術が進んでるせいかも。私たちみたいな障害は未然に防げてしまうことも多いだろうし、治療で治ることもあるんでしょう」

この能天気な態度がだんだん鼻についてきたが、私は礼を失しないように努めた。

「どうでしょうか、いまいち疑わしい気がするんですよね。アメリカの方が障害者の人数が少ないとか、身体障害につながる病気が少ないとかいった統計は見たことがありませんし。逆に人口が多い分、アメリカの方が街中でおおぜい見かけるはずなんです」

もっと詳しく説明してほしいと言われたので、私は、車椅子の人が目につかないことは、障害者に対するアメリカ人の極端な考え方、「人間は自然に打ち勝つべし」という発想に通じる考え方の反映ではないかという推測をのべた。

「アメリカってとこじゃ、まるで、人の手で制御できない自然などないみたいな、十分に努力さえすれば克服できない困難はないみたいな勢いなんですよ。たとえば貧困についても、アメリカはチャンスの国なのだから、成功しなかったら本人のせいという見方が底流にあるんです。だから、アメリカで見かけやすい障害者、知り合いになる可能性がある障害者といえば、『健常者のふりをしてもごまかせる』人たちか、さもなければ、私やあなたみたいに成功を収めた人たちだけなんです。そうじゃない人たち、つまり、人智は万能じゃないっていう生き証人になってしまう人たちは人前から姿を消し、みんなの目につかない所へ押しこめられてしまうってわけですよ」

これを聞いてヘンドリクス氏が何を感じたかはよくわからなかった。彼にとってははるか遠くの話であり、身近なことでもないし、まして、自分の身に起きることでもないのだから。

「オランダでは、状況はもっとよいように思います。障害者に対する態度も変わりつつありますし。だいいち最近じゃ、障害のある男性が『健常者』の女性と結婚することだって、ずっと簡単になったんですから。それに、一〇年か二〇年くらい前から、『健常者』の男性で障害のある女性と結婚しようとする人だって出てきたくらいです」

このときミセス・ヘンドリクスが口を挟んだ——ただし、オランダ語で。どうも、障害のある女性をとりまく状況が改善しているという意見に、大いに異論があるらしい。あるいは、改善は認めるにしても、それはここ五年以内のことだとでもいうのだろう。

そういえば事務局のだれかは、入居者には女性が目立って多いことをさして、「同じ障害者でも、男性は家族による介護を受けやすく、ヘット・ドルプのような保護が必要になる人が女性より少ない」という現実を反映しているのではないかと言っていたものだ。でもそれは、単なる保護の問題なのだろうか。ここだって外界とまったく同じで、やはり「男の世界」なのだ。

ここでの会話は勉強にはなったが、あまり心を許せるものではなかった。ヘンドリクス夫妻は私の質問には答えるものの、自分から進んで話すことはめったになかった。意外だったのは、二人が村内の事情にあまり詳しくなかったことだ。ヘット・ドルプに住んではいても、所属してはいない。少なくとも、本人たちにそのつもりはない。

別れぎわにヘンドリクス氏が、ミスター・フェーレにお会いになってはいかがですかと言った。「私たちとはかなり違うタイプの人」だという。好奇心をそそられ、勧めに従うことにした。それから数分後、五時ちょっと前に、私は「悪名高き反逆児、ヤーコブ・フェーレ」に会うべく出発した。

正直言って、ヘット・ドルプの反逆児なんて言われても、その風体は容易にイメージできない。ヘット・ドルプに来てからの私は、これまでにないほど、他人の外見に関心を持ってしまうようだ。もしかしてこれは、何か無意識の恐怖、たとえば、次に会う人こそ私の予想の上を行くのではないか、今度こそインドでの経験の再演になるのではないかという恐怖のせいだろうか。

ヴェーレ宅のドアをノックした。「どうぞ」という声がしたので前へ進むと、ドアが勢いよく開いた。そしてこの部屋の奥、つき当たりにいたのがミスター・フェーレだった。私は第一印象で彼に好感をもってしまった。彼はがっちりした体格の三〇代前半の男性で、赤いタートルネックのセーターを着ていた。親しみやすい満面の笑みが、豊かな口ひげに囲まれている。ひと目見ただけで、全身のほとんどが動かないことがわかった。それとは正反対に、表情は異様なほど生き生きしている。唇も、目も、それどころか鼻までも、全身が動かない分を埋め合わせるかのようによく動く。手は動かずとも、彼は言葉で私に近づいてきた。普通なら握手になるところで、「ヤーコブ・フェーレです。そしてあなたは……」と言う。

「アーヴ・ゾラです」と私は答えた。自分に「博士」だとか「教授」だとか大嫌いな敬称をつけずにすんで、内心いい気分だった。

「アーヴですか、入って楽にしてください。ここ、なかなかすごいでしょう」

たしかにすごい場所だ。近代の技術の到達点、人が生活できるようにするためなら、これだけのことができるのだという証だった。さっきのドアがすばやく開いたのも、車椅子のアームに埋めこんだ中継装置で操作したのだという。このレバーを決まった回数だけ押すと、その数によって、ドア、テレビ、電話、ラジオなどが動かせるのだそうだ。電話をダイアルするには、歯ではさんだポインターを使っていた。ますます感心したのは、彼が拒否した道具の説明を聞いたときだった。たとえばグラスをつかむ精巧な器具があるのだが、これは使わないことにしたという。

「気に入らないんだ。ひどくうっとうしくて。人と話をするときに、どうも視線が遮られる。テーブルのどまん中に盛り花を置くのと同じで、障害物になってしまう。ただでさえ障害がいっぱいあるのに、これ以上ふやすことたあないでしょう」

それから、首のコルセットをめぐる医師との闘いについても語ってくれた。

「それでなくてもぼくには動かせるところが少ないのに、コルセットをつけたら、首まで動かなくなるんだもの。その上、どんな服を着ても台なしになる。病院じゃつけないと死ぬって言われたけど、そんなはずはないって気がした。だから毎日少しずつ、つけてすごす時間を減らしていった。そうやって何週間かたって、すっかりいらなくなったよ。みんなはびっくりしてたけど、ぼくにはできるとわかってたから」

私は内心、考えていた。「ヤーコブ、きみにはできないことなんてあるのかな。きみを見てるとぼく自身を思い出す、少なくとも、ぼくの中の、自分でも少しずつ理解したいと思ってる部分を思い出す。ぼくは、できることはなるべく自分でやりたいし、抵抗したいし、リスクを負うために闘いたいとさえ思う。だって、何をするにもリスクはひそんでいるんだから。でもその一方で、あきらめるものはあきらめられるようでありたい。それも、平気であきらめられるようでありたい。きみが成功しているのかどうかは知らないけれど、その途中経過には、自分を重ねずにはいられないよ」

彼はその声を豊かに響かせ、まるで語り部のような調子で、かつての人生の物語を紡ぎだした。

「ああ、なんてたのしかったことだろう。マレーシアに行ったときにね……、エジプトでは……、リオでは……」どうやら彼は、仕事で世界各地を回っているときに事故に遭い、首の骨を折ったらしい。その結果、両腕と首、頭をほんのわずか動かせるだけになり、私が見るかぎり、それ以外はまったく動かないようだ。まちがいなく、私がここへ来てから会った入居者の中で、身体の障害はいちばん重かった。

ヘット・ドルプでの生活について、彼には山ほど言いたいことがあった。

「まず、ここには必要なものがみんなそろっている。ほかのどんな所よりも自由をくれる。だって、ほかの場所も知ってるからね。あちこちの施設を転々としてきたけど、とにかくここはくらべものにならない。ここだと、よそにいるよりずっと自立できるし、自由でいられる。自宅よりもいいくらいだ。自宅だと、家族に負担がかかりすぎる」

そう言ってから、力ない声でつけ加えた。

「自分自身にも」

すぐには意味がわからなかったが、彼は私の返事など待ってはいなかった。ヘット・ドルプを賞賛しながらも、彼はヘット・ドルプの「上層部」をまったく信用していなかった――入居者の評議員さえも。

「委員たちは事務局と親しすぎるし、評議会についても、村内の活動についても、いちいち事務局に報告しようとする。あの親密さは足かせになっていると思うな。その気になれば入居者の権利を守るため交渉役になれるはずなのに、強く出られなくなっている。事務局は入居者のかかえている問題を今ひとつ理解していないけど、一つにはそのせいもあるんだ。事務局はいつも『それでけっこうです』という声しか耳にしない。そんな彼らが入居者に『うん、それならよろしい』と言うってわけだ」

そんな一例として、三五歳以下の若者だけのグループ活動を始めるため、集まる場所を借りるのにどれほど苦労したかを語ってくれた。

「どういうわけか、いつも時間が足りない、予算が足りない、さもなきゃ場所が足りないってことになる。まるで、ぼくらにやらせておいたら絶対にろくなことなんてできないと思っているみたいだ」

こうした思いは、私もいやというほど知っていた。作業所で見たのと同じ善意のパターナリズムが、ここにも顔を出したというわけだ。

日々の生活はけっこう忙しいという。ドルプ内部でのさまざまな委員会に参加しているし、外部にも親しい友だちがたくさんいるからだ。ヘンドリクス夫妻とは対照的に、彼はヘット・ドルプにも所属しつつ、同時に外の世界ともつながっているらしい。ただし、この外とのつながりを維持するには、相当な努力が必要だった。最近彼は、「アイアンサイド・タイプ」の車を買った。数年前からオランダでもアメリカでも人気のテレビ番組、「鬼警部アイアンサイド」にちなんだ名前で、車椅子ごと簡単に乗りこめる小型のバンだった。運転だけはだれかに頼むしかないものの、車椅子を持ち上げたり引きずったりというめんどうは一掃された。

こうして身の回りのすべてをコントロールしたフェーレは、その勢いで私までコントロールしようというのか、もうすぐ六時、食事の時間ですよと言った。私たちはまた会おうと約束し、それは翌日の晩、七時半と決まった。

必死で急いだ甲斐もなく、食事はもう始まっていた。私が着くと同時に、シュミット夫妻が大祭に行くからと出ていった。私は急いで食べようとしたが、男性二人がミーケをからかっているものだから気が散ってしまった。二人は相手の目が見えないのをいいことにミーケに触り、ふり払おうとするとすかさず手の届かないところへ逃げるのだった。一人などは杖まで取り上げている。この悪趣味なやり口には見ているだけでまいってしまったが、今度も、みんなは私ほど動揺していないようなのだ。

なぜだろう。私はこの場で起きている微妙な何かを見落としているのだろうか。あるいは、ミーケが何らかの形で自分から誘ったのだろうか。これも内輪のジョークの一つなのだろうか。私が同じことをしたら、許されるだろうか。ほんの一瞬だが、自分が不快になるのは、みんなのおふざけに入れないのがくやしいからだろうかとも思った。

そのとき、名前を呼ばれて我に返った。モニカとピーターがもう出発しなくてはと言っていた。準備しながら二人はみんなに、大丈夫、楽に行けるからと請け合っていた。私にもあれくらいの自信があるだろうか。正直言うと、ちょっと怖かった。本当に、全部の丘を越えられるのだろうか。それとも、さらに恥ずかしいことに、みんなが私に合わせてペースを落としてくれることになりはしないだろうか。それにしても、このような考えがよりによってヘット・ドルプで浮かぶとは驚きだ。結局私はどこに行こうとも、みんなより動きが少し遅めになる巡りあわせらしい。外の世界では、私がついて行けるようにみんなが歩くペースを落としてくれていたのに、ここでもまったく同じことが起ころうとしている。そう言いつつ、自分の使った言葉の滑稽さにも気づいた。「少し遅め」という婉曲表現だ。これもまた、みんなと自分の差を現実よりも小さく見せようとする手管だった。

みんなで食堂を出ようというところで、モニカがミーケにちょっと話があると言って戻った。二人がくすくす笑うのが聞こえ、今夜で二度めの、自分は仲間はずれだという感覚を味わった。ミーケは私に手を振って、「またすぐに会いましょうね」と言った。私もお返しに手を振ると、モニカとピーターに笑われた。

ピーターが先導し、モニカが隣で歩調を合わせ、私たちは建物のいちばん端にある出口へ向かった。私の頭の中の地図によると、講堂は村はずれの丘のふもとにあるはずだった。これからの道のりを予想して、私は深呼吸をした。私たちが外に出ると、ほかの人たちも溢れるように出てくるところだった。なにかの合図にでも呼ばれたかのように、それぞれの自宅から次々と出てくるのだ。私たちの歩みは、まるで負傷兵の行軍のようだった。姿勢正しい、一糸乱れぬ隊列ではなく、不ぞろいな、地を這うような隊列だった。車椅子で自走する者、押してもらう者、足を引きずって歩く者。「健常者」が混ざっていると、背が高いというその一点だけでも十分に浮いていた。道中は休みなくあいさつの声が飛び交い、ときおり激励とおぼしき大声が響いた。

角を一つ曲がるたび、また、次の建物のそばを通るたび、歩道はどんどん混んでくる。前を行くモニカとピーターの姿はまだ見えていたが、見失いはしないかと何度か不安になった。そのとき、聞き覚えのある声がした。なんとも意外なことにそれはミセス・ヘンドリクスで、よかったら並んで行きませんかというお誘いだった。道連れができるのはうれしかった。彼女に対する印象は、女性障害者をめぐる現状に関して、夫や私の結論に異議を唱えたことを機に変わっていた。

話はあまりしなかったが、そんなことは気にならなかった。こうして肩を並べて進んでいると、二つの記憶がよみがえってきた。一つは祖父の思い出だ。私の家族は祖父と同居していたのだが、自宅はボストン市内の丘のてっぺんにあった。祖父と私は、ときどき待ち合わせていっしょに家へ帰った。祖父は仕事帰り、私は学校帰りだった。年のころは六〇かそこら、喘息やらいろいろと持病のある祖父は、坂をゆっくりゆっくりのぼるのだった。私も同じ歩調で歩いたが、祖父はまったく英語が話せないため、ほとんど言葉は交わさなかった。私が今、ミセス・ヘンドリクスが隣にいるだけで心地よさを感じているように、祖父だって私がいるだけでうれしかったのかもしれない。

二つめの記憶は下の世代、息子のことだった。今夜の私は、かつての愛車、ぽんこつダフと同じ役回りになっていたからだ。息子と私のあいだには、このダフを種にしたおきまりの冗談があった。一台、また一台とよその車が追い越していくたび、息子は言うのだった。どんな車でも、どんなバイクでも、ダフよりは速いんだねえ。それが今夜は、だれを見ても私より速く見えるというわけだ。

ようやく前方に講堂が見えてきた。ふたを開けてみると、心配していたほど大変ではなかった——ほとんどが下り坂だったから。つまり大変なのはむしろ帰り道というわけだが、そういういやな話は後で考えることにした。建物はもともと体育館にするつもりだったらしい。そのせいもあって、車椅子の男たちがバスケットボールをする姿や、下半身麻痺の人々が水球をしている姿などが頭をよぎった。とはいっても、そういう話をオランダで聞いたことは一度もなかったのだが。

しかし、今夜の会場はどう見ても劇場になっていた。主題は「パリのキャバレー」というわけで、周囲のカーテンにはナポレオン像、カフェ、夜の盛り場、エッフェル塔など、さまざまなフランスらしい風景が飾ってある。壁からは風船が、天井からは紙テープのリボン飾りが下がっていた。正面中央がメインステージで、正面左にミニステージとバーがある。左端はオーケストラの席で、右端にはコーラス隊の山台があった。そして、広々とした講堂全体が車椅子や移動ベッドで埋めつくされ、ところどころに折りたたみ椅子が混ざっていた。講堂の後ろの方、入居者たちとははっきり分かれた空間に、一段高くなった座席が十いくつか用意されている。来賓など、「健常者」のための席なのだろう。

私たちはモニカの先導に従って進み、講堂のまん中あたりに舞台がよく見えそうな場所を見つけた。確保した場所にみんなで陣どろうと準備しているころから、どうも何かおかしいなという気はしていた。モニカがピーターにウインクしたり目くばせしたりしながら、私にはうるさく「スペースはたっぷり」空けておけと言うのだ。くだらないことを言うなあと思っていたら、ミーケの車椅子がこちらへ押されてきた。私は二重に驚いた。ミーケが来たことも意外だったが、車椅子に乗っていたのも意外だった。もしかしたら、長距離や坂道は無理なのかもしれない。気の毒に思うどころか、ちょっとうらやましくなった。私だって杖をついて歩くときは坂道に手を焼いているし、ほかの方法があればいいのにと思うことだってあるのだから。

私たちは横一列に並んで腰を落ちつけた――ピーター、モニカ、ミーケ、そして私。どうがんばってても頬がゆるんでしまう。今日は土曜の晩、私にはパーティーにエスコートする同伴者があり、しかもそれが美女ときているのだから。一つだけ気がかりな点があったが、それもたちまち吹きとんだ。ミーケがそれなりの英語でいろいろ質問してきたからだ。

私たちのあいだには、そのうちに一つのパターンができあがった。ミーケは私にまわりの様子を言葉で説明するよう頼み、代わりに、出し物で出てくるオランダ語を英語に訳してくれることになった。

このやりとりは一つのゲームになった。彼女が私の耳となり、私が彼女の目になるというわけだ。

出し物はコントと音楽のつづれ織りだった。どうもまとまりが悪く、音響機器にもトラブルがあった。芸の質が高いときは出演者に障害があっても気にならなかったが、そうでないときはいたたまれない気分になった。歌がひどく下手な人は少なくとも二人いたのだが、そのうちの一人はまぎれもなく呼吸に障害をかかえた人だった。ここはそれでもあえて挑戦した勇気に驚嘆すべきところなのだろうか。それとも、うら寂しい気分になってもよかったのだろうか。私はどちらも少しずつ感じた。

しばらくたつうちに、出演者だけでなく、観客にも目がいくようになった。最初に言いだしたのはモニカで、観客のあいだを歩き回っているドーヘラたちを指して、「あれはお色気要員ね」と言うのだった。改めてよく見てみて、意味がわかった。みんなはテーマに合わせるという口実で、フランスのウェイトレスかメイド風の扮装をしている。セーターもタイツも靴も黒、ミニスカートに小さいエプロン、白い帽子という「かわいこちゃん」風のいでたちなのだ。セクシャルな雰囲気は、寸劇の中のギャグにもはっきりと見てとれたが、私が何よりも挑発的と感じたのは、住人ではないインドネシア人女性の歌だった。女性はシルクのロングドレスに身を包み、たぶん十何曲かのラブソングを歌った。「遙かなる影」や「私はイエスがわからない」など、歌はすべて英語だった。この状況でこのように性や恋が強調されることを、矛盾とまでは言わないにせよ、どこか奇異に感じたのは私一人だったのだろうか。それとも、そう思うのは私が偏見をいだいているせいなのだろうか。なにもかもが刺激的にすぎるという感覚が、ちくちくとつきまとってくる。かといって、自分がいったい誰にとって刺激的過ぎると考えているのかはわからないのだった。

　モニカが歌いだしたことで我に返り、再び自分たち一行に意識を向けた。私たち四人は手をつなぎ、音楽に合わせて身体をゆすった。面白いのは、動いているのがみんなの上半身だけだということだ。私は外の世界にいてもこの形でしか踊ったことがないし、それも、よほど気を許しているときに限られていた。なのにここではこの踊り方が当たり前に見えて、私たちは恥ずかしがることなく体を揺らした。そのうちにほかの人たちも仲間に入ってきて、輪はだんだん大きくなっていったが、ミーケと私はずっとぴったり寄りそったままだった。モニカとは普通に手をつないでいるだけだったが、ミーケとは指を絡ませていた。初めて指を組んだときは、そっと力を入れて握りしめた。最初は私の方から始めたが、二度めはミーケが私の方へ手を差しのべてきたように見えた。やはり今夜は、セクシャルな空想を楽しむ時間になりそうだった。

　こうしたあれこれ——手を握ったり、身を寄せ合ったりすること——についてミーケが本気なのかどうか、私にはしかとはわからなかった。しかし、外野にとっては明らかに大ごとだった。ミーケの友人の一人がきたときは二人でやたらとくすくす笑っているし、話の中では私の名前も聞こえた。彼女が行ってしまったところで、ミーケに何を笑っていたのかときいてみた。ミーケはいたってあっさりと、私がアメリカに帰るときにはついて行くのかとからかわれたのだと教えてくれた。

　私たちの席にはときどきほかの人が顔を出した——ミーケの友だちが数人、モニカの友だちは冗談ぬきで数十人、私のところにも、これまで出かけた先で会った人たちが立ち寄っていった。午後九時半ごろ、マルレーネがこちらへ来るのが見えた。うれしいのとばつが悪いのが両方だった。メッツに紹介してもらって以来ずっと、もう一度会いたいと思っていた相手なのに、ようやく会えたと思ったら、「ほかの女」といっしょにいる姿を見られてしまった。なんというぜいたくな悩みだろう。マルレーネは友人たちといっしょだったこともあり、言葉を交わすひまはあまりなかった。それでも、彼女がなにげなくまたお会いしたいですねと口にすると、私はその機会をのがさず、では月曜の夜遅くにとりあえずの約束をとりつけた。

それから一時間ほどして、改造室を案内してくれたヘイエル氏が近づいてきた。私を婚約者に会わせたいという。初めて会った日に「健常者」だと言っていた若い女性のことだ。会ってみると、彼女は単に「健常」というだけではなかった。かなりの美人で、かわいらしくて、ショートカットの金髪も粋な感じの人だった。ヘイエル氏はあくびをすると、英語で冗談を言った。「今日はもう、帰って、シャワーを浴びて、寝るだけだもんね」。すると彼女は恋人の耳元にかがみこみ、オランダ語で何かコケティッシュにささやくと軽いキスをした。ヘイエル氏はふざけた調子で「だーめだーめ！　睡眠をとらなきゃ」と答えるのだった。今夜の催しについては不満げで、調整も悪いし、計画も甘いし、練習不足だと言っていた。でもそれより何より、終わるのがいくらなんでも早すぎるというのが彼の感想だった。まだ一一時じゃないか、みんな一時くらいまで残ってくれたらいいのにというのだ。このとき初めて気づいたが、人々はもうぽつりぽつりと帰りはじめていたのだった。

職員とドーヘラはまだ何人か残っていた。今日はだれかの誕生日で、別の一人が婚約したというので、簡単なお祝いをしていたのだった。みんなは手をつないで歌っていた。そういえばさっきも同じような姿を見て、なんとも奇異な光景だと思ったのを思い出した。ドーヘラどうし手をつないで歌いながら、動かない観客のあいだをすり抜けて歩いていたのだから。

ドーヘラたちは歌いながら、今日の実行委員を務めた入居者のフランクをとり囲んだ。フランクの膝に座る者がいるかと思えば、車椅子の足乗せ台に立つ者があり、数人が走り回って車椅子と追いかけっこをしていた。そんな光景を見ていると、私も入院中に車椅子を使っていたとき、看護師さんたちとああして「ふざけ回った」ことを思い出した。あのドーヘラたちは、目の前でこれだけの若さと美しさをちらつかされるのがフランクにとってどれほど刺激的なことか、わかっているのだろうか。私は前々から、自分が昔入院していた病院を再訪してみたいと思っていた。私の記憶は本当に正しいのか、あのときの看護学生たちは本当に記憶どおり美人でセクシーなのか確かめてみたい気がする。それでもフランクは楽しんでいるようだった。後になって、憂うつに襲われたりはしないのだろうか。目の前にいながら手は届かないという感覚が忍びこんでくることはないのだろうか。

時間は一一時半ごろで、人々がまとまって帰りはじめていた。講堂を出たとき、またもやカメラを持ってくればよかったと思った。人々の車椅子にはたいがいライトがついているのだ。闇の中で無数の光線が輝いているようすは、スイスのスキーヤーたちのたいまつ行列みたいだった。

私たち四人はミーケの家でパーティーをしようと話が決まり、ミーケと私はいっしょに出発した。あるドーヘラの婚約者が、私とミーケの車椅子を代わる代わる押してくれた。帰りは登り坂ばかりなので、手を貸してもらえるのは大いにありがたかった。私が自力でのぼっていると、みんなはついからかいたくなるらしい。ピーターとモニカは、一二時までに来なかったら捜索隊をさしむけるからねと言った。私がどんどん遅れていくので、モニカとミーケが合図を考案した。数分おきに二人が「ウー、ウーーー」とコールし、私は「オイ!」と叫んで、まだはぐれてはいないことを伝えた。道中ではずっと歌を歌っていたら、暗闇のどこかから唱和する声が聞こえてくるのだった。だれかの家のそばを通ると、すでに帰っていた住人が窓のところまで出てきて、互いに手を振ってあいさつすることもあった。

帰り道を進みながら、私は再び祭のことを、そして、会場にいた多彩なグループのことを思い出していた。いかにも結束の固そうな少人数のグループがいくつもあっただけではなく、明らかにドーヘラや職員の「お気に入り」である入居者たちが何人かいるのがわかった。ドーヘラたちはなにかというと、そんな入居者の隣に座ったり、話しかけたりしていたのだ。その一方で、独りぼっちの人もたくさんいた。だれにも話しかけることはなく、ただ見物し、待っている人たちだった。それにくらべると、私たち四人はチャールズ・アダムスの漫画に出てくる「涙の海を漂う孤独なほほえみ」のように感じられた。

最後の坂をのぼり終え、月の光がゆくてを照らす中、私はミーケの家まで残り数百メートルをただ一人、すべるように進んでいった。

着いてみると、迷子になったんじゃなかったのかという冗談で迎えられたが、部屋のインテリアに目を奪われて、それどころではなかった。ミーケの家は、これまで訪ねた家の中でも、とび抜けておしゃれだった。私がついついステレオタイプに囚われていたせいもあるのだろう。ミーケがこれほど色彩豊かに自宅を装飾できるなんて、想像できなかったのだ。

ミーケは右手の壁を指さしながら、これからの計画を語った。「これがいちばん最近買ったものなの。戸棚を全部つやつやの真っ白にしたから、それに合うように椅子とソファーベッドも新しくしようと思って。お金がたまったら、あれも処分しなきゃ」と言って指差したのは、私の後ろにある冷蔵庫だった。「この部屋にもっと合うように、新しいのを買ったってかまわないわよね」

ミーケの言うことはいちいちもっともで、そんなことに驚いてしまう自分が驚きだった。どうしても観察者としての自分を捨てられない私は、ヤーコブ・ヴェーレを見ていたときと同様、ミーケが自分でいろいろこなす姿を眺めていた。特にすごいなと思ったのは、彼女が自分にできるのはここまでと決め、それを気にしていないことだった。食べ物を出したりレコードをかけたりするのは自分でするが、飲み物を注ぐのはモニカに頼み、少しも恥ずかしそうなようすを見せなかった。

食べ物が並び、みんながワインを片手に腰を落ちつけたときにちょうどレコードが終わり、ミーケが私に次のレコードを選んでほしいと言った。ここでもまた、うれしい驚きがあった。私のお気に入り、「インディアン・フルート」があったのだ。私はこのレコードを持ったまま、こういうのを見てたら、またなにか楽器を習ってみたくなってくるなあと口にした。

ミーケが私が教えようかと冗談をとばし、自分が演奏したときのことを話してくれた。「去年は私も祭に出てウクレレを弾いたのね。今年も出てもよかったんだけど、みんな私のスピリチュアル音楽には興味がないみたいでお呼びがかからなかった。だから今年はやめ。別にいいけどね、見てるのも楽しかったから」

「楽しかったのは、連れがよかったせいだろ」と私はからかった。

彼女はうなずいた。

「来年は、うまくいったら竹笛を習ってみたいな。竹笛ってすごくすてきで、繊細だしね」

ミーケの音楽の趣味を知って、私たちがますます親しくなっただけでなく、私の中の音楽をやりたいという思いも強くなった。前々から、別に人前で演奏しなくても、楽器が弾けるというのはとてつもなく気持ちのいいことだという思いが私にはあった。もしかして私がこんなに心を引かれるのは、自分のために自力で演奏する行為には、自立しているという感覚がつきまとうせいなのだろうか。

そのときたまたま、私の片手がサンタナのレコードの上に乗っていた。そのジャケットはシュールレアリズム風に描かれた裸の女性二人の絵で、一人が黒く、一人が赤かった。モニカが笑って「男の人ってたいがい、」とピーターを指差し、「中身の曲よりもその絵の方が好きなんだよね」と言った。こうして下ネタが連発されるうち、会話はたちまちオランダ語に切りかわった。訳してよと頼んだがモニカは聞き入れず、「わかんない方がいいこともあるんだから」と言うのだった。

酒の勢いは早く、四人でボトルが二本近くも空いてしまった。もっとも、飲んでいたのは主にピーターと私だったのだが。ミーケとモニカは、そんなに飲んで大丈夫なのかと口先でだけ心配そうなことを言ってからかった。ピーターが、「この人は本当に強いから大丈夫」と請け合い、私にむかって、「大丈夫な証拠に何か車椅子で芸でもしてみせてよ」と言った。モニカがピーターに「あんたこそ酔ってるじゃないの」と言ったとたん、自分がバランスを崩して椅子にどさっと座りこんだ。場はどんどんたわいない大騒ぎになっていった。ピーターは車椅子を傾けてぎりぎりのところでバランスを取り、きみもやってみろよと言ったが、私は笑って拒絶した。

そもそも、車椅子に乗って酩酊するなんて、おそろしく久しぶりのような気がした――実際には二〇年ぶりだったことになる。それでも記憶は鮮やかで、私はみんなに問われるまま、何とか言葉にしてみることにした。

「あれはぼくが一六で、ポリオで入院していたときのことだけど、好きだった職員が辞めることになった。お別れだし、当然、送別会をやることになった。そのころいた患者はみんな、いつかは退院できそうな人ばかりだった。ちょうど具合の悪い人が一人もいなくて、回復中の人ばかりだったんだ。ほとんど全員がポリオだったんだけど、ここはちがって、男子病棟と女子病棟がきっちり分かれてた。パーティーの夜、ジョンっていう患者仲間とぼくがパンチを作る係になった。ぼくはこっそりウォッカを二本持ちこんで、パンチに混ぜてやったんだ。普通に考えたらウォッカを混ぜたくらいじゃそんなに強くはならないはずだけど、もしかしたらぼくらは身体が弱ってたせいで、ふだん以上に弱くなってたのかもなあ。もちろん、ジョンとぼくは作りながら何度も味見することになった。最初は何ともなかったけど、とちゅうでいきなり回ってきたんだよね。二人ともおかしくなっちゃって、子ども向けのアニメの動物みたいに、廊下で看護師さんたちを追っかけ回した。たまたま重症の人がいないときでラッキーだったね。ドタバタ喜劇の登場人物みたいにむちゃくちゃに行ったり来たり、空っぽの「鉄の肺」に車椅子をぶつけたり、死ななかったのが奇跡だね。そのうちに二人とも壁ぎわに追いつめられちゃった。オリーブっていうぼくのお気に入りの看護師さんに、おりこうにベッドに入りなさいって言われた。ぼくは言うことを聞かなかった。そしたら彼女は、ぼくをかかえて運ぶつもりで体に手を回してきたんだ。こっちはまだ笑いながら『やめてくださいよう、女の人なんてほとんど一年ぶりなのに』って言ったんだけどね。たぶん見た目がひ弱だったせいなんだろうな、警告しても本気にしないで手をかけてくる。彼女の手が下へ向かってたちょうどそのとき、ぼくの両手は上へ向かってた。向こうの手はぼくのウエストにかかったとこだったけど、こっちはしっかり、それでいてやさしく、彼女のバストをつかんでた。次の記憶は頭にがつんと一発くらったこと。気がついたら朝で、ぼくはベッドに縛られていた。ベッドの足元のところにオリーブが杖を持って立ってて、先っちょでぼくをつんつんしてるんだ。『男の子ってやつは、お行儀を覚えなきゃね』だってさ。このときはもう、こっちはまだ恥ずかしかったけど、彼女の方はそれほどでもなかっただろうな」

この話がきっかけで、自分自身のことを語るのにすっかり抵抗がなくなった。とはいっても、何の話をきかれるかは予想できなかったのだが。

ピーターには、アメリカではどうやって大学教授になるんだときかれた。何について知りたいのかよくわからないのできき返すと、主に、どんな「実績」が必要なのか知りたいようだった。そこで、学生の指導や論文の発表について説明し、自分が何歳のときに学位を取得し、就職し、昇進したかを話した。ときおり、みんながいっせいに口をはさんできた。ピーターは子どもたちや家族のことを聞きたがった。ミーケは私が結婚していたことに驚き、離婚が進行中であることにもっと驚き、結婚生活が一四年も続いたことにはさらに驚いていた。ピーターは「そんなに出世したってことは、趣味なんかないんだろうね。仕事しかしてないんだろ」と言った。モニカは私の離婚話に思わず「なんで」と口走り、笑って口を押さえた。ミーケはひたすら首を振って「考えらんない」と言うばかりだった。

ミーケの言葉がきっかけになって、私が彼らの考える大学教授のイメージに当てはまらない理由という話になった。まだ三〇代だし、くだけた服装をしているし、そもそもヘット・ドルプで生活してるというだけで変だ。そして何より、今夜こうして冗談を言いつつ酒を飲んでいることが、彼らが想定していた距離感とは矛盾していたらしい。ピーターは愛想よく、それでいてかすかな皮肉もまじえ、「ぼくらには、きみみたいな人が大学教授だなんて、どうもしっくりこないんだ。きっとアメリカでは、この国よりも大学教授の社会的地位が低いにきまってる」と言った。ここはアメリカの大学教授みんなのために反論しておくところだったのかもしれないが、この場にいるだけでとにかく気持ちいいものだから笑ってすませてしまった。みんなはその続きで、私がオランダにいても違和感がない、数年前にはやっていたラディカルなヒッピー風の活動家に似ているから、と言ってからかった。これはほめ言葉だと受けとっておくことにした。

ワインもなくなり、帰りじたくの物音が聞こえはじめた。一つにはもったいをつけたくて、一つにはまだ楽しい気分が終わらないから、一つにはこうしたらどうするか反応を見てみたくて、そして少しばかり性的な空想もあって、私は帰るそぶりを見せなかった。それからもしばらくは当たり障りのない雑談が続いたところで、ピーターが、もう遅いし、ぼくみたいなおじさんには限界だよと言って帰っていった。モニカはすぐに追いかけるからねと言いつつも出てはいかなかった。それからの会話は、酔っぱらいのオランダ語と酔っぱらいの英語のちゃんぽんになった。まずはモニカが「あんまり長居してミーケに夜更かしさせちゃだめだよ」と私をたしなめた。

「大丈夫、眠くなったら、もう帰れって言うから」

モニカは「そうねえ、追い出すんなら早めにね」と言うと今度は私に向かい、「朝の礼拝は私たちといっしょに行く?」と言った。

これには驚いて、「まさか、冗談だろ」というような返事をしたように思う。

モニカはふざけてひどいわという顔をしてみせた。

「そっか、じゃあ午前中のコーヒーは絶対だからね」

「わかったよ」

「絶対」

「約束するってば。ほんとだから」

「来なかったらどうなるかわかってる」

「どうなるのかな」と想像がつかないふりをする。

モニカの返事は詳しすぎて、細かいところまではわからなかった。ときおりミーケも「そうだそうだ」とうなずいていたが、要するに、二人で私の部屋に来て、窓を開けて、寝具もろとも私を放り出し、その上から植木鉢をぶつけてやるという宣言だった。ことと次第によっては裸にされるかもしれず、だから「植木鉢の葉っぱをむしって、アダムみたいに隠さなきゃいけなくなる」ということらしい。

ちょっと立ち直って、きき返してみた。

「ぼくがアダムなら、ぼくのイヴはどこにいるのかな」

「イヴなら二階、私の部屋にいらっしゃるけど、寒い下界にはおいでになりませんわよ」

二人は二言、三言オランダ語で話し、その上目くばせやらウィンクまで交わしている。私にわからないようにしているのだ。私にもわかったのは、モニカが心配していることだった。私はいくぶんいたずらっぽい調子で「心配してるのはぼくのこと、それともミーケのこと」と尋ねた。

「何なの、あなたのことに決まってんでしょ。そんな調子で部屋まで移動できるかどうか危なっかしいし」

「それじゃあ安心してもらうために、帰りにピーターんちの呼び鈴を押すよ。二回鳴ったら平気、一回ならだれか手伝ってってことで」

モニカはわざとふくれっ面をしてみせた。

「私がピーターといっしょに寝てるって証拠でもあんの」

正直、それ以外の可能性なんて考えてもみなかった。モニカはさらに続けて、あたしだってよそに部屋を持ってんだからねと言う。でも私には、何とはなしに信じられなかった。口調があまりにふざけている上、帰りに呼び鈴を押しなさいよとしつこく念を押すからだ。そのくせ自分の部屋の場所はがんとして答えようとしないので、私も、やっぱりピーターのところに泊まっているんだろと言い張った。

そのときノックの音が割りこんできた。ピーターが、モニカがなぜ来ないのか見にきたのだ。

「万事大丈夫か、確かめとかなきゃいけないからね」

ピーターはうなずいたが、あまり納得している風ではなかった。そして数分後、またしても午前中のコーヒーに遅れるなと言い残して二人は帰っていった。

ようやくミーケと二人きりになれたものの、それはそれでどうも気づまりだった。さっきの続きで、音楽の話、部屋の模様がえ計画の話はしたものの、会話が終わりに近づいていることは明らかだった。ミーケはあくびをしてもう寝なきゃと言い、私はあっさりと帰ることにした。ことと場合によっては私だって、くたびれすぎて動けないとか何とか言ってみたかもしれないが、彼女は泊まっていってほしいというサインを少しも発しなかった。今の状況でも、ふつうと同じサインを想定してよかったのだろうか。それとも、男の自分がもっと積極的になるべきだったのだろうか。自分で自分を笑ってしまった。「これだから男ってやつは」と思いながらも、帰らないでとほのめかしてもらえなかった理由を何かしら見つけようとしていた。俗に「女性がノーと言っても、いつも本気とはかぎらない」なんていうけれども、ミーケは思わせぶりの一つさえ口にしなかったのだ。

それでも、玄関へむかう途中で、ミーケは下へと手を伸ばして私の手に触れ、私が車椅子を止めると握ってきた。そして、今夜はほんとにすてきな晩だった、いっしょにすごせてすごく楽しかったと言った。私はその手にキスをしたが、本当はもっともっと本当のキスをしたかったのだ。これにはすっかりうろたえてしまった。ほかに何ができるというのだ。相手が立っていて私よりずっと高い位置にあるとき、どうすれば触れられるというのか。自然にやりたいようにすれば、たとえば彼女の頬をなでようとすれば、おそらく車椅子から転落することになる。にわかに私は実感した。数ある身体障害のどれか一つでも抱えているすべての人にとって、およそ前戯と名のつくものはすべて、多分に計算ずくのものとなり、「もののはずみ」の入る余地はごくかぎられているのだ。障害を持ったとたん、身体と身体が「さりげなく」擦れ合う可能性は消えてしまう。それに、たとえばミーケが相手だと、「視線を捉える」チャンスさえもない。そういえば、昔のボルボのコマーシャルにこんなのがあったっけ。バケットシートに身体がすっぽりおさまってしまったカップルが、さりげなくキスをしたいのになかなかできないというやつだ。彼らでさえ苦労するなら、私のように車椅子に乗っている人間にとってははるかに大変なはずだ。それも私の場合、車椅子に乗ってみる前から、事情はたいして変わらなかった。ただ、今の今まで必死で気づかないふりをしていたにすぎない。だれかに不意にキスしようとしたら、いや、不意に手を触れようとするだけでも、私はひっくり返ってしまう可能性が高いのだから。

私には、さりげなく身を乗り出すことさえできない。バランスを崩してしまうからだ。立ったままでだれかを抱きしめようと思ったら、両脚でしっかりふんばるか、壁にもたれかかるしかない。こうして考えていたら怖くなってきた。問題は、頭で計画するという点にあった。性的なプレイとは流れにまかせるべきものなのに、頭を使うことで自然さが大きく失われてしまう。

とはいえ、もしかしたらこれでは、自分自身に厳しすぎるのかもしれない。そもそも、本当にそこまで自然なプレイなんてどれくらいあるのだろう。

でもその反面、私でもこれだけ苦労しているなら、もっと不自由の重い人たちにとってはどれほど大変なことだろう。体を使っておりなすコミュニケーションの文脈のいっさいが失われているのだ。身体的なサインを送り、読解するすべは、どうやって学習すればいいのだろう。ここヘット・ドルプでは、人はあまりにささやかな見返りのために、あまりに大きなリスクを冒さなければならないのではないかという感覚に襲われた。

玄関までは数歩ぶんの距離しかなく、ほかに話すこともなかったので、また明日と言って別れた。時刻は午前二時半をすぎていた。私は口笛を吹きながら帰った。

全身がぴりぴりしていた。この日のできごとには、性的なニュアンスをたっぷりはらんだものがあまりに多かった気がした。どういうことなのだろう。ヘット・ドルプに来てから、まだ少ししかたっていない。それなのに、オランダで一年近くもひとり暮らしをしてきて、今がいちばん性的な欠乏を感じているのだ。それは今夜だけのことではなかった。着いたときからずっと、空気の中になにか性的な要素を感じとっていた。セクシャルなニュアンスのある冗談も、互いの身体に触れることも、私が慣れているよりもはるかに多かった。しかもよりによって、もっとも予想していなかった場所で。

現に、私は性的な欠乏を感じただけでなく、この数か月で最高に興奮してもいた。ベッドの中で寝ぼけまなこになりながら、私は枕をいつになくきつく抱きしめた。枕はミーケでもあり、モニカでもあり、マルレーネでもあり、マーラでもあり……。

第6章

自分と向き合い、対話する

——五月二八日　日曜日

私は朝食の時間もずっと眠っていた。昨夜モニカに午前一〇時のコーヒーには絶対来るようにと脅された記憶がなかったら、そのまま午後まで寝ていただろう。両腕の力で立ち上がりながら、ラインに戻ったらいくらでも寝られるんだからと自分を慰めた。

午前中のコーヒーを飲みに行くと、もう何人かの仲間が来ていた。シュミット夫妻にミズ・ネイホフ、ミセス・ファン・アメロンヘン。みんなは口々にこれは意外だと言う。「間に合っちゃったんだ！あんなに遊んで、少ししか寝てないだろうに」、うんぬん、かんぬん。こういうことがあると、だれかが私の挙動をニュースとして放送しているのかと思ってしまう。

話題は主に祭のことで、みな一様に、なんとなくがっかりしているようだった。

ミセス・ファン・アメロンヘンは「前ほど良くなかったわよね。何か足りなかった。そう思わない？」という。

みんなが共有している想い出話の仲間に入れてもらえるのは嬉しいが、何も知らない私には比較のしようがなく、肩をすくめるしかなかった。

ミズ・ネイホフは機材のトラブルのこと、出し物のレベルにむらがあったことを口にした。彼女が言い出してくれて助かった。私も同様の感想を持っており、そのことに罪悪感を持っていたのを和らげてくれた。

しかしシュミット氏は「それだけじゃない」と言う。

ミセス・シュミットが、ほとんどささやくような声でつけ加えた。「それに、終演時間が早すぎる」

ミセス・ファン・アメロンヘンが婉曲な言い回しでまとめた。「参加の仕方が不公平だった。あれこれ手伝いすぎる人がいて」

暗に職員のことを指すその言葉に、全員がそうだというようにうなずいた。私にとっては、これまでにもあちこちで聞いてきた不満だった。大学、病院、監獄、軍隊の基地など、聴衆が「支配下にある」場所で起きる現象だ。当初は「みんなのプロジェクト」として始まったものが、次第に上層部に乗っ取られてしまうのである。

みんなは会の準備がどうだったかを具体的に語りながらも、いつの何が不満だったか、これといった事件を指摘できるわけではなかった。準備の過程ではいろいろと事務局の許可が必要な部分があったため、一部の決断が当局によってなされることになった。その後も少し、また少しと事務局が結論を出すことがくり返され、気がついてみたらもはや「自分たちのショー」ではなくなっていたのだった。私の知っているほかの例でもそうだったが、これは一方的な流れではない。事務局は力になりたいと思っているだけではなく、ある種の事がらについては、入居者たちよりも「よく知って」いる。一方、患者、学生、ドルプの住人といった人々は、日ごろから手つだってもらうことに慣れているし、管理者当局の方が自分たちよりもよくわかっているという考え方が習慣になっている。それがこうなったというわけだ。もしかしたら、ていねいに分析すれば、実は職員の関与はごくわずかだったとわかるかもしれないのだが、たとえそうであっても関係ない。重要なのは、彼らがどのように感じたかなのだから。

モニカが来て、私の「深夜の行状」の話でみんなを笑わせはじめた。といっても、今さら語る必要があるのはよほど細かい点だけ。大筋については全員がもう知っている。モニカは私の方を向くと人さし指を振って見せた。「あんだけ心配させておいて、ノックさえしなかったね。約束したのに。こっちは心配で眠れなかったじゃないの」

無実なのに責められて、という体で、私は抗弁した。「しようったってできるわけないだろ、どのドアだか知らないのに」

モニカも含め、全員が笑った。

そのとき、いくぶん重苦しい記憶が頭をよぎった。母がいつも、私がデートから帰ってくるまでは眠れないと言っていたことだ。翌朝は決まってそう言って、答えを期待するでもなく「だいたい、夜中の三時までかかる用事なんてあるかしら?」と言うのだった。こんな冗談で、心配でたまらなかった本心をごまかしていたのだ。私がポリオにかかってからというもの、母は、私が何かほかの不幸にも見舞われはしないかとずっと気をもんでいた。モニカと同じで、母も「そんな状態で家までたどり着けるか」を案じていたのだ。一番恐れていたのは深夜の事故で、それは四年後に現実となった。ついには母の心配ぶりは耐えられないほどのものとなり、私はデートの後は家へ帰らないことにした。そのまま寮なりアパートなりに帰り、金曜の夜に借りた車は日曜に返すことになった。

モニカがちょうど話をまとめにかかっているときに、ミスター・アルトマンが来た。彼とは初めてだったのでシュミット氏が紹介してくれることになり、「病気の入居者だよ」と言った。この言葉にはぎょっとしたが、私以外の全員が笑っている。私の不快感を見てとって、シュミット氏がすかさず解説してくれた。そういえば私は度忘れしていたが、ミスター・アルトマンは数日前から風邪をひいていたのだった。事情を聞いても、違和感が完全に消えたとはいかなかった。

アルトマン氏は、今さら紹介なんてとでもいいたげに、自分の父親が私を見かけてもらした感想を話してくれた。「昨日おやじがちょっと寄っていったときに先生が話をしているのを聞いてたんですね、あの人はしゃべり方が変で、何を言ってるのかさっぱりわからなかったって。だから言ってやりましたよ。『わかるはずがないよ、あの人はアメリカの大学教授なんだから』って」

私の話がわからなかった父親を笑いの種にする一方で、彼は自分の英語のつたなさを詫び、「もっと練習しませんとね」と言った。そしてにやっと笑うと、「練習のため、コーヒーがすんだら私の部屋にきませんか」と言った。

昼前には先約があったため、会うのは昼食の後に延ばすことになった。誘ってもらえてとても嬉しかった。まだ互いのことをほとんど知らないのに、もう気楽に話せる間柄になってしまったのだから。

コーヒータイムがいつもより長いように思えたが、あるいは日曜日だからなのかもしれない。時間はもう一〇時半になっており、一一時の約束に間に合うようにと退席した。

出ていく前にドーヘラに声をかけ、もしかしたら昼食に戻ってこないかもしれないと伝えておいた。ヤンセン夫妻を紹介してくれたメッツから、もしかしたら昼もここで食べていけと言われるかもしれないと聞かされていたのだ。ドーヘラに声をかけておいたのは、特別サービスというわけではない。前にミーケが食事を欠席するときにも声をかけていたし、どうやらこれが不文律らしいと思えたので従ってみたのだ。ドーヘラの反応からみても、その判断は正しかったようだった。

ヤンセン夫妻宅までの道のりは遠かったが、今日は疲れよりもやる気を感じた。それでもまだ村内の移動に慣れたとはいえず、なぜか二回も曲がり角をまちがえてしまった。夫妻の玄関へ向かっていると、反対側から一組のカップルがこちらへ来るのが見えた。男性は背が高く、女性の乗る車椅子を押している。「ヤンセンさんですか?」ときくと、二人はそうだというしるしににっこり笑い、私を招き入れた。

すぐに気づいたが、ミセス・ヤンセンは私が一月に来たときに会った人だった。私が覚えていたと知ると喜び、昨夜の大祭ではこんな服を着ていらしたでしょうと言うとさらに驚いていた。二人はオランダ語でなにか言い合っていたが、どうやら「この人は何でも気がついちゃう」ということであるらしかった。

まずは当たり障りのない話題から始めようと「昨夜は本当に豪華でしたね」と言ってみたのだが、二人の口から出てきたのは漠然とした不満感だった。まずはヤンセン氏が口火を切る。

「毎年変わりばえしないんですよね。同じ人が同じことをやって。それに、住人の仕事が年々減ってきている気がする。みんなただ座って、おとなしくうなずくばっかり。ですから、家内の友だちの出番が終わったところで帰りました。先生は本当に楽しかったんですか」

やや身構えるように「本当ですよ」と答えてみて、昨夜のことがすてきな思い出になったのは、実は連れのおかげだった――ピーターとモニカ、ミーケといっしょだったから――と気がついた。

面白いことに、二人とも司会者のことはほめていた。

「何があってもうまくさばいていましたよね。あの方をご存じですか」

「ええ、終わってから会いました。彼もここの人みたいですね」

「住人だってことですか」とミセス・ヤンセンが疑うような口調できき返した。

「さあ、そこまではわかりませんでした」

にわかに、ゴフマンの「印象操作」の文章を思い出した。司会者は布できれいに覆われたテーブルの向こうに座っていたし、ぐいぐいと進行を仕切っていたものだから、村内のほかの有力者たちと同じように見られていた――つまり、職員の一人であり、身体に障害はないはずと思われていたらしい。

夫妻はいたって開けっぴろげな人たちのように見受けられたので、ヘット・ドルプでの生活はいかがですかときいてみた。二人は互いにうなずき合い、とても楽しいし、たいがいのことに満足していると言葉をそろえた。まずは妻のカレンが話を始め、ヘット・ドルプが誕生した経緯や開園当時のようすをふり返った。よく知っている話だけに、聞く方には意識の半分ほどしか向けていなかった。それよりも人間としての彼らの姿に、そして、互いへの反応の仕方に、いつしか注意が向いていた。カレンはおそらく四〇代前半、黒髪のとても美しい女性で、化粧はていねいで、服装もセンスが良く、創設時からの入居者の一人だった。珍しい変性疾患にかかっていたため、入居してから身体的な条件が大きく変化していた。どうやら最初のうちは村内を歩き回ることができたようで、ときどき見学客のガイドの仕事をしていた。だんだん動けなくなってくると、図書館で働きませんかと誘われた。今は車椅子の生活だが、ときどきは何かに寄りかかれば立てることもある。手には不自由があり、片手を使ってもう片方の手を持ち上げている。飲み物を飲んだりたばこを吸ったりすることは一人でできるが、器用にとはいかない。大きなクッキーのかけらがスカートに落ちたときは、夫がすかさず立って拾い、彼女の手の届くところに置いた。食事のときにどの程度の介助が必要なのかはわからなかった。おそらく料理はあらかじめ切ってもらっているだろう。もしかしたら、専用の鉢なり皿なりに盛りつけてもらっているかもしれない。一方、夫の方はほかの入居者から「健常者」といわれていた。

夫妻のやりとりにはなんとも自然でこまやかなものが感じられたので、私は二人のなれそめをきいてみた。もしかしたらそれは、何らかの非言語的な合図に釣られたのかもしれない。というのも、彼女が嬉しそうな笑顔で夫に向かい、オランダ語で「ね、言った通りでしょ。絶対きかれるとわかったもの」と言ったからだ。

ヤンセン氏もいくらかはきかれる覚悟ができていたふうで話を引き継いだ。「ぼくはこれまでほとんどゴーダで仕事をしてきました。ざっと二五年、途中で二年だけオーストラリアにいましたけど（英語はそのとき覚えました）。で、ゴーダの古い友人でやはり障害のある人がいて、生まれてからずっと実家住まいだったんですが、母親が亡くなると父親では面倒を見きれなくなりましてね。それでヘット・ドルプに入居したってわけです。ほぼ同じころ、私もアーネムに転勤になったものですから、自然とここへはしょっちゅう来るようになりました。彼とは週に一度は会ってたと思います」そう言っていとおしげに妻を見ると、つけ加えるように言った。「そんなときでした、カレンに出会ったのは」

私の計算が正しければ、交際期間は相当短かったはずだ。ヤンセン氏が話を続ける。

「ヘット・ドルプに住む場所が見つかったら結婚しようと決めました。ぼくはアーネムのアパートに住んでたんですけど、そこじゃだめなんでね。ですからこの部屋が空いたとき、押さえるためにはすぐ結婚するしかありませんでした。そんなわけで、一二月に結婚したんです」

「ここも、新しく作られたっていう夫婦向け住宅なんですか」

「いえ、そっちはもう満室でした。ぼくらは運がよかっただけなんです。ここは、以前はあるご夫婦が住んでいた部屋なんですが、男性の方が亡くなって、奥さんは出て行かなきゃいけなかった」

彼の口調は淡々としたものだったが、当時を思い出したカレンはあきらかに動揺していた。「嫌な話ですよね」と身を震わせる。「住んでて気分よくないですよ、人の死んだ部屋なんて」

彼女のつらさは私の心にも響いてきた。夫が亡くなったからといって妻が退去を迫られるとは、なんとも穏やかではない。住宅不足も直視すべき現実の一つなのだろうが、それにしても気のめいる現実だ。しかし、夫婦でヘット・ドルプに住むなら、必ずその可能性と向き合うしかないのだ。

ヤンセン氏を見ていて、彼の「遅咲きの結婚」が成り立っているのが、まさにヘット・ドルプゆえであることがわかった。ヘット・ドルプがあるおかげで、独身時代の自由と仕事とを両立でき、妻の身体障害に従属することを最低限に抑えることができていたのだ。これは何も妻を愛していないとか、世話をしたくないとかいう意味ではない。ヘット・ドルプが介助の面を担うことで、妻を中心に自分の生活を組み立てるのではなく、妻が彼の生活の周囲にぴったりと収まっていた。ヘット・ドルプのおかげでどのように助けられているか、彼は快く説明してくれた。「七時半出勤や八時出勤の日がけっこう多くて、そんな日は朝早く家を出なくちゃいけないんですよ。そんなときも妻のことを心配せずに起きられます。本人が九時に起きたくなったら、ベルを鳴らすだけでスタッフが来て手を貸してくれますから。起きたら好きなことをして、昼は部屋で食べて、それから仕事に行きます。ぼくは四時に帰るから、それ以降はぼくが介助をするんです」。カレンは料理はせず、コーヒーやクッキーを出すとか、場合によっては料理をあたため直したりするだけだという。二人とも自分で食事を作ることはない。週末にそろって家にいるときも、夫が中央キッチンへ食事を取りに行き、二人だけで食べていた。夫の留守のときにはカレンも他の入居者といっしょに昼食をとることがあったが、それさえも気が進まないようだった。

二人は自分たちの私生活を成り立たせるためにこうしてヘット・ドルプを利用しているわけだが、この方針は、人づき合いの面でも同じだった。彼らはことあるごとに外出しているように思われた――映画、催し物、買い物、そして、可能なときには出張にも妻を同伴していた。夜は友人や親戚を順ぐりに訪ね、帰るのはただ寝るためだけというのが典型的なすごし方だった。もしかしたらそれは、長期の旅行はしないということを意味するのだろうか。ヘット・ドルプをあまりに細切れに利用するがゆえに、ある意味ではかえって過度に依存している形になってしまったのだろうか。その一方で、このようにヘット・ドルプから距離を置くことは、とりわけカレンにとってアンビヴァレントなことであるにちがいない。これまで見つかった仕事がどれも、ヘット・ドルプを外部の人に紹介する役割ばかりだったのは偶然なのだろうか。最初は見学者のガイド、今は図書館司書、どちらもかなり「人前に出る」仕事だ。しかし考えようによっては、彼女にとってはこれが、外の世界――自分がよく知っていて、恋しく思う世界――とのつながりを保つ手段になっているのかもしれない。話が一段落したとき、彼女はここへ来る前の生活の回想を語ってくれたのだが、その冒頭は「私がまとも（valid）だったころ」という言い方だった。

私は無意識のうちに、夫のイエンズが妻の煙草に火をつける姿に気を取られていた。きっとあからさまに見つめていたのだろう、カレンに「何を考えてらっしゃいます？　先生ったら何にでも気がついてしまうようだし」ときかれてしまった。

不意を突かれたものだから、ちょっと考えを整理しなくては答えられなかったが、簡単に「ぼくもいろんなことをできて当たり前と思っちゃってるなあってこととか、あと、生活を楽にする道具を開発してる、改造室の仕事のこととか」と答えた。幸い、彼女がこの後半部分に食いついてくれたので助かった。私の心のうちはまさに矛盾でこんがらがっていた。それが何かはわかっていた。カレンが依存を強いられていることにも、イエンズが間髪を入れずに手を出すことにも、私は割りきれなさを感じていた。私なら、頼みもしないのに手を出されて受け入れるのは苦手だし、いつ頼まれてもいいように気を張っているのも苦手だ。どちらも不当な要求のような気がしてしまう。自分自身も愛想のよい病人になれないが、それに負けず劣らず、人が少しでも病気になったときにはいらいらと当たってしまうのだ。

カレンと私がいっしょになって、改造室の作品は実に面白いと盛り上がっているうちに、イエンズが昼食を取りにいくと言って中座した。戻ってきた彼が運んでいる皿が二人分なのが目に入り、引き留められる可能性は考えなくてよくなった。一二時二五分、みんなでここの食事時間の融通のきかなさを冗談にして笑い合い、それをしおに私はおいとました。

ヤンセン夫妻も視点が村外に向いているという点で、いくぶんかヘンドリクス夫妻に似ているところはある。でも、それよりも似ているのは、郊外の住人のイメージだ。二人にとってヘット・ドルプとは、食事をして眠るベッドタウンなのだ。仕事も遊びも、その壁の外側にある。

私は記録的ともいうべきタイムで昼食に間に合った。日曜日は昼食がメインの食事となるらしく、暖かい料理だった——子牛肉、じゃがいも、さやいんげん、たっぷりの焼きたてパンとバター、牛乳。

デザートは二種類で、ホイップクリームを添えた生のいちごとバニラ・フランだった。がつがつ食べていると、私へのお小言の続きが始まった。モニカがみんなにむかって、あんなに食べるなんて「ゆうべの大冒険つづき」で消費したカロリーを補給するためだろうと言うのだ。今度はミーケもいたものだから、モニカがからかった。「何でドアをノックするよう言ってくれなかったの？　私がどんだけ心配したかわかってるの？」と言ってからかった。全員が話に乗ってきて、それぞれ少しずつちがった言い方で「アメリカって国じゃ、大学の教授といっても」と言って盛り上がっていた。

デザートを食べながら、シュミット夫妻が、ずいぶんあちこち旅行をしているとのことだがスコットランドには行ったことがあるかときいてきた。スコットランドは大好きで、ついでがあれば立ち寄るところだけに、この話題だとつい熱が入った。私たちは互いに、ガイドブックに載っている案内文と実情とをくらべ合った。この話が終わろうというときになって初めて、私は気がついた。今の会話ではだれひとり、個々の観光スポットのアクセシビリティーについて口にしなかった。私が口にしないのはただ単に意固地になっているから、あるいは、最近少しずつ自覚するようになったが、軽いマゾっ気のせいでもある。しかしシュミット夫妻がこの点に触れないことが何を意味するかはよくわからなかった。無責任に「〇〇は絶対見なきゃ」「〇〇は絶対行かないと」と熱弁をふるう私に調子を合わせてくれていたのだろうか。それとも、障害者に特化した旅行代理店があって、そうした面倒な問題はまとめて調整してくれるはずという読みがあったのだろうか。

私の場合、少しでもアクセシビリティーの不備があると、かならず欲求不満を感じ、腹を立てる。

だが彼らにとってはもう一つの要素が加わる――どんなに不自由でも、外出は冒険であり、外の世界で過ごすチャンス、外へ出るチャンスなのだった。

テーブルを離れようとしていると、ミーケが私の視線をとらえた。なにか言い出しにくそうな、困ったような顔をしている。私は雰囲気をやわらげようと、「もう、次の食事のことでも考えてるの」と言ってみた。

彼女はふしぎそうに私の方を見ていたが、やがて私のインドネシア料理好きを思い出し、「そうねえ、この前ナシ・ゴレンを食べてからもうじきひと月になるし、帰る前の晩にでもいっしょにどう」と言った。

私はときどきどうしようもない無骨者になってしまう。よりによって食べ物とは、なぜこんな話題を出してしまったのだろう。もちろん、彼女が食事のことなど考えていたはずはない。ただ、私が思いつくかぎりでは、食べ物がいちばん罪のない話に思えたのだ。私はつっかえながら言った。「あのね、今ちょっと行かなきゃいけないんだ。ピーターのとこにぼくあての電話があったらしくて、伝言を聞いてるから、かけ直さないと」

部屋を出ようとしたとき、彼女がまだ後ろにいるのに気がついた。彼女はほとんど囁きに近いほどの小声で「午後、何か予定はある?」ときいてきた。

ないよと言いたかったが、アルトマンとの約束はすでに一度延期したものなのだ。もっと早く言ってくれなかった彼女にも、もう予定を入れてしまった自分自身にも腹が立った。アルトマンはいないかと見回したが帰ったあとなので、振替え予約《レインチェック》（試合などが雨で中止になったとき、再試合にその日の半券で入場できるしくみ）をお願いしていいかな」と頼んでみた。

アメリカ流の決まり文句が彼女に通じなかったため、その場はますます気まずくなってしまった。彼女と話せる時間を見つけることは、もはや単なる約束という以上に重要なことになってしまったようだ。二人で相談してもなかなか予定が合わなかったが、ようやく翌日の夕食の後ということで落ちついた。私の滞在日程があまりに短いだけに、それすら遠い先のように思えた。

彼女の姿が廊下の向こうへ消えたとき、はっと気づいた。明日の夜といえば、評議会の公開会議ではないか！　ミーケもいっしょに来てくれればいいのだが、どうも彼女なら来ないだろうなという気がした。これではまるで「デートの約束をすっぽか」そうとしているようで、自分がひどく汚い男のように思えてくる。

しかし、今のスケジュールでは、何にせよゆっくり悩んでいる時間はない。一時四五分、ヨス・アルトマンを訪ねる時刻だ。ノックするとただちに返事があった。長身で金髪、カジュアルな服装の若い男性が私を中へ通した。部屋の隅では、金髪の女性が立ち上がって挨拶をした。アルトマンの話に出てきた友人のバルトとリエットで、定期的に行き来しているという。

お決まりの自己紹介の後、ヨスはアメリカの政治情勢をきいてきた。大統領選から人種間の緊張にいたるまで、話はなめらかにつながっていった。しかし例のごとく、みんなはすぐに、健康保険に関する国の政策、とりわけ、身体障害や慢性病をもつ人々にアメリカはどう対応しているのかという話題へと移っていった。ヨスも二人の友人も、アメリカほど裕福な国なのに、ヘット・ドルプのような場所が一つもないことに驚いていた。それからしばらくは、すべての人が自立していることをアメリカがいかに重要視しているかの話になった。もちろんアメリカでも、実質的には依存状態にあったり、隔離されていたりする例が多い。それでも、人の手を借りていることを隠さない人々が生活し、公然と隔離が行われているヘット・ドルプのような場所は、神の呪いのごとく嫌われるのだ。

この話はかなりの部分まで、ヘンドリクス夫妻との対話で出てきた話と重なっていた。あのときも私は、アメリカには「自然を征服する人間」観があるのではないかという説を口にした。でも今回は、あのときのように私が一方的に語ることにはならなかった。全員がそろって、なぜアメリカではオランダよりも、障害者であることがずっと大変なのだろうと首をひねった。アメリカでは、病気はともかくとして、障害があることは本人の失態であるのみならず、社会の失態でもあると見なされていることを、彼らも正確に嗅ぎとっているようだった。この話をしていると、アメリカのとある病院で目撃したできごとを思い出したので、その話をしてみた。「ある患者さんが今にも亡くなろうとしてて、もう蘇生する手だてがなかったんだ。そうしたら担当のお医者さんはむちゃくちゃ怒ってね、だれに言うともなく、こんなことを言いだした。『こんちくしょう！　こんなの、アメリカにふさわしくない』って」。みんなで語り合っているうちにこの話がなおさら寒々しく思えてきて、私はつけ加えた。「そのさ、障害のある人はベストを尽くすだけじゃすまなくて、普通の人より優秀でなきゃいけないのさ」

するとバルトが言いだした。「ぼくたちがこれまで見てきた映画も、みんなそう言ってる気がする。アメリカ映画だとなおさら」

私たちは次々と例をあげていった。手はじめは「我等の生涯の最良の年」でハロルド・ラッセルが演じた役、それに「男たち」でマーロン・ブランドが演じた役だった。どちらも、単なる共感を超えた感情をかきたてるように計算して描かれている。失った両手の代わりにからくり仕掛けの補助器具をつけたラッセル、下半身不随のブランド、いずれも退役軍人だ。つまり彼らが障害者になったのは「われわれ国民を守るため」であり、観客は彼らに恩義がある。不自由な身体を抱えていることの罪は、完全にとはいかないまでも軽減されている。少なくとも、ほかの障害者よりも大目に見てもらえる。そして当然ながら、二人とも障害を克服して充実した人生を送っている。

それからしばらくは、みんなであと二本しか思いつかなかった。どちらの主人公も感覚の障害であり、しかも女性だった。一人は「心のともしび」に出てくるたまたま失明した女性で、もう一人は「ジョニー・ベリンダ」に出てくる耳も聞こえず口もきけない女性だった。この二人も最後には充実した人生を送れるようになるのだが、二人が社会復帰できるのはほとんどが男性医師によるケアのおかげだし、しかも相手の医師は彼女たちに恋をするのだ。リエットは怒りを抑えるのがやっとという口調だった。「何なのこれ、前はそんなこと気がつかなかった。ロマンチックだしハッピーエンドだし、ってのに目がくらんで、暗黙の意味まで考えてなかった。無茶な要求でしょ——障害を持ちながら成功するために必要なのはこれですよ、って意味でね。無茶な上に性差別的。必要なのは主治医の恋愛感情だっていうんだから」

少し間をおいて、私があと二本、「奇跡の人」と「甦る熱球」を思い出した。「奇跡の人」はヘレン・ケラーの話で、もう一つは片足を失ってからもメジャーリーグで投げつづけたピッチャーの話だった。

ヨスがもう一本つけ加えた。「わが心に歌えば」といって、脚に補装具をつけていた有名な歌手の伝記映画だ。興味深いことに、歌手はロングドレスを着るのだから、「傷ものの体」はドレスに隠れて人目に触れることはなかったのだ。

ヨスの意見を聞いて私も刺激されてしまった。

「これではっきりわかったぞ、アメリカで見かけるある種の広告スローガンって、こんなイメージを元にしてたんだな。みんなは聞いたことあるかな、『その障害者を採用しよう――彼の方が優秀だもの』っていう広告があったんだ。もちろん、たまたまその男は無断欠勤が少ないとか、そいつの方が腕がいいとかいう意味ではあるんだけどね」

広告を知っているかと聞いたのは言葉のあやではなかったのだが、自分の話に夢中でみんなの返事を待てなかった。「でも、重度障害や重症疾患の人の描写を全部トータルしたら、いや、代表的な作品だけとってみても、描かれた障害者像ってあまりに突拍子もなくて、何の役にも立たないし、現実のぼくらにはかえって迷惑なんだ」

バルトがまとめた。

「やっと実感できたよ、きみたちの言う、障害者の背負っている重荷ってどういう意味なのか。映画に出てくる人たちはみんな成功してるんだから、慢性病や障害のある人は全員同じことができるはずで、もしできなかったら本人の落ち度に決まってる、努力が足りなかったんだろう、ってことだな」

ほとんど独り言のようにヨスが言った。

「そんなのうそなのに。ぼくだってがんばってがんばってがんばって……」

彼らの言葉はほとんど耳に入らなかった。自分の中での対話で頭がいっぱいになっていたのだ。自分の言った言葉の最後の部分、「現実のぼくら」がまだ耳の中でこだましていた。これまで、自分自身をこれほどはっきりと障害者や慢性病患者の側に置いて考えたことがあっただろうか。むしろ私は反対の側にいた。障害者に対する「ほかの」アメリカ人の見方や態度について語ろうとすると、それはさすがに私の信念とはちがうにせよ、少なくとも私自身の実際の態度とあまり変わらないという困った立場になってしまうのだ。それに、私は社会的に成功しているほうでもあるし、ある程度は障害を隠すことだってできている。研究室で机に向かっているときも、講堂で教卓を前にして立っているときも、補装具をつけたり杖を使ったりしていることをわざわざ明かしはしない。研究室や自宅では杖なしで歩きまわることも多い。しょっちゅう杖を置き忘れる癖もあって、以前は「専門以外ではてんでだらしないのは学者にはよくある話だしね」といって片づけていたものだ。それに、私に対する最高のお世辞だとみんなが考えているのは「まさか先生が～～だなんて、今まで気がつきませんでした」だったことにも、私がそれを言われるたびに喜んでいたことも、はっきり気づいてしまった。

このように自分自身のことを認識したのもショックだったが、それよりもっと深い発見もあった。それは、後でメモをまとめてみて初めて気づいたことだった。ヘット・ドルプにいるあいだ、人との交際について何度か質問されたことがある。中でもみんなが知りたがったのは、障害のある友人や親戚のことだった。私はそのたびに、友だちや親戚にも障害者はいないし、さほど親しくない知人まで広げても一人もいないと答えてきた。カウンセリングや調査の現場でならともかく、私的な場で障害や慢性病を抱えた人に一人でも会ったかどうか、必死で考えなくては思い出せなかった。アメリカ人らしい社会認識の内面化は、ほぼ完璧だったというわけだ。それが、今になってようやくわかってきた。子ども時代の私にとって最も重要な男性、私が二〇代の後半に入るまですぐ身近にいた人物は、身体に障害を持っていたのだ。それは母方の祖父で、私が物心ついたときにはすでに聴覚がなかった。ポーランドにいた若いころ、徴兵を免れるために自ら耳を傷つけたのだ。ユダヤ人である彼にとっては、出征が家族との永久の別れになりかねないからだ。祖父は私にとって、名前しか知らない親戚などではなかった。八歳までは週に一、二回会っていたし、八歳から一三歳までの間は、私たち家族は祖父の向かいの家に住み、毎日顔を合わせていた。それから二一歳になるまでは、家族もろとも祖父の家に同居していたのだ。祖父は英語がまったくわからず、読唇できるのはイディッシュ語かポーランド語だけだったのに、私たちはひっきりなしに語り合っていたし、のちには議論もするようになった。私にとっては生きている祖父は彼一人だったし、私は初孫で、お気に入りの孫だった。祖父はボストンのゲットーから身を起こし、一時は三つの仕事をかけもちしていた。仕事はずっと仕立屋で、一度も自分の店を持ったことがないのに、なぜかしっかりと財産を築き、郊外に家を買い、子どもたちの収入が足りないときにはいつでも援助し、ヨーロッパの親戚に送金し、他人が強制収容所から逃げるのを助け、商売を始めようとする人たちを支えた。要するに祖父は非常に立派な人物で、私はほかのだれにほめられるよりも祖父にほめられたいと願っていた。それなのに今の今まで、障害という言葉を聞いて祖父を連想することは一度もなかったのだ。そして、これも今になって初めて気がついたが、私と祖父の間では障害のことなど一度も話題にしたことがないにもかかわらず、私が一般社会に適応していく上で、お手本として最も大きな影響を与えてきたのも祖父なのだった。

私が物思いに沈んでいるあいだも、ヨスはヘット・ドルプに来るまでの経緯を語っていた。彼は子どもの頃から「病気」だったらしく、一六歳から二三歳までのほとんどをヨハンナ財団リハビリテーションセンターですごした。

「センターではこれ以上手の施しようがなくなったら、介護施設に移ってそこには二年いた。ひどいところで、気がめいるんだよ。死ぬのを待つための場所でね。だから外泊で実家に帰ったとき、もうあそこへは戻らないって言った……実際、戻らなかった。でも、いつまでも両親と同居ってわけにもいかない。二人ともだんだん年をとって、介助が大変になって。だから、クラップヴァイク博士に手紙を書いた。ぼくのことはヨハンナ財団で診て知ってるからね。すごい人だよ。たった十日かそこらで検査と評価の予約が決まってね。ぼくは入所基準を満たしてるってことで待機リストに載ることになった。ずいぶん待ったけど、二年後に欠員ができて入所したんだ」

だれにも何も言われずとも、彼はひとりで話を続けた。

「村で生活していくのは、見た目ほど楽じゃない。自分なりの人生、村での人生ってやつを自分で築きあげなきゃいけないからね」と言うと、きかれてもいない問いへの答えでも考えるかのようにちょっと間をおいてから、言葉を続けた。

「現実的な道って、これしかないもんね。ここがぼくの住む場所。働く場所でもある。その点は気に入っているよ。仕事は楽しいし」

「ほんとに?」私は疑いもあらわにきき返した。

「ほんとだよ。仕事に行けば人に会えるし、働いてると自由になれるからね」

「自由ってどういうこと」

「あんまり気を遣わない仕事なんだ。同じことのくり返しだからぼんやりしてたって平気で、あれこれ好きなことを考えられる」

私はなんだか叱られたような気分になった。もしかしたら、仕事といえばなんでもかんでも有意義なものでなくたっていいのかもしれない。だいいち私だって、学部を卒業するまでずっと組立ラインの仕事を続けていたのだ。考えなくても惰性でできる仕事だったから、いろいろとよそごとを考えることができ、たしかに楽しかった。自分と同じ楽しみをここの住人には許さないなんて、ちょっと偉そうだったかもしれない。

ヨスはそれよりも、作業所の責任者たちがどうしても従業員のことより生産性の方を気にせざるを得ないのが残念だという。村の作業所の従業員の方が、よそのたいていの作業所の従業員よりはるかに人間的な待遇を受けているのだが、それとこれとは別だという。

「思うに、生産性に配慮しているかぎり、入居者にとって必ずしも最善じゃない判断がなされることになるんじゃないかな」

「人生にはどうしようもない事情がつきものだよね」という話になったものだから、みんなはたちまち、おのおの「辛い真実」をふり返ることになった。「ぼくが一番落ちこんだのはいつだったかわかる?」とヨスが言った。「『あなたのリハビリはこれが限度です』と言われたときだね」と自分の全身にさっと目を走らせ、話を続ける。

「つまり、脚は使えない、右手は少し使えて、左手はほとんど動かない、どこへ行くにも何をするにも、ひっきりなしに介助が必要な生活が続くってことだから」

ヨスも私も黙りこみ、私は自分自身の人生での同じ場面を思い返していた。どれほどほんとうのことを知りたかったことか、それでいて、教えられた事実も教えた医者もどれほど憎んだことか。医者に腹を立て、世界に腹を立て、私をこんな目にあわせる神に腹を立て、何よりも自分自身に腹を立てていた。こんな報いを受けるとは、何をしたのだろう。私の場合、かつては「普通だった」だけに、生まれてから一度も経験できないことはさほど多くなく、もう二度とできなくなったことの方が多い。どちらの喪失がより不運なのだろうか。一度も経験したことがない人こそ、真の敗者なのだろうか。陳腐な決まり文句を思い出す。「最初から愛さなかったよりも、一度は愛して失った方がましだ」とかいうやつだ。私がこれまでに読んだ本も、聞いた話も、ことごとくこの考えに賛成するものばかりだった。だが、もしかしたら私が触れてきた言説はすべて、「健常者」、もしくは、健常者の基準に合わせたがる人が発したものばかりなのかもしれない。どちらにせよ、喪失は喪失だ。おそらくその人がどう反応するかは、何よりも、喪失を経験した文脈によって左右されるのだろう。ふたたび、ヨスと私の視線が合った。彼は物思いからさめて話に戻った。

「死にたいと思ったのはそのときだね」

しかし、彼が「引き返してきた」理由はよくわからないという。「引き返すしかなかったから」としか言いようがなかった。

同じように「引き返す」人はたくさんいる。だが、それっきり戻ってこられない人だって多いのだ。ヨスにとって「引き返す」とは、ヘット・ドルプで新しい人生を築くことだけではなく、さまざまな方法で休みなく生気を保ちつづけることでもある。本は大量に読むし、機会があれば講座にも出席している。「といっても、ここじゃそうした機会は豊富とはいえないんだけどね」。彼はほとんど独り言のように言った。「人は常に失敗から学んでいないとね。ぼくはしじゅう新しいことに挑戦していたいほうなんだ。あと、人とのつき合いがなくちゃだめだってのもわかってる」。この点に関しては、彼もけっこう満たされているようだった。父親が二日間滞在していったばかりだったし、今も親しい友人が会いに来ている。ヨスは壁にかかっているバルトとリエットの写真を指して、「二人とも、ぼくの人生にはなくてはならない人たちだよ」と言った。当の二人は少々照れてはいたが、私の感触では、これも挨拶と流し、重荷には感じていないようだ。

「ぼくはヘット・ドルプで幸せだよ。生きていくために必要なものはみんなそろってる。これ以上望んだって手に入らないだろう」

私はふと、友人たちが遠くへ引っ越してしまったらどうなるのだろうと思った。

「今では確実に住める場所がある。両親ももう心配しなくていい。あのまま同居してて、どちらか片方が死んだらどうする？　今は好きなときに出かけて、好きなときに帰ってこられる。朝の三時に起きたくなりゃ三時に起きるし、夜の八時に寝たければ八時に寝てやる」

ほかの施設よりも、それどころか自宅よりもヘット・ドルプにいる方が自由だし自立できるという趣旨のことをヨスが口にしたのは、このときが初めてではなかった。それに、同じことを言ったのは彼だけではなかった。ヘット・ドルプが入居者を解放したのは、施設による制約からだけではなかった。ヨスは就寝や起床の時間を例に出したが、私自身にもよく似た記憶があった。交通事故の後、ベッドから出られずに自宅療養していたときのことだ。可愛い息子なんだから大丈夫だよと両親がいくら言ってくれても、自分が重荷になっているという感覚はぬぐえなかった。それでだんだん、私は両親の生活に合わせようとするようになっていった。食事も、睡眠も、排便も、両親の都合のいい時間にするようにしたのだ。両親に頼まれたことは一度もない。それでも、二人に夜更かしをさせたり、せっかく寝たのに何かを取りに起きてもらったりしたのでは、自分がなおさら子ども返りしたような気がするし、わがままを言って申しわけない気分になってしまう。これこそヘット・ドルプで手に入る自由、つまり、罪悪感からの質的な自由である。もちろん、以前からの習慣で「人さまの手をわずらわせる」という罪悪感をいくぶん引きずることはあるだろう。しかし、ドーヘラは二四時間体制で対応する約束になっている。どんな時間だろうと介助に入ることで、彼女たちは給与を得ている。ドーヘラだって入居者に好意を持つことはあるかもしれないし、愛情から何かをすることもないとはいえないが、介助は愛情と引きかえではなく、職業なのだ。つまり、彼女たちがこの場にいるのは、親として子の世話をするためではなく、サービスを提供するためということになる。

そういうヨスにも、ヘット・ドルプについて不満に感じている点はあった。いくぶん苦々しい口調で彼は言う。「事務局には、本当に思いやりがある人とか、社会的な意識を持ってる人がとにかく少ない。そうじゃない人ってのは、何ていうか、給料をもらうためにいるだけだよ」と言った。

急に口調が手厳しくなったのが解せなくて、もっと詳しくきいてみた。

だんだん見えてきた構図は、やや意外なものだった。彼が辛辣な言い方をしたのは、どちらかといえば職員たちの全般的な理解度にがっかりしたからであって、これといって無神経な言動があったせいではなかったのだ。彼はいらだたしげに「みんなたっぷり経験も積んでるし、理解しようって意欲だってあるのに、どうしても入居者のことがわからないらしいよ」と言うと、しょんぼりと首をかしげた。「もしかして、ぼくらは人生観も障害の状態も一人ずつちがいすぎて、それでわかり合えないんだろうか。ここの友だちとも、ずいぶん時間をかけて自分の気持ちを話してきた。みんなわかってはくれるんだけど、本当にわかることは絶対にないんだ」

リエットとバルトは同意しながらも、こうつけ加えた。「けどさ、もしかして入居者の側で説明する気のないこととか、人には言えないことなんかもあるんじゃないのかな」

まるで聞いていなかったかのようにヨスは結論づけた。「うちの両親でさえわかっちゃいないんだしさ」

そんな様子を見ていると、ジョージ・バーナード・ショーの「聖女ジョーン」の最後のシーンを思い出した。ジャンヌ・ダルクが人々の無理解を嘆きながら「神様、いつまで、いつまで待てばいいのですか?」と問いかけていたのだ。

しばらくのあいだ、だれもがそれぞれの思いにふけっているようだった。重苦しい雰囲気を破ったのはヨスだった。「ところで、面白い話があるんだけどさ」というようなことを言って、祭での私の悪ふざけについて友人たちに物語りはじめたのだ。私は何だか不思議なものを見るように聞いていた。ヨスはその場にいなかったはずなのに、まるで見てきたように――ピーターとモニカ、ミーケ、そして私が祭に区切りをつけて帰ったようすだけでなく、その後のパーティーのこと、私が夜中の三時まで部屋に戻らなかったことまで――報告していたのだから。その上ヨスは、ミーケが「これで本当に大学の先生なの」とあきれていたことまで詳しく知っていた。彼も気分が乗ってきたらしく「今ので驚いてるくらいなら……」と言うと、今度は私がピーターとスーパーへ行った話を披露した。彼の話は実におもしろく、私が自分で語るよりもずっとうまかった。

「あのときの君は、まだずっと後ろの方でハーハーと息を切らしてたんだよね」

このときには私たちも落ちこんでいたことを忘れ、みんなで声をあげて笑っていた。時刻は四時に近づいており、そろそろ帰る時間だなと思った。ヨスだって私抜きで内輪ですごす時間もほしいだろうから。

夕食は六時で、日曜の夜の大学寮と同様、冷たいハムやソーセージ類がメインだった。日曜の夜はまた、みんなが人の家を訪ねたり、ヘット・ドルプでも別の班の友人といっしょに食事をしたりする日でもあるらしく、いつもの顔の何人か――ミーケ、ミズ・ネイホフ、シュミット夫妻など――が見えなかった。夕食を欠席するのはまったく自由で、ただ事前にドーヘラに声をかけておきさえすればよいものらしい。もしかしたら、事前の連絡には二重の役割があったのかもしれない。ドーヘラは入居者の居場所を知っておけるし、外出を「ほどほどに」抑える効果もあるだろう。そもそも、不在にすることをだれかに届け出なくてはならないということは、ここは自分のふだんの居場所で、自分はここにいるのが当然なのだと暗に想定されているということではないか。

だれかが、もうじき障害者八〇〇人の参加するツアーってのがあるらしいよという話を持ちだした。八〇〇人とはとんでもない人数だとだれもが思った。みんなはそれでは準備がさぞ大変だろうと心配し、私は、一〇〇〇人近い人間と一〇〇〇台近い車椅子が一望できる場所なんてあるものだろうかと考えていた。祭のときはその三分の一しかいなかっただろうに、あれでもかなり壮観だったではないか。

モニカに会えるのは今夜が最後だった。翌朝には自宅へ帰ってしまうからだ。

「オランダじゃ、誕生パーティーはものすごく大事なんだよね。今回は大好きなおじの誕生日だし」

モニカがうらやましくなった。オランダに来てから、私は誕生祝いの寂しさも楽しさも、両方味わうことになった。今年の一月の十日ほどのあいだに、私は親友の誕生日に招かれ、娘の誕生日からは締め出され、自分自身の誕生日はただ無視してしまったのだった。そんなわけで私はあれやこれやの悲しみをかかえたまま、彼女の出発を祝って乾杯し、「傷心の」ピーターに共感したのだった。

モニカがピーターをからかった。「たった二、三日じゃない。今度はあなたが来るんだし」。二人は彼女の家で短い休暇をすごし、また連れだってヘット・ドルプに戻ってくる予定だった。この話を聞いて、来客の滞在条件はどうなっているのだろうと思った。

「そうねえ、」と口を開いたのはミセス・ファン・アメロンヘンだった。「規則の上では、訪問客の滞在日数には制限があるんだけどね。一回あたり連続六週間まで、年間の合計日数も決まっている。でも、」と言うとにっこり笑った。

「抜け穴はいろいろあるものよ」

モニカとピーターが早口のオランダ語で話しだした。何か冗談を言い合っており、それは規則のことだけではなさそうだとわかった。何とか聞きとれたかぎりでは、これまで二人ですごした時間がどれくらいで、その結果これからどうなるかという話のようだ。モニカは何かをほのめかされて唇をとがらせ、ピーターと自分の間に瓶やパンの壁を築いてふざけていた。

まだ知り合ったばかりなのにこんなに名残り惜しいなんて変な気もするが、モニカに会えなくなったら本当に寂しくなると思った。まるで私の思いを察したかのように、モニカは立ち上がると近づいてきた。彼女は私の幸せを祈り、私も彼女の幸せを祈った。モニカはさらに続けた。「またいつかヘット・ドルプに戻ってきてね。そのとき私たちがいるかどうかはわからないけど」そう言ってピーターにほほえみかけた。「来年にはここを出て、自分たちの改造住宅に入りたいんだけど、もっと先になるかも」。彼女は腰をかがめ、私たちは抱き合った。

自分の部屋に寄って軽く身づくろいしてから、七時半ごろにヤーコブ・フェーレの家に着いた。まるで旧友どうしの再会のようで、われわれはたちまち肩肘張らずに会話をはじめた。映画からスポーツ、政治から音楽に至るまで幅広い話が出たが、ドイツ南部で先日開催された音楽祭の話になったとき、ヤーコブはある種の哀しさを口にしはじめた。

「たぶん今のぼくは、自分で希望するほどには動き回れない。事故に遭ってから、旅行はほとんどしなくなった。理由はたくさんあってね、身体のこともあるけど、そうじゃないこともあって……今はまだ戻りたくない場所ってのもいくつかあるんだと思う。『まともだった』ころに行って楽しかった場所の中にはね。楽しかった思い出が怖いんだな。耐えられそうにないっていうか、今の状態で行ったら、楽しかった記憶がだいなしになりそうで。それはいやだからね」

それに、身体の条件からいっても現実的な制約がある。カテーテルを挿入しているから、長期にわたる旅だと看護師の同伴が必要になるし、何度も持ち上げて運んでもらうのもやっかいなのだ。

「それにさ、あの飛行機ってやつはほんとにくそ狭いよな。絶対くつろげるはずがない」

「ぼくもだめだ。国際線でも、一度も眠れたことはないんじゃないかな。こんだけいろいろつけてるせいでさ（私は右手で全身をなで下ろした）。いつかそのうち、恥ずかしいって思わないようになったら、脚の補装具をそっくりはずして、隣に並べてやれる日がくるかもな」

私が片手に杖を、もう片方の手に「足をもう一本」持って、足をひきずりながら通路を歩いているのに、だれもがそれをじろじろ見ないように努めている。そんな光景を想像して二人で笑った。

自分たちをほかの人と比較してみたことがきっかけで、今度は、ヘット・ドルプの内部で見られるさまざまな違いが話題になった。ヤーコブが言う。

「ここにはほんとにいろんなタイプの人たちがいるよね。そんな気はしないかい？」

最初は社会的な類型のことを言っているのかと思ったが、声の感じからどうもちがうような気がする。

「何のことだろう。どういう意味で？」

「その、ほら。体の障害がそんなひどくなさそうなやつっているだろ。何しにここにいるんだろう？世間に見捨てられたんだろうか」

何と答えたものかわからず、そのとおりに答えた。

「うん、確かにそれほど重くなさそうな人っているよね。でも、本当に軽いのかどうかはわかんないし。軽そうな人といってもいろいろでさ、一つだけ言えるのは、自分の脚で歩いてるってことくらいかも」

私はなるべくさりげない口調を心がけた。

「ぼくらみたいな車椅子の人間から見たら、上に見える人は全員、状態がよさそうに見えちゃうのかもしれないし」

ヤーコブはどっちともとれる調子でうなずくとコーヒーの時間だよと言い、自分の班のところで一緒に飲まないかと誘ってくれた。行ってみるとたちまち納得がいった。元気な入居者のことをあのように言っていたのも、一つには、自分の仲間たちとの差が目につくせいなのだろう。彼の班の人たちは、これまで見た中でもいちばん、重度の障害がはっきり目につく人たちだった。彼自身を含めて少なくとも四人が、ものを飲むにもたばこを吸うにも介助を必要としていた。私がみんなを見ている一方で、ヤーコブはみんなに私が何者なのかを説明していた。それは紹介などというものではなく、私という人間についての「物語」だった。ヘット・ドルプに来た理由から、身体障害の種類や程度にいたるまで、五感にフルに訴える名演だった。

後から思えば、このような出会い方などまだ序の口だったように思う。一時間ほどしてヤーコブが喉が渇いた、たばこも吸いたい、と言いだしたのだが、このときにはもう、私もやり方くらいは学んでいた。たばこはどう持つか、どれくらいで離すか、手の甲にグラスを乗せる方法、グラスの傾け方、彼が煙を吐きだすまで待たねばならないこと。そうしたことを覚えるのは難しくはない。どれも、要するに小手先のことだから。問題になるのはタイミングだ。次の一服、次の一口を差し出すタイミングが、どうしてもつかめないのだ。もちろん、彼の方から頼むことはいつでもできるのだが、どう考えてもそれではちょっと興醒めなのだ。私のぎこちなさがばれているのはわかっていた。向こうは気にしていない可能性もあるが、私は気にしていた。彼のおかげで私は、重度障害者のつき合いにおけるやりとりとは決して一方的なものではないことを垣間見つつあった。そして私は、この双方向的なやりとりにみごとにつまずいていた。言葉はいっさい交わさなかったのに、私は改めて思い知らされることになった。人と人との相互作用とは、どんな単純なものであれ些細なことの集積であり、感情面での負荷がつきものなのだ。なによりも、いったんつまずいた相互作用を元どおりに無理のない「空気のように当たり前な」ものに戻そうと思ったら、実に細かいところまで精密に作り直さなくてはならず、それには双方が多大な努力を払わねばならないのだと痛感した。

まるでこの科目の実習は終了だよとでもいうように、ヤーコプが話題を変え、ヘット・ドルプについてほかに知りたいことはないかと訊ねた。もう少し軽い話題がいいなと思い、私は村の物理的なデザインについてきいてみた。どこまでも平坦なオランダにしては珍しく、ヘット・ドルプは起伏のある土地に建っている。私は大いに気に入っているが、もしかしてそのせいで困ることはないのだろうか。

ヤーコブはちょっと考えてから話をはじめた。一時はすべての建物をトンネルで結ぼうかという話も出たが、費用はとんでもない額になりそうだった。「それに、現状のほうがいい点もあるんだよ。みんな、いやでも外へ出ることになるからね。それに、車椅子があるんだから、みんな今ある能力を目いっぱい発揮できるはずなんだ。ただ困ったことに、坂道が多いせいでこの方針が徹底できなくなることもあってね。歩くだけなら歩けるけど坂道は無理って人たちもいるだろう。ちょっと遠くへ行こうと思ったら、歩けるのに車椅子を使わざるを得ないこともあるんだ」

話を聞いてミーケを思い出した。ミーケは車椅子をやたらと使ってはいないようだが、安易に車椅子に頼ってしまう人もいることだろう。私だって前回ここへ来たときは、歩かずに動き回る手はないものだろうかと何度も思ったくらいだ。そしてそのたび、いったん車椅子に乗ったら二度と降りたくなくなるのではないかと怖くなったものだ。

車椅子については、別の話も持ちだしてみた。

「車椅子っていうと、テクニックもすごいけど度胸もすごい人がいて、あれにはたまげたな。ブレーキなしで坂を下って、気にもしてない。ぼくだったら死ぬほど怖いだろうに。もしかして、最初からずっと車椅子だから、はたからは恐ろしく見えるって知らないのかな」

ヤーコブはうなずいたが、あまり興味はなさそうだった。このことから、木工所を見学したときのエピソードを思い出した。あそこではいくつもの機械が「危険だから」使わせるわけにいかないと言われていたっけ。もしかしたら、一見向こう見ずとも思えるこうした行為は入居者が経験できる数少ないリスク行動の一つでもあり、他者による保護を逃れて自分の生命に自分で責任を持てるめったにない瞬間だったのかもしれない。

ヤーコブはまたしても、別の話を持ち出してきた。

「ヘット・ドルプって、造りが広々してるとこが好きだな。閉じこめられてるって感じがあんまりしないからね。飛行機の旅が嫌いになっちゃった理由にはそれもあってね。シートベルトはさせられるし、何時間も動けない。今じゃ我慢できないだろうな。今だってほら、ずっともぞもぞ動いてるのがわかるだろ。動くっていったって、ほんのちょっと体重のかけ方が変わるだけなのにね」

彼が休みなく動いていると気づいていただけではない。私も同じことをしていた。車椅子をちょこまか動かすばかりか、座り方も変え、ふだん以上に頻繁に脚を組みかえていた。ヘット・ドルプの外では座っていてもほとんど動かないのだから、単に体を楽にしようとするだけではなさそうだった。これもやはり、自分にコントロールできる数少ない領分のひとつであり、まるで自分は目覚めていると実感したくて何度も頬をつねるように、自分が現実の存在だと思い起こさせてくれるささやかな合図なのだ。

時刻は一一時に近く、寝る前にやっておきたいこともあったので、ヤーコブに挨拶をして自室へむかった。車椅子を走らせていて、そういえば夜に一人で外に出ているのは初めてだと気がついた。なんともいい気分で、ひたすら力を抜き、すべてを味わいつくしたいがために、途中で何度も車椅子を止めた。

この晩は新しい課題が二つ待っていた。洗濯とシャワーである。洗濯は大した出来事もなく進んでいたのだが、濡れた服を絞る段になってずぶ濡れになってしまった。服を体から遠く離したら絞れないし、ブレーキのかかった車椅子ではすばやく水滴から逃れることもできなかった。もっとも、もう服は脱いでいたから、ひと足お先に水を浴びただけとも思えた。

それより難物なのはシャワーだった。シャワーは浴室の何も物がない一隅に取りつけられていて、そこだけ床がわずかにくぼんでいる。シャワーヘッドの真下にはプラスチックの網目模様のビーチチェアがあり、その下に排水口があった。シャワーヘッドは取り外しができるので、手で持てば水の向きを好きに変えることができる。ビーチチェアの傍らには、鉄製の手すりが壁にしっかりと取りつけてある。これは、立ち上がったり座ったりするときの補助にも使えるし、立ったままでいたいときに体の支えにすることもできる。これは私の場合だが、やっかいなのは、必要なものをどこに置くかという問題だった。すぐ手が届くところに何でもそろえておきたいが、だからといってお湯がかかるのは困る。まずは車椅子をシャワーコーナーの方へ向けてブレーキをかけ、腕の力で体を持ち上げて中腰になり、それから両手でビーチチェアのひじ掛けに掴まって前かがみになる。ビーチチェアは壁を背にして置かれているから、掴まったまま体をひねって反対を向き、腰を落としていった。こうして椅子に座ってから車椅子をお湯のかからないところへ押しやるわけだが、手が届かないほど遠くへやってしまうと後で困ることになる。これほどの苦労をしてまでシャワーを浴びる値うちがあるのだろうかとさえ思ったが、実際お湯を浴びてみたら痛む体がほぐれていく。やはりそれだけのことはあると思い直し、しっかり楽しむことにした。

「それだけのことはある」どころか、この日のシャワーは、思い出せるかぎりで最高に心地よいものだった。理由は驚くほど簡単だ。普通の浴室はそもそも、健康かつバランスも安定した人以外のことを想定して設計されてはいない。浴槽はいったん入ってしまえばさほど問題はないが、出入りはきまってひどく難しい。私の場合、体を沈めるにも、持ち上げるにも、楽なやり方などありはしない。ほとんどの浴槽はへりがひどく滑りやすいから、たとえつかまることができたとしても、あまり頼りにはできない。浴槽の中では、向きを変えるのが簡単にはいかないし、うっかり滑って沈んでしまわないため、両足をつっぱっていなくてはならない。シャワーとなるとさらに大変だ。ほとんどの浴室ではシャワーは浴槽の上に据えつけられているものだから、苦労してまたぎ越さなくては浴びることができない。床も浴槽の底だから、たいていはつるつるしているし、丸みをおびている。バランスの問題もある。たとえば私の場合だと、どこか掴まる場所が必要だ。いきおい、頼りないシャワーカーテンやタオル掛けを握ることになるから、体は片手で洗うしかないし、届かないところだって出てくる。しっかりしたところに掴まらないと前かがみにはなれず、足は洗えないのだ。かといって片足で立つわけにもいかない。とりわけ右足で立とうとすればかならず転んでしまう。足を滑らせてシャワーカーテンをむしり取り、不器用な自分に悪態をつくことも珍しくはない。どこかに寄りかかりでもしないかぎり、お湯がしみとおる快感を心から味わうことなど絶対にできはしないのだ。補装具をつけていないとたちまち脚が疲れてしまい、全身の重さが増したように感じるものだから、シャワーは本来の希望より短く切り上げるのが常だった。それでいて私は、それまで二〇年間、不平ひとつ言ったこともなければ、自分にそんな権利があると思ったこともなかったのだ……。

第7章

権力も愛も、分かちあう事は難しい

——五月二九日　月曜日

目がさめたのは八時半だった。まだ書きとめていない考察、転記していないメモ、読んでない資料、すべてになじられているような気分だった。これから会うべき人もいるにはいるが、今までに経験したことをすっかり失うのはいやだった。手中の一羽は藪の中の二羽に値する、というわけで、私は机を離れないことにした。今夜は忙しい晩になるはずだ——ヘット・ドルプで初めて、評議会の公開会議が開かれる日なのだ。次に顔を上げたときには一時間半がたっていた。これだけやっておけば、コーヒー休憩にしてもうしろめたく感じずにすむ。

ところが、行ってみたら食堂にはだれもいなかった。人に会えないのなら、出てくることもなかったのに。二杯目を飲んでいると、ピーターが入ってきた。もともと無口な男だが、今日はいつにもまして陰気な感じだ。モニカのことをきいてみた方がいいのだろうか。ふさぎこんでいるのはそのせいなのだろうか。ちょうどいいところにドーヘラたちが来て、話をきり出してくれた。一字一句聞きとることはできなかったが、だいたいは「さぞ寂しいでしょうね、ひとりですることもなくなっちゃって……」というようなことだった。からかうような口調だが、心から心配しているのがわかる。

「ま、おかげさまでやっとのんびりできるさ」という軽口に全員がほっとして、笑い声が上がった。

私は何度か中座してクラップヴァイク博士に電話をしにいった。例のごとくなかなかつながらない。しかも今日は、秘書にさえつながらない。ピーターに相談すると、ぼくの部屋からかけてみたらどうだろうと言ってくれた。すると今度は、事務所には電話が通じたものの、博士も秘書も不在だった。そこでピーターの同意を得て、彼の番号にかけ直してほしいというメッセージを残しておいた。時間がのろのろと過ぎていく。私たちはほとんどことばを交わさなかった。彼は作業台で忙しそうに働いているし、私は雑誌を斜め読みしながら、ときどきそんな彼の後ろ姿を眺めるだけ。うつろな気分だった。二人とも、モニカがいなくて寂しいのだ。私は電話を待ちながら、これまでに職員のインタビューはいくつもキャンセルされていることだし、そのどれかを改めて申しこめないだろうかと考えていた。とはいえ、今の心境ではもう、ぜひともという気はしなくなっている。私の残り時間はどんどん埋まっていく。だいいち、全員が約束を守ってくれていたら、これほど入居者たちとつき合うことはできなかっただろう。そうするうちにクラップヴァイク博士から電話があり、翌日のランチを共にしようと話が決まった。

ピーターが作業台から顔を上げた。

「今日は何をするつもり?」

「特に何も」

彼はうなずいたが、視線は目の前に置いてある腕時計から離さない。

「昼は?」

「行くよ」

私は返事と共に部屋を出たが、そのそっけない質問に笑ってしまった。気分を害するどころか、ある意味、心地よかった。友人どうしが互いを受け入れていると感じられたのだ。

自室の前まで帰ってきたら、郵便受けから大きな封筒がはみ出していた。自分でも意外なほどわくわくして封筒を破いた。出てきたのは施設の定款、絵葉書が一枚、それにマーラからの手紙だった。テーブル一面に広げたメモを前に、手には手紙を持ち、そういえば日々の書き物から抜けていたものがあったことに気がついた。ここのところノートとりにばかりかかりきりになっていたが、ふだんの私なら、毎日、大量の手紙を書いていたはずではないか。

とはいえ、これはいくぶん皮肉な発見ではあった。私はオランダに来てからずっと、あまり手紙を書かなくなっていたのだから。

こうして大量の文章を書くのは、ただ単に高揚した気分、思考の産物などを人に伝えたいという気持ちからだけではなかった。書くことは、外の世界との結びつきを強めてくれるのだ。書いていれば、自分はまだもう一つの世界に属していて、そのうちそこへ帰っていくのだと思い出すこともできるし、もしかしたら、それが心のなぐさめにもなっていたのかもしれない。封筒も、中身のすべても、宝物のように感じられた。ほかの入居者たちもそれぞれ外の世界につながりを持っているが、私にもそれがあるのだ！　外の世界にもまだ、私のことを覚えていてくれる人がいるのだ。

一時間足らずで昼食の時間だった。食堂へ行く道々いろんな人に挨拶をされるのはいつもどおりだが、この日はなぜか、みんなの挨拶がどうも状況と合っていないなと気がついた。「またね」「さよなら」「このごろどうしてますか」「だいじょうぶですよ」……。たぶんみんな、何でもいいから英語をしゃべってみたかっただけなのだろう。

昼食時の会話は、最初は旅行全般の話だったが、そのうち、私が旅行で何か不自由していないのかという話題になった。「なにか、特別に手配してもらうことってあるかい？」

またしても「不自由がある」という発想にかちんと来てしまい、思わず「そんなの、あるはずないだろう！」と答えてしまい、すぐに恥じ入ってしまった。たしかに人に持ち上げてもらわなくとも飛行機に乗ることはできるが、乗っていて体がつらくないことなど一度もなかった。補装具をつけていると脚は曲げられないから、座席の前には決しておさまらない。だからいつも通路がわの席にしてもらい、右脚は通路に出すことにしていた。座席は十分柔らかいのに、「体につけるもの」のせいで、どんな長旅でも眠ることはできなかった。ゆったり休むためには補装具をすっかり外すしかないが、正直、そんなことは考えるだけでも恥ずかしくてむりだった。

話題を変えたいという気持ちもあって、旅行中はオランダのカードゲーム「クラヴィー・ジャック」をする時間がたっぷりとれるねと言ってみた。みんなの反応は、二日前の晩、ミーケの部屋での会話とほぼ同じものだった。ゲームやスポーツに興味を持つなんて、彼らの考える「教授」のイメージに当てはまらないというのだ。それがきっかけで私は、私の考える教授のイメージに合わない扱いを受けたエピソードを披露することになった。

「アムステルダムのかなり高級なレストランに行ったら、『一時間半ほどお待ちいただくことになりますが』って言われたんだ。一時間半は長いけど、料理はうまいし雰囲気もいいし、それだけの値うちはあるんだよ。順番待ちリストに名前を書いてもらうのも順番だから並んで待ってたんだけど、待ってるあいだ、連れと研究の話をしてたせいじゃないかな、名前をきかれて何の気なしに「ゾラ教授です」って答えちゃった。そしたらボーイ長がぱっと顔を上げたかと思うと小声になって「もしかしたら、もう少し早めにご案内できるかもしれません」なんて言いだしたんだよ。で、そのまんま待合室に戻ったと思ったらすぐに手招きされてね。『すみません、これが精いっぱいでした』って。指差す方を見たら、たった今、テーブルの準備ができたところだった。ボーイ長は満足げだし、連れの女性はぼくを見直したみたいだけど、こっちはきまりが悪かったよ――ま、ちょっとだけだけどさ」。

みんなはこの話にうっとりと聞きほれているようだった。もしかしたら、それには二重の理由があったのかもしれない。私は大学教授だから丁重に扱われたわけだが、店の尊敬を勝ちえた大学教授は、障害者でもあったのだから。

続いて、だれかアメリカへの旅を考えている人はいないかときいてみたところ、今度はみんなの無関心さに驚くことになった。シュミット氏に言わせると、アメリカなんて大きすぎるし、よく知らないし、遠すぎるという。みんなの抱いているであろうもう一つの不安を、ヨス・アルトマンが口にした。

「ぼくは行きたくないな。アメリカの人ってすごく厳しいだろ。障害者に手なんか貸してくれないと思う。『自分でやれよ』って言われちゃいそうだ」

私が自分で語ったこと、説明したことの一部が、こうして私自身にはね返ってきたというわけだ。私は自分をなぐさめようとして考えた。そりゃ、ぼくの言葉も少しは影響しただろうけど、みんなも最初からいろんな情報を持っていたのだから。アメリカの映画、テレビ、ベトナム戦争、アメリカ人の観光客といった情報源のせいで、冷酷で実利主義的なイメージはすでにおおかた形成されていたのだ。私にできることといえば、せいぜい、そんなアメリカが全部じゃないよ、アメリカ人が全員そんななんじゃないよ、と反論することくらいだった。

食事が終わると、ヨスに夕食の後でうちに来ないかと誘われたが、評議会の公開会議があるからと言って断った。会議のことはだれもが知っていたが、出席するという人は一人もいなかったし、話題にすらする気はないようだった。

昨日はアルトマン氏の病気が冗談の種になっていたのと同様、今日はみんなでミセス・シュミットの事故についてからかっていた。彼女は電動車椅子をうっかり加速して、壁にぶつけてしまったのだ。みんなは見舞いの言葉を述べるどころか、車椅子は頑丈なのに壁は軟弱だと言い合っている。壁はへこんだのに車椅子は――そして人間も――無傷だったからだ。今度も落ちつかない気分になっているのは私一人で、みんなは気にしていない。これは内輪のジョークなのだ。黒人なら同じ黒人を「ニガー」と呼んでも許されるのと同じで、仲間どうしなら病人の病気を笑うことができるというわけだ。ランチタイムのしめくくりは、もう一度旅行の話題に戻った。ピーターの言葉が問題をうまくまとめていた。「旅行って、自分でやろうと思うとトラブルだらけになるんだよ。人がみんな手配してくれるのがいいよね」。このジレンマは旅行だけにかぎったことではない。私だってそうだ。お膳立てしてもらいたいという気持ちと、全部自力でやりたいという気持ちとのせめぎ合いを次から次へと思い出してしまう。なぜいつも「全てか無か」の問題のように感じてしまうのだろう。なぜ、ほどほどの落としどころが見つからないのだろう。

部屋に帰っても引きつづき考えこんでいたら、ノックの音にはっと驚いてしまった。私はいつもそうなのだが、何かに没頭しているときに邪魔が入ると気分がよくない。それに、ノックの音というのも耳新しかった。ふり返ってみれば、ここへ来てから私のドアがノックされたことはなかったのだから。玄関に向かう途中で、そういえばランフレット博士の子どもたちがアメリカの大学院について話を聞きにくることになっていたなと思い出した。

最初のうちは全員が少々固くなっていた。これは口には出さなかったが、私が車椅子を使っているから落ちつかないのだろうかとも思った。しかし、ヘット・ドルプと少しでも関係のあることを思い出したのは、これが最初で最後だった。ただ、話の中身はヘット・ドルプと関係ないことばかりなのに、こうして会話をしているという体験はまさしくドルプ的だった。この日の私は一日のうちに二度までもこの場を離れ、アメリカなり社会学者の業界なり、自分の慣れ親しんだ世界に没入していたし、それを歓迎してもいた。博士の子どもたちとの会話もやはり外界との接点であり、自分のもう一つの顔、もう一つの世界を再確認する手だてでもあったのだ。

客は二時間ほどで帰り、私はまたもメモの整理に戻った。夕食に出るしたくを始めたころにようやくその日一日をふり返り、今日はなんだか変わった日だったなと思った。いや、でも本当にそうなのだろうか。私はある意味で、村の生活のもう一つの側面——ときに孤独やむなしさに囚われる可能性——をはからずも再現し、実地に体験したといえる。これまでは毎日、過密スケジュールをこなしていたのだから。そういえば、改造室の受付係も「ここではみんな、時間はあるんですよ」と言っていた。長時間、自宅で一人ですごしている入居者はおおぜいいるのだ。思わず、自分自身がポリオで、そしてなにより事故のあとで動けなかった時期の記憶がよみがえった——自宅でただ一人、ベッドの中で本を読み、テレビを見て何時間もすごしたこと。一日はひどく長かった。アクセントになる変化といえば、予想していない、それでいてずっと待ちこがれている手紙や電話だった。それにあのころは、休むことなく時刻を意識していた。六時のニュースまであと何分だろう。だれかが帰ってきてむなしさを埋めてくれるまで、あとどれくらいだろう。そして、騒ぎもせずおとなしくしていた努力が報われる夕食までどれくらいだろう。三食のうち、いちばん楽しみなのが夕食だった。人数が多いという、ただそれだけで十分うれしい。その後の時間はやはり人数が多いし、テレビ番組はとても良いか、ひどく低俗だったりする時間だ。

もしかしたら、私のメモにはやたらと時刻の記述が多いことにも、正確に記録するという以上の意味があるのかもしれない。私は昔からずっと時間を気にして生活してきた。時間は有限なのだ、一瞬もあまさず有意義な時間にしなくてはならず、気を抜かずにしっかり意識していなくてはならないとでもいうように。でも、今になってわかった。私は単に時間を惜しんでいただけではない。時間は私の暮らしに基準を与えてくれるし、さらに、それを制御し、意義までも与えてくれる。書きこみで埋まった小さな黒い手帳は、今は毎日がからっぽではなく、過剰なまでに充実していることの生きた証拠だった。

自分までがこうした証拠をほしがっている、外の世界とのつながりを必要としているなんて、どうも座りが悪い気がした。だいたい私はたった一週間滞在するだけではないか。以前は動けなかった経験があるといっても、ここの仲間たちの経験にくらべたらたいしたことはない。その期間の長さがどうとかいうより——最初は九か月、次が一年——当時の私は、それがいつかは終わることを知っていた。村の仲間たちにとっては、楽観的に見てもそんな見こみはほとんどない。ほとんどの人にとっては、考える値うちさえないことなのだ。

夕食はいつもと同じ六時だった。この日初めて、世界情勢が話題にのぼった。話はほどなく選挙ジョークへと移り、それからアメリカのお笑い一般の話になった。こうなると私の守備範囲だ。テレビが彼らと私をつなぐ架け橋であり、私は思いがけなく現れた「アイ・ラブ・ルーシー」の専門家というわけだった。ここでもまた、大学教授がそんなことを知っているなんてイメージに合わないらしかった。この長寿ホームドラマで好きだった回について語り合ううち、話はたちまち脱線して性的なジョークのやりとりになった。私には理解できないものがほとんどだったが、大体は一行ジョークで、たとえば「アダムにとって一番いい季節はいつ？」（「秋。葉っぱが落ちるから」）とか、「イヴにとって一番いい季節はいつ？」（「春。葉っぱを新調するためショッピングに行けるから」）といった調子だった。その場の雰囲気があまりにもオランダらしくないことには驚かされた。オランダに来て以来、この数日ほど性的なジョークを聞いたこともなければ、互いに体をさわり合う姿を見たこともなかったものだから、どうにも落ち着かない気分になってしまう。

夕食が終わると、ミーケに今夜会うという約束はまだ有効かどうかきかれた。みんなと同様、ミーケも会議に出席する気はまったくないらしい。彼女は就寝時間が早いし、マルレーネとも仮の約束をしてあるしで、困ったことになった。ミーケもそれを感じとったらしく、今すぐはどうかという。ミーケの部屋に入ると、彼女はすぐにテレビをつけて、何が見たいかと訊ねた。私は深く考えずに映画はどうだろうと答えた。ところが、ミーケは映画の内容にはほとんどついていけないのだという。彼女は恥ずかしがりもせずはっきり説明してくれて、恥じ入るのは私の方だった。そう言われてみればミーケは、ミュージカルや論説番組など、耳で聞けば理解できる番組をよく見ていたはずだ。私の失言に二人で苦笑いし、結局、「トップ・ポップ」を見ることになった。オランダでよく売れているレコードを取り上げる番組である。彼女が飲み物を用意しに中座している間、私は祖父とテレビのことを思い出していた。祖父は音声を聞くことができないが、出演者の表情や動きを見ているだけで十分楽しいと言っていた。

ミーケは飲み物を出すとソファーに横になった。夕食のあとはこうして体を休めることにしているが、寝てしまうわけではないのだという。

それを聞いて、私も遠慮せずに質問することができた。

「そのさ、大祭のときにあれっと思ったんだよね。君が車椅子に乗ってるところなんてそれまで見たことがなかったし、ここの部屋にも置いてないでしょ」

するとミーケは、先天的な脚の変形のせいでこわばった歩き方しかできないことをていねいに説明してくれた。

「長い距離も何とか歩けるんだけど、下りの段差を降りるときとか、地面に凹凸のあるところだとバランスが保てなくて」

私にも覚えのある話だった。私の場合は斜面だとか、傾斜のある地面が苦手なのだ。

「だから、出かけるにしても、だれかに案内してもらったり、手伝ってもらったり、車椅子を押してもらったりしないと行けない場所がいっぱいあるんだよね」

ヘット・ドルプで友人と一緒のときは、友人には単に道案内を頼むだけのことが多い。

「後ろに回って車椅子を押せばいいもの。車椅子って安定がいいから、バランスの補助にもなってくれる」

私もスーパーで同じことをしている。店内では杖は使わず、カートでバランスをとるのだ。ところがアーネムの町に出ると選択肢がひどく限られてしまう。「舗道には縁石もあるし、路面もちゃんと平らになってないから、車椅子を押してもらう方が楽なのね。でもそうなると特定の人たちに依存することになっちゃうから、それが楽じゃない」彼女の生活は、予約また予約の連続になってしまった。買い物に出る、通院する、コンサートに行く、どれも急に思い立ってというわけにはいかない。急にどころか、そうした外出はどうしても定期的な予定になりがちで、しかも知り合いの数も限られているため、いったんパターンができてしまうと代わりの人を見つけることもなかなかできない。

「通院にいつもつき添ってくれていた女の子がいたんだけどね。とてもいい人だし、通院は二週間に一回だから、すごく大事な関係だった。でもその子がこないだ自動車事故に遭っちゃって、だれかほかの人を見つけなきゃならないわけ。職場にも親切な人が一人いて、私の両親が住んでるネイメーヘンになら、いつでも好きなときに連れて行くよって言ってくれてる。ほんとにいい人でね。お子さんが八人いるんだけど、ご自宅で夕食をごちそうになったこともある」

最初のうち私は、この事前の手配という問題は自分に関係ないと思っていた。しかし、そうならないように自分であらかじめ周到に準備していたからにすぎないと気がついた。オランダに来るとき、私は自分専用の車を確保する手はずを整えた。私の場合は自分の車を持つことで自立を確保し、ミーケがこれほど求めている「事前手配いらずの生活」を手にしたのだ。私も車がなくなれば、たちまち彼女と同じ境遇に陥ることとなる。ほかのだれかの予定に左右されることになり、腹立ちや欲求不満を感じ、ときには、ずっとこれが続くのではないか、だれかに頼る立場になってしまうのではないかと怖くなることさえあった。

玄関の呼び鈴が鳴った。ミーケの女友達のバブズだった。この人には二回会ったことがある。最初はどこかのオフィスの受付係として、次が先日の大祭だ。私が覚えていると言うと彼女はひどく意外がり、なんだか面はゆそうにしていた。私たちはみんなで「トップ・ポップ」の続きを聴き、歌詞についてジョークを飛ばした。バブズは私に直接話そうとせず、ミーケに通訳を頼むのだった。ミーケの説明によると、バブズはあまり英語がわからないが、来年はちゃんとした教室に通って習おうかと思っているそうだ。私は、それでもぼくのオランダ語よりはずっと上手なんじゃないかなと言って笑った。よくあることだが、彼女もきっと「例の大学教授」の前でつたない英語を話すには気おくれしてしまったのだろう。一方、ミーケとバブズは私のオランダ語も自分で言うほどはひどくないと言っていた。何だかんだ言うけど、歌を聞いて歌詞がわかってるじゃないのというのだ。こうした一連のやりとりを通して、私の理解は視覚的な手がかりにかなり依存しているのだなあと自覚することになった。評議会の会議に出かける時間になったので私は中座し、今週中にまた会えるといいですねと言った。

すぐに気がついたことだが、わずか数日だというのに距離感覚がすっかり変わっていた。会場はスーパーのすぐ向こう側の礼拝堂で、以前はひどくつらかった距離だ。それが今日は晴れた晩だし、坂をのぼるのも驚くほど楽だった。ただ、あまりにも静かなのだ。楽しみだったはずなのに、嫌な予感がしはじめていた。仲間たちにはなぜ、行きたいという人が一人もいないのだろう。私はなぜ、行きたくない理由をきいてみなかったのだろう。みんなの返事が怖かったのだろうか。今、こうして建物に入る段になってもまだ、これから何が起きるものやら予想がつかなかった。今日の集まりは公開の運営会議で、運営に関するさまざまな問題や意志決定の過程などについて入居者たちにも知ってもらうことが目的だという。しかし、そんな当たり前の話なら、なぜ長らく延期されていたのだろうか。そしてなぜ、ここまで関心が低いのだろうか。

礼拝堂は大きく広々した場所で、ときどき宗教行事以外にも使われていることは一見してわかった。室内は集会のためにしつらえてあったが、ぱっと見た感じでは、公演か何かの会場を思わせた。一二人ほどの委員と数人の職員から成る評議会は全員が一段高い演壇に陣どって、会衆席と向かい合ったテーブルについている。演壇の左隣には折りたたみ椅子が一〇列ほど並べられ、座っているのはほとんどが職員だった。数えてみると四〇人近くいる。主に若い女性たちだし、知った顔も何人かいたことから、ほとんどはドーヘラだろう。中央から右側にかけては車椅子が何列にも並び、全部で五〇人ほどの入居者がいた。みんなすき間なく詰めこまれていて、「さりげなく逃げ出す」のは難しそうだ。どんな活動にせよ、ちょっと出席するだけでここまで束縛されてしまう集まりがあるだろうか！　単に動きにくいというだけでなく（介助の必要な人ならなおさらだろう）、いったん来たらずっと帰れないというプレッシャーは多大なものだった。出ようと思えば人の協力が必要だし、どちらにしても目立たずに帰ることはまず不可能だった。「健常者」だって、劇場のような場所ではどうしても人の前を横切らざるを得ず、謝りながら出入りすることになるが、この会場だと、途中で帰ろうものならちょっとした交通麻痺を起こしてしまう。むしろ、ぎゅうぎゅう詰めの駐車場で車を動かすのに似ている。一台を動かすには、何台もにあちこち引っ越してもらわなくてはならない。それがわかるだけに私は意図的に最後列を選び、しかも、少しでも端に近いところに陣どった。

プログラムの構成も、嫌な予感を解消してくれるものではなかった。ようこそご出席くださいました、この公開会議は記念すべきもので将来も記憶されるでしょう、という簡素な開会の挨拶が終わると、映像と音声を使った発表が始まった。内容はドーヘラの作業について調べた時間研究で、それがおよそ七五分も続いた。報告は長く、表や数字、絵などがごてごてと使われており、私はしだいに呆れながら座っていた。発表者はひたすらだらだらと話し続けている。なんと、彼は正規の職員ですらなく、この研究を行うよう委託された外部の人間だという。私ももっと身を入れて聞こうとは思ったのだが、いかんせん内容がおもしろくない。しかも、漫画や効果音を使った表現を見ているうちに、だんだん馬鹿にされているような気さえしてくる。物事を変えるのはこんなに大変なのです、といった陳腐なことを表現するのに、無敵の軍隊が動かない物体に衝突する絵を出してくる。私なら、五歳の息子にだってこんな説明はしない。評議会は出席者をそんなレベルだと見なしているのだろうか。わざわざここに来るような人といえば、入居者の中でも特に知的で、しかも意欲的な人だろうに。私はまわりの参加者たちを見回してみた。みんな無言で座っている。なぜ途中で口をはさまないのだろう。プログラムを読み直してみると、私のつたないオランダ語が正しいなら、来場者が途中で報告を遮ってはならないという禁止事項がはっきり書かれていた。やっとのことで報告が終わったが、ただちに質疑応答に入るのかと思っていたら、コーヒー休憩だという。ここでわざわざ流れを断ち切るとは、心底驚いた。この状況でコーヒーなんて、じゃまなだけではないか。しかも、コーヒーは客席に配られるのではなく、別室へ受け取りに行けという。もしかして、何もかもがたちの悪い冗談なのだろうか。私たちのために「足を伸ばす」時間をくれるとでもいうのか。車椅子をくるりと返してみても、感じるのは重苦しい空気だった。この機に乗じて出ていこうとする入居者が何人かいたので、私もあとに続いた。ヘット・ドルプに来てから帰るまで、身体的にも精神的にもこれほど苦痛だったことはない。とにかく、爆発してしまわないうちに出ていくしかなかった。それ以外の選択肢などないような気がした。訪問客の身では、こんな人前で意見を言う権利もない。それに、たった今目にしたことについてちゃんと考える時間も持ちたかった。

外に一人で座っていたら、直接的な身体の苦痛は解消されたが、憤りは消えていかなかった。なんだか「騙された」ような気がする。同時に、自分の無力さも感じる。騙され、力を奪われるといえば、入居者ならだれもが何より恐れていることではないか。ここまで腹が立ったのも、あるいはそのせいなのかもしれない。この会議をとても楽しみにしていただけに、今ではすっかりしょげてしまった。事務局に対し公正を期すために言っておくならば、今回のことだってたぶん、入居者を遠ざけようと意図的に行なったものではないのだろう。そしておそらく、住民の参加を拡大していこうという最初の一歩を、たしかに残すことはできたのだろう。

でも、ほかにどんな解釈があるにせよ、この会議は、「向こうがわ」からの視点では問題がなかかなかきちんと理解されないということを改めて示すものだった。集会の体裁はごくありふれたものだったが、聴衆の積極的な参加を望むなら、これほど不向きなやり方はなかった。もしかしたら、開催できたのは入居者の評議員たちの手柄だったのかもしれないが、たとえそうだとしても、そんなことは救いにならない。やっぱり評議員たちは事務局の考え方に取りこまれてしまっているのだなと思うだけだ。

思考が加速すると同時に、車椅子も加速していた。マルレーネとの約束は「もし会えたら」という不確かなものにすぎなかったが、今の私は、彼女に会えることを切実に願っていた。九時少し前に着いてみると、マルレーネはいるにはいたものの、私を見て意外そうな顔をした。「思ってたより早かったじゃない。なんでそんなにきげん悪いの？」

自分自身がちょっと腹立たしかった。マルレーネとのデートをあんなに楽しみにしていたくせに、会議のせいで心を乱されてしまったなんて。気がついてみたら、片手には飲み物があって、モーツァルトの何かが流れていて、私は怒りをぶちまけていた。ところがマルレーネは賛成してくれるどころか、私の考え方に疑問をさしはさむのだった。

「あなたは事務局に厳しすぎるっていうか、無理言ってるんじゃない。だって、ここの住人って能力の低い人も多いんだし」

まるで耳の悪い人に言うみたいに、「ちがう！」とどなってしまった。

マルレーネは私の抗議の叫びなど歯牙にもかけず、実例を挙げはじめた。政府の新しい障害者向け補助金について事務局が説明を試みたが通じなかったという話を、かなり詳しく語ってくれる。腹立ちもあらわに、彼女はこう言って話をしめくくった。

「かなりの部分は、子どもに言うみたいに説明するしかなかった。それもまだ、わからない人だっていたんだから」

私にはただ、うなずくしかできなかった。こうしたすべてがきっかけで、私の心のもっと深いところで何かが揺り動かされていくような気がした。

マルレーネは相槌を待つように私を見ると、こう言った。

「もう聞いてると思うけど、ここには、本来ならいるはずじゃない人が本当におおぜいいるんだから――たとえば、頭のおかしい人とか！」

「そういう人たちは入所を許可しないはずじゃないの」

「そうかもしれないけど、でも実際いるんだもん。大祭へ行く途中、ずっといろいろひどいことをしゃべってる女の人がいてね。どなたとお話しなさってるんですかってきいたら、『だれも』って。ああいう人がここに来てるなんておかしい。まちがってる！　そういう人たちだけじゃない。かなりのお年寄りで、ずっと施設の生活しか知らない人たちがいるんだけど、この人たちがすごく困りものでね」

そして彼女は、力いっぱい首をふった。

「その上、本当はたいした身体障害がないのに、ほかに行く先がなくて来てる人までいるんだから」

私は口をはさまなかった。一つには、彼女にがっかりしたせいもある。畜生、どうして彼女まで、一般社会の差別主義者とそっくりのことを言うんだろう。それに、たとえ中には能力の低い入居者もいるにせよ、だからってなぜ一番下のラインに合わせなくちゃいけないんだ。今夜のプログラムなんて、知的レベルの高い入居者に対しては侮辱でしかなかった。だって、彼らは知的障害者ではないんだから！　考えれば考えるほど怒りはひどくなってくる。今夜のどれもこれも、運営のために必要だったという気さえしない。そもそもこれだけ多くの職員を抱えているのは、一人一人のニーズに合った介助を提供するためではないか。この理念は、身体的、物理的な作業にはやすやすと反映させることができた。それがなぜ、感情や知性に関する課題には反映できないのか。

しかし、明らかにこの問題にはもう一つの側面がある。もしかしたらわれわれ障害者は、よくわからないがいろんな理由から、沈黙することで、受け入れることで、黙認することで、こうした待遇を助長していたのかもしれない。一方職員の方でも、自分たちと入居者とのへだたり、自分たちには埋めるどころか、ちゃんと理解さえできない溝のことはいやというほど意識していて、だからこそ何もしないよりはと、せめて自分たちのわかる基準で仕事の方針を決めてきたのかもしれない。

私の怒りの波が退いてくると、それにつれてマルレーネの声の調子も変わったのが聞きとれた。村での生活について、とりわけ、特に親しい何人かの人について話しだすと、人を引きつける魅力的な声になった。そういえば思い出す人がいたので、たずねてみた。

「こないだいっしょにいた男の人とは仲がいいの？」

もしかしたら、私の口調は、自分で思っている以上に意味ありげに響いたのかもしれない。

「いったいどの人のこと？　男の友だちなんてたくさんいるもん」

このときの私は絶対、赤くなっていたはずだ。「えっと、あの、背の高い人。ここの住人じゃない人だよ」私にはどうしても「健常者」と言うことができなかった。

彼女が「村外の彼氏」について話しているうちは、つまり、容姿がどうだとか、二人で一緒に何をしたかとか、彼にも困ったところがあって、といった話をしているうちは、私も半分聞くとはなしに聞いていた。ところが、相手について本格的に不平を言いだしたところで、がぜん好奇心がわいてきた。彼女は顔をしかめて言う。

「あそこまでつきまとわないでくれたらいいんだけどね。ヘット・ドルプに来たら、ずっと私のそばを離れないんだもん。友だちと会うから出かけるって言ってるのに、それでも来ちゃうこともあって。みんなもだんだん怒り出してるくらい」

「なんでだろう」

「ヤナのことがあったからじゃないかな。こないだウィレムが帰ってから、ヤナに言われたんだよね、あの人どうしてあんなにしょっちゅう来なきゃなんないのって。『私、来なければよかった。余りものみたい、おじゃま虫みたいな気分になっちゃう』って言ってた。私には理解できないな。本当のところは、ヤナが嫉妬するようなことなんてないのに」

二、三時間前のミーケとの会話を思い出すと、マルレーネの言い分はひどすぎやしないだろうかという気もした。そこで私は、予定を調整して人と約束をとりつける大変さについてミーケが言っていたことを話した。

「きっと、友だちづき合いでも同じことがいえると思うんだ。見た感じ、ここでは新しい友だちを見つけるのはすごく大変そうだし。そんな中でやっと友だちができて、その相手にたっぷり精神的な投資をしてしまったとしたらどうだろう。せっかくの友だちと離ればなれになって、会えなくなるかもしれないって思ったら、そのヤナさんみたいに不安になるのも当たり前じゃないかな。何といってもウィレムは男の人だもの、いつだって結婚っていう可能性があるわけだから」

一瞬、言いすぎただろうかと思った。彼女がいきなり背筋を伸ばした。沈黙がひどくこたえた——といっても、本当はわずか数秒のことだったのだが。やっとのことで彼女がやさしく笑ってくれて、張りつめていた体から力が抜けた。気持ちがゆるんだ勢いで、私は思わず相手の方へと身を乗り出した。この人はなんだかつらそうだなと感じたときのいつもの癖なのだが、今回は椅子ではなく、車椅子に座っているのを忘れていて、あやうくつんのめりそうになった。大ごとにはならなかったが、おかげでさらに緊張がほぐれることになった。マルレーネはまたもにっこり笑って、大丈夫よと言った。大丈夫というのは、私が転びかけたことだろうか、それとも、私の質問のことだったのだろうか。

背もたれにもたれかかると、彼女は語りはじめた。

「最初のうちはたしかに愛してたし、今でもときどきは好きだって感じるんだけど、でも、彼とはただの友だちでいると思う。好きなときもそうじゃないときもあるなって言ったら、ヤナはそんなのどうかしてるって。そんなこともあるもんじゃない？　ヤナはわかってない。だって、私には将来なんてありっこないのに！」私はまたしても、ひどく落ちつかない気分に襲われた。こちらが相槌など打たずとも、マルレーネはどんどん話しつづける。「私だったら、友だちのだれかが遊びに来てるときにそんなこと思わないのに。その子が婚約中だろうと何だろうと。私は嫉妬なんてしない。幸せになってくれたらうれしい。自分に将来がないことくらい、ちゃんとわかってる。それにウィレムとも先は見えないってことも。あの人、問題だらけだもの。でも、どうするのがいいのかわかんなくて。向こうは私を必要としてる。ただ終わりにして、もう来ないでと言ってすませるわけにはいかない。それに、やさしくしてくれるし、一緒にあちこちお出かけもするし、楽しいことも多いし。そのね、何ていうかこう……」彼女はぞっとするような分析を口にした。

「彼って、よくいるタイプでね。目に見えない障害があるってやつ！」

その男性の見えない障害というのがどんなものか、彼女はかなり詳しく説明していたが、私はほとんど聞いていなかった。そんなことより、彼女の自己イメージのことばかり気になっていたからだ。

彼女は「同じ障害者でも、男の人の方が楽でしょ」と言う。

「男の人なら、世話をしてくれる女性を見つけることもできるけど、障害のある女をほしがる人なんてどこにいる？　男の人が求めてるのは健康な女性。家事ができて、ごはんを作ってくれて、何でもやってくれる人でしょ」

私は「それは違う！」と叫びたかった。いっそ彼女を抱きしめて、そんなことはない、マルレーネはきれいだもの、だれか見つかるよと言いたかった。でも、なぜか言えなかった。そして、たぶん言えなくて正解だったのだろう。どうも私は、彼女以上に不安になっているようだった。震えているのは私の方だったし、彼女は私の半分も動揺していないようだった。それに、自分という人間の値うちについて、私の説得など求めているふうでもなかった。もしかしたら、自分の対人的な可能性については、私などより彼女自身の方が現実的な把握ができているかもしれないではないか。私だって、彼女の言い分にも一理あることくらいはわかっていた。私自身も障害のある人間として、かつては恋愛について同様の問題をかかえていた。興味深いことに、私が主につまずくのはデートを申しこむ段階でもなければ、デートそのものでもなかった。相手の女性が問題になるのでもなかった。同じ女性と二度めのデートをしたとたん、ほぼ例外なく、相手の両親が心配しているという話を耳にすることになる。心配というのは私の稼ぎから寿命、果ては「結婚に伴う責任」に至るまでいろいろだった。こうなったらもう、診断書でも持ち歩いた方がいいんじゃないかと思ったこともある。それはそれでやっかいだったとはいえ、女性たちの苦労にくらべたら何でもなかった。私は男だから、自分から声をかけることができる。だが女性は、少なくともウーマンリブ以前には、誘われるまでじっと待っていることになっていた。マルレーネやミセス・ヘンドリクスの言うとおりだ。健常者の男性が障害のある女性に交際を申しこむのは、その逆のケースよりもはるかに大ごとなのだ。ここでは、西洋の男女交際における能動・受動の約束ごとが大きくものを言うことになる。

徐々にわかってきたことだが、こうした分析は、思っていた以上に私自身にも関係あることだった。

私も、少なくとも無意識では、外の世界の考え方の多くを共有していた。私が自分を「健常者」に含めて考えていた。障害のある友人は一人もいない。障害のある女性どころか、重い病気の女性とも交際したことがない。それに気づくと恥ずかしくなってしまった。でも、マルレーネが元気づけてくれた。

「心配しないで。湿っぽくなんないでよ、平気なんだから。私も、だからってそんなに落ちこんだりはしてないし」

私は口もきけなかった。すっかり立場が逆転してしまったらしい。彼女は私よりはるかにたくましく見えた。それまでかすかにいだいていた同情のようなものは、すっかり消えていた。残ったのは感嘆と、しだいに愛に近づいていく何ものかだけだった。彼女を抱きしめたかったが、それにふさわしい瞬間などなかった。たとえあったとしても、もう過ぎ去っていた。彼女にも抱きしめてもらいかったが、そんなことは考えるのも無理という気がして、口に出して頼むなんてなおさら不可能だった。

もしかして私を元気づけようとしたのだろうか、マルレーネは話題を変えて、自分にも現実に考えうる未来について語ってくれた。

「かならずしも一生ヘット・ドルプにいるとはかぎらないよね。いつか、出て行ける日が来るかもしれないでしょ。ネイメーヘンだったかユトレヒトだったかに、障害者のコミューンがあるって話も聞いたことがあるし。よくは知らないけど、支援者もいっぱいいるみたい」

その話を聞いて、『愛しているといってくれ』という小説を思い出した。三人の障害者がみんなで家を建てたという物語だ。この実験は結局はうまくいかなかったにもかかわらず、たしかにささやかな希望を見せてくれた。私はこの話をしてみた。

「そうだね、それは私にとっても夢だな。女どうしでいっしょに部屋を借りて、共同生活ってのは本当にやってみたい……そんな日が本当に来るかしらねえ」

私は黙って片手を伸ばし、彼女の手に触れてみた。手は私の手の中にすっぽりとおさまり、とどまってくれた。少しずつ、互いにことばもかわさないのに、手先と手先とに力がこもった。もう、帰る時間だ。玄関へむかう間も、二人はある種の無言のコミュニケーションとして手をつないでいた。とはいっても現実には、少し進むごとにいちいち手を放して車椅子を漕いでいたのだが。車椅子で移動しようと思うと、どうしても両手がふさがってしまうのだ。まったくもう、なぜこういったささいなことが、いちいちこうも複雑になってしまうのか。それでもマルレーネのリードのおかげで、私もせっかくのチャンスをぶち壊しにせず、彼女の手におやすみのキスをすることができた。

自室に帰る途中、私は止まって空を見上げた。雲一つない、一面の星空だ。何たるロマンチストだろう！　考えごとをしたって、頭なんてまとまらない。ただ、何もかもが手にあまる感じで、気持ちが昂ぶっているだけだった。

後ろで大きな声がして我に返った。ヨハンだ。これまでにも何度か会ったことがある。私とほぼ同い年で、アメリカに一度行ったことがあるという。「寝酒でも一杯どう」と言って笑う。

「どう見ても、クールダウンが必要って感じだぞ」

「そんなに顔に出てるかな」

「出てるさ、恋ゆえに気がふれちゃったみたいな顔だよ」

私はマルレーネと別れてきたところだと白状した。

「すごい美人だよね。あんな人と会ってたとはうらやましいなあ」

私は相手の意図を読みちがえて、過剰反応してしまった。

「別に、何もしてないってば」

このとき私は、自分はマルレーネとの噂が広まることを望んでいないのだと自覚した。

「きみたちアメリカ人はふつう、自分はこんなに征服したぞって自慢したがるのかと思ってた」

その口調にかすかなトゲがあるのがはっきりわかったが、そのせいもあってか、話はちがう方向へそれていった。

「もしかしたらぼくは、征服とか、そういうのはもういいかも」

今度は彼の方が誤解したらしく、ちょっと心配そうにたずねてきた。

「あ、やりにくいのかい。いろいろ、できないことがあるとか」

最初はろくろく考えもせずに「もちろん、そんなのないさ」と口走ってしまったが、すぐに軌道修正をした。

「いや、正直に言うと、いろいろあるんだ」

私はこれくらいにしておこうと思ったのだが、先方はちがった。

「たとえば」

この種のことを人に話すのも生まれて初めてだったが、ちゃんと考えるのも初めてだった。

「たとえばさ、だんだん気分を盛り上げて、これからっていうときに、頭で計算しないで好きに動くっていうのができないんだよね」

そう言って私は、せっかくセクシャルな気分になっても、それが動きに反映されないもどかしさを説明した。

「補装具をはずして服を脱ぐわけだから、色っぽく、さりげなくというのは絶対無理だし、手早く脱ぐことさえできない。まあ、だれかに脱がせてもらうっていう空想はずいぶん楽しんだけど、現実の世界じゃ気安く頼めたことなんてないよ」

「ってことは、素早く逃げだすのも無理だな」

「できないできない！」

そう言って私は、とりわけ悲惨に終わった大冒険の物語を大喜びで披露した。自慢話に聞こえないかなとも思ったが、たとえそうだったとしても、ヨハンは指摘したりはしなかった。そして、ほとんどなんの前触れもなしに最重量級の質問をぶつけてきた。

「したいときはいつでもできるの」

私は思わず唾をのみこんだ。「そうだねえ」と言うと、落ちつきなくくすくすと笑った。

「ポリオになった日からずっと、それを心配してたよ」

「どうして」

「勃起するのにものすごく時間がかかってたし、イクにはそれ以上に時間がかかったんだもの」

「で、今は」

大きくため息をついて、私は答えた。

「立たなかったこともあるんだけど、たいがいは『興奮』が足りなかったってことで説明できた。ふだんからつき合ってる人が相手のときは、困ったことはないように思うし」

そのときふと、「あなた淡白すぎるのよ」となじられたことを思い出したが、ヨハンが次々と話を振ってくるおかげで、いやな記憶にひたる暇がなくてすんだ。

「それで怒られたりはしなかった?」

「『それ』って?」

「できなかったせいで」

「まあ、そんなには。運がよかったんだろうな。これさえあれば」と言って私は指や舌をいたずらっぽく動かした。「なんとかなってたものさ」と言った。

「そうかあ」

ヨハンはまだまだひるまない。

「できない体位とかはないの」

まだ質問することが残っていたなんて。こんなことを話している自分も、この状況もなんだかおもしろく思えて、笑ってしまった。

「そうだなあ、珍しいことを試してみようなんてのはずいぶん昔にやめちゃったし」

「そうなの？」

「もちろん、立ったままじゃ何をやるのも楽じゃないし。相手を持ち上げたりとか、そういう元気なのもやったことはないし。椅子の上とか、狭い場所でってのもうまくいったことはない」

彼はうなずいて、続きを促した。

「正常位はまあ大丈夫なんだけど、体重を支えるのが脚じゃなくて腕なもんだから、手がふさがっちゃって何にもできないんだよね。ぼくなんかはウーマンリブのおかげで得になる口なんだろうな。自分が上になるのが好きって女性が増えているみたいだし。いろんな意味で、あれが一番楽なんだよね」

かすかな皮肉と嘆きをにじませてヨハンが言った。

「そんな苦労をしてみたいよ。ぼくにも一番楽な方法があったらいいのに」

私はすっかりいたたまれなくなってしまった。さんざん食い下がってすべてをきき出そうとしたのは彼の方なのに、それでも申しわけない気分だった。

「ここまでしゃべっちゃう気はなかったんだ。今までだれにもきかれたことがなかったし、長年のあいだにいろいろたまってたんじゃないかな。そのふたをきみが開けちゃったってわけだ。ぼくの話が気に障ったんなら悪かったよ」

さっきからほとんど目を伏せていてヨハンを見ていなかった私だが、顔を上げるとやさしくこちらを見ている彼と目が合って、思わず安堵の息をついた。

「ヨハンにとっては、セックスはきっと楽じゃないだろうね。それ以前に、そもそもきみは……」

「そう、その通り。今じゃ、できることはあんまりないんだ。話すだけでもつらいよ。元気なころは悩みひとつなかったのに、それが今じゃ……」

彼の「今」とは、両脚はまったく使えず、腕と手は少しは動くというものだった。手は動くには動くが、力はほとんど入らないようだ。おそらく、脊髄損傷のほかに何かが重なっているのだろう。彼は昔の性体験も語ってくれたが、今目の前にいるのは現在の彼なのだ。「自力では何もできなくて、マスターベーションさえできない。どうすればいい？」そう言って彼は、次々と質問をぶつけてきた。私には答えられなかったが、もしかしたら、そもそも答えてもらうつもりもなかったのかもしれない。

「どうやって頼めばいい？　一度は頼んだとして、同じ人にまた頼める？　相手の人はどんな気分になるんだ？　頼んだ人のことをどう思う？　ほかの人にはなんて言うだろう？　そして、もしその人に見捨てられたら、その後は？　別の人とまた一から始めるのか？」

聞いていて、同時に二つのことを考えてしまった。ある部分では、私が彼の立場だったらどうするだろうと思いながら、別の部分では、自分が頼まれたらどうするだろうと思っていた。もし頼まれたら、多少どぎまぎはしながらも、おそらく引き受けていただろう。でもそれは、少年時代に、やはり思春期の少年と互いの性器を刺激し合ったときとはまったく別種の経験になりそうな気がする。当時のあいった行為は、単に手技だけが目的だった。しがらみも約束もなければ、思い入れさえなかった。それに、大人にばれたら困るなとは思っても、罪悪感はほとんどなかった。でも、今の私は大人だ。同性愛をどう思うかという問題はとりあえず保留するとしても、こちらはどんな感情を表明すべきなのかが心配だった。こっちも楽しかったふうにしていればいいのか。嫌悪感がなかったと伝わればいいのか。そして私は、常に彼の指示を待つべきなのだろうか。してほしいかどうか、こちらから水を向けた方がいいのだろうか。ヨハンが女性だったら、そのうちのいくつかはさほど難しく思えなかったかもしれない。相手が女性なら質問もしやすいだろうし、自分も楽しむ気になれたと思う。セックスには本来、性差別的なところがあるからな、と私は思った。その一方、ヨハンにかぎらず相手が男性の場合、私の態度も感情も、頼まれる行為の種類によってちがってくるだろうなとも考えた。手を使うマスターベーションの方が、口と性器の接触よりずっと気楽だし、引き受けやすいだろう。さらに、ややこしい思考にまだ飽き足りないのか、向こうの立場からも考えてみた。彼の側にも、自分以外の人間を触りたい、感じたい、愛したいという関心や願望があるかもしれない。大変だ、もしそうだとしたら、身体的にも精神的にも、私にとってはどれほどの負担になることか。

二人ともくたくたに疲れ、いろいろ告白してしまったのがちょっと恥ずかしくもなってきた。ヨハンは黙ってしまい、私も話をどう続けたものかわからなかった。二人とも帰ろうとして動きだしたとき、私はただ、「わかったような気がする」と言うのがやっとだった。

「そう」

「だといいんだけど」

二人の車椅子の距離が縮まり、私は手を伸ばして握手をした。弱々しく、ほとんど麻痺しているといっていい手だったが、私はそれを自分の手で包みこみ、そっとにぎった。

「ありがとう、話を聞いてくれて。それに、ぼくのことを信じてくれて」

彼はうなずいたが、何も言わなかった。

玄関を出ると、残りの道のりはせかせかと進んだ。今日は今までで一番消耗する日だった。もっとも、同じことは前にも言ったような気もするのだが。眠りはすぐに訪れた。それと同時に大量のイメージも襲ってきたが、鮮明なものは一つもなかった。私は体を触られ、愛撫され、ほとんど揺さぶられんばかりだった。それに対して私もまた、両腕を差しのべるのだった。

第8章

立っているか座っているか、それですべてが違ってくる

——五月三〇日　火曜日

朝食どきは平和そのもので、少し目立つことと言えばピーターと私がサービスについてさほど真剣でもなく不平を言っていたくらいだった。三〇分ほど何もすることがないので、私はピーターの部屋へついて行った。今日の予定はもう決まっているとかで、ピーターは部屋に着くなりタイプライターの前に陣どり、書きかけの手紙の続きを打ちはじめた。それでも、私がクラップヴァイク博士に連絡をとらなくてはならないことは承知していたから、電話をベッドに置いて（まるで私の自立をうながすかのようなしぐさだった）、「電話は勝手にかけていいから」と言ってくれた。

電話してみると、クラップヴァイク博士は約束の時間に来られないとわかった。またしても理由はもっともなもので、体調不良に加え、急に自宅の修理が必要になったという。博士は秘書を通じて、「少しでも困ったことがあったら、手紙一本書いて。解決してあげますよ」と言ってきた。続いて秘書に、なにかお困りのことはありませんかときかれ、私は笑って「ありませんとも」と答えた。

この日の始まりとして、何と象徴的なエピソードだろう。数分後には本部の職員にインタビューする約束になっているのだ。今度も寸前になってキャンセルされるのだろうか。早くもアドレナリン濃度が上がりはじめる。相手のことを好きになれないかもしれないという心の準備もしておく。一つには予約を取りつけるのにひどく時間がかかったから。もう一つは、この善意による圧政の代表者として私に会うのだから。そんなわけで気分が憂うつだったので、ピーターに幸運を祈ってもらってから本部の建物目ざして出発した。着いたのは予定の数分前だった。なんとも腹立たしいことに、行ってみるとだれもいない。廊下を行ったり来たりしていると、隣の部屋にいた男性職員の目にとまった。「なにかご用ですか」と言うその態度を見ると、自分のような闖入者は歓迎されていないのだなとわかる。

「ハンズさんに会いに来たんですよ」私はきっぱりと言ってやった。

「変ですねえ。ハンズは一〇時にならないと来ないはずなんですが。アポはとってます?」

どうも疑っているという口調だ。

「とってますよ!」

私もかなり憤然と言い返した。勢いに驚いたのか、職員は失礼、と言って姿を消してしまった。入居者に偉そうにされてむっとしたのにちがいない、と思った。

それにしても、三〇分も遅刻とは! 畜生、どいつもこいつもどうなってるんだ。

ところが、私がやきもきする暇もなく、くだんの職員がぺこぺこ謝りながら戻ってきた。

「ゾラ博士、たしかにお約束してありました。ハンズもすぐに参りますので」

そう言われても、完全には気がおさまらなかった。あの男の口調が変わったのは、私の肩書きのせいだろうか。肩書きのない闖入者を追い返すのがあいつの仕事なのだろうか。

それでも目の前にはさしのべられた片手と、にこやかな顔がある。

「不手際をおわびします。こちらです、お先にどうぞ」

しかもこの人は、ちゃんとわかった上で、私の車椅子を勝手に押さないようにしている。背が高く痩せ型の男性で、見た感じはオランダ人というよりもスカンジナビア系を思わせる。型通りにたばこ（お断りした）とコーヒー（ありがたくいただいた）をすすめてから、彼は英語の拙さを詫びた。

「最初のうちしばらくご辛抱願えますでしょうか。オランダ語で考えてしゃべっている状態から別の言語に頭を切りかえるには、ちょっと時間がかかるんですよ。私の足慣らしもかねて、まずは、どんなことをお答えすればいいか、お聞かせいただけますか」

きっとそのあいだに、私がどの程度の相手か、じっくり探ろうというのだろう。こっちの希望はまさに正反対だ。そんなわけで私は、私が知りたいのはつまるところ、ヘット・ドルプについて、その将来について、そして問題点について、あなたはどうお考えなのかということなのです、と答えた。

「なるほど、喜んでお話ししますよ。でもその前に、先生がこの村について何をお知りになりたいかを教えていただけませんか」

こんな駆け引きをしているあいだにも、われわれの物理的な位置関係や姿勢がしだいに定まっていった。当初、この職員はいくぶん離れたところに立ち、車椅子に座った私を見下ろしていた。それから、これではどうもまずいぞと気づきでもしたかのように距離を詰めてきた。そして、こちらの警戒を和らげるやり方で、私の隣にあった布張りの椅子に腰をおろした。長い脚はだらりと伸びている。もはや、向こうが優位だとは感じられなかった。コーヒーをすすっているうち、よき話し相手と共にいるという心持ちになり、ヘット・ドルプの話題に気持ちが乗ってきた。

ここへ来た理由を語るに当たっては、長い方の説明をした。そもそもオランダ予防医療研究所へ来た理由から始まって、ヘット・ドルプに滞在するのはたった一週間なのに、それでも自分なら何がしかのことを学べると思った根拠までを語るバージョンだ。

相手は興味ありげにうなずき、私が話し終えると、「ここでのことを消化するにはかなりの時間がかかることかとは思いますが、もしもここで感じたことを文章にまとめられるようなことがありましたら、ぜひ私にも拝見させてください」と言った。その後も彼は、この言葉を何度もくり返すことになるのだが。

私の返事も、のちに何度もくり返されることとなった。

「ええ、メモの分量も相当なものでして、もしも何か書くようなことになったら、職員のみなさんだけでなく、入居者のみなさんにもお渡ししたいと思っています」

私にとっては、自分のメッセージは村のコミュニティの全員に伝えるというのが何よりも大切だったのだ。

なにしろヘット・ドルプ自体がまだ新しいものだから、という留保を何度かくり返したあと、「先生は科学者として来られたわけではないので、少しくらい行き当たりばったりでとっ散らかった話になっても平気ですよね」という意外な前置きを述べて、彼はヘット・ドルプの歴史をたどり始めた。彼はまた、当初の反響はあまりに大きすぎるし、かかげた理想もある意味で手に余るものと感じていたと語ってくれた。

「これまでなおざりにされていた問題、そしてその解決策に、世の人々は熱狂的に反応しました。おかげで私どもは、一般大衆、政府、入居者、だれに対しても苦しい立場に置かれてしまった」

彼はいくつかの例をあげたが、当時の事情をとりわけよく伝えているのはワゴン車のエピソードだった。入居者たちが外出したり、村外へ通勤したりするためのワゴン車を要望したところ、政府の返答はいかにもありがちなものだった。「よそへ出かける交通手段なんて、どうして必要なんだ？必要なものはすべて村内に準備するんじゃなかったのか」というのだ。彼は悲しげに続けた。

「次から次へとこの調子。ちょっと目新しい要望だと、きまって似たような反応にあうらしいですよ」

「一方、入居者にしてみたら、なまじ、悩みは全部解決されるという絵を見せられてしまったことも不幸の種でした。地上の楽園を期待してしまったのです。中には、たしかに楽園と思った人もいたでしょう、少なくとも最初のうちはね。今まで聞いたどんな話よりも、もちろん自分の経験よりも、はるかによくなったわけですから。でも、後になってみんな落ちこんでしまいました。ヘット・ドルプは楽園ではなくて、一つの実験だったのです。解決されない問題もたくさん残っているばかりか、新しい問題がでてきたり、前より悪化することもあったり。たとえば対人関係とか、セックスとかね。その上、ここが楽園だという発想は、罪悪感のもとにもなります。つまり、本当に楽園なんだったら、出ていきたがる人がいるのはおかしいじゃないか、というわけです」

私にはここの話のつながりがわからなかった。この人が言っているのは、実際に転出する人たちのことだろうか、それとも、入居者から出る不平のことなのだろうか。でも実際は逆に、これだけのものを与えられておきながら不平なんて言いづらいと思う人が多いだろうに。

ここで彼は「幻滅はいったん始まると速い」という例を一つ持ち出した。

「そうですねえ、こんな人がいましたよ。最初は何もかも夢のようだ、これ以上何かを望むなんて考えられないと考えていたのに、三か月たつと、シャワー設備のことで恨みがましく文句を言いだしたんです」

この例だと、どちらの意味にも解釈できてしまうのではなかろうか。本人は目標を理想化しすぎることの弊害を強調しているが、くだんの入居者を恩知らずだと考えているようにも思える。

私がしつこくたずねたところ、入居者と事務局の考え方はたえず衝突していることを語ってくれた。

「本当に、これが一番やっかいな問題でして、私自身、このやり方でいいんだっていう自信などさっぱり持てません。典型的なのが夕べの公開会議です。先生がオランダ語がおできにならないのは残念でしたよ。おいでになれば、なかなかすごい光景が見られたはずですから」

確かめもせずに、私が行かなかったものと決めつけているわけだ。わざわざ訂正などしなかった。

「入居者の関心はちぐはぐでしてね。みんな、大事な決定があるなら逐一知らせてほしいって言う。でも実際に説明すると――昨日はそれをやったわけですよ――たいして興味を示さない。知ろうとする人なんて一握りです。そんなことより関心をよぶのは、この装置はどうしてこの高さで」と言いながら、彼は右手で適当な高さを示した。

「この高さじゃないんですか、っていうようなことなんですよ」

本人はそれと気づいていないが、この手ぶりこそが正確に本質を衝いていたのかもしれない。入居者たちも「まだまだ意識も高まっていく途上」なのであれば、自分たちの生活に直結する問題――物の高さとか、車椅子の修理とか――に関心を持つだろう。くだらないどころか、どう考えても当たり前の話ではないか。

彼も意識のどこかではそれがわかっていたのかもしれない。というのも、ほとんど間をおかずに同様の課題を列挙したからだ。

「ほかのことに本腰を入れる前に、まずはこっちをやらなきゃいけないんですよね。一人一人の医療や介助、移動手段、食事に住まい。それが解決して初めて、ほかの問題に移ることができるんです。おわかりになりますか」

「もう少し具体的にお聞かせ願えますか」

「いいですよ。まずは医療です。ここでは医療的なものはいっさい隠してあります。村内に医師はいませんし、白衣を目にすることもない。診療のできる施設はすべて、物理的に敷地の外にある。よほど深刻な事態じゃないかぎり、ドーヘラが対応します。この方針はそこそこうまく行ってますが、それでもやはり、病状がどの程度までなら村に残れるのかという問題は常につきまといます。それから、どういう種類のサービスはオーケーでどんなサービスはだめなのかという問題ですね。たとえばセックスに関してはどうするのが適切なのか、私にもよくわからんのです」

彼は私のあいづちなど求めてはいなかった。私は関心を持って聞いていたし、それだけで十分だったのだ。

「脚の代わりになるもの——これが本当に大変なんです。車椅子に関しては苦情の絶える暇がありません。修理の態勢は申し分ないのに、それでも故障はなくならない。そして、いったん車椅子が故障したとなるとですね、そのう……」

この言い分は圧倒的な力をもって迫ってきた。補装具の修理を待っていたときのあの感覚を思い出す。あれは単なる不便といったものではなかった。これがなければ動けないのだという事実を改めて突きつけられる恐怖であり、自分は、これまでも実は自立してなどいなかったのだという象徴でもあった。

このように私が自分ごととしてふり返った内容を、先方にぶつける機会があった。入居者が車椅子に依存しすぎるという話題が出たときのことだ。

「人によっては、坂をのぼるには車椅子がないと無理って人もいるんですが、そうなると今度はつい、ほかのときものべつ乗りっぱなしということになりがちなんですよ。同じように、手動の車椅子でも大丈夫なのに電動を使うって人もいまして」

私は事実のレベルでだけは同意しておいて、本心を打ち明けた。

「私もときどき、電動にしておけばよかったと思ってますよ」

職員はわけ知り顔に笑い、ため息をついてから次の話題へ進んだ。

「それから、食事のこと。どうすりゃいいってんです? これだけの大人数に供給するとなったら、まとめて作ったものを配送するしかない。味も量も不足はないけど、どうしても画一的になってしまう」

「配送方式にはもう一つの欠点があるんですよね」

「何のことです」

「つまり、コーヒーなら、いつだって都合のいい場所で飲めますよね。それも、事前に断りもいらない。ところが昼食や夕食だとそんな気まぐれができないのは、一つにはそのせいもあるんじゃないですか」

「そうですよ。でも、まさか、そんなことが大問題だとお考えじゃないですよね」

「いや、これによってまたしても、あらかじめ計画しておかないといけないことが一つ増えるというわけですよ。どうも私の見たところ、みなさん、直前になってから予定を変更するなんて無理だと感じておられるような印象を受けるんです。許可をとるとまでは言わないにしても、だれかに届け出なくてはいけない、みたいな。単に私の印象ですけどね。小さなことですが、またしても現実を思い出しちゃうわけですよ、その……」

続きを言うことは思いとどまった。そこまで本心を明かす気にはなれない。自分が自由ではないことを、自立してはいないことを思い出してしまうのだとは言いたくない。

職員は私の異論には気づかず、しゃべり続けた。

「住居についても問題がなくなったとはいえません。建物の改造はかなりうまくいっていますが、部屋割りが大変なんです。『夫婦向け』の部屋の需要は大きいのにまだまだ足りていない。それに、こちらで部屋を決めるのですから、不満も絶えなくて」

「でも、それ自体、原因の一つなんじゃないでしょうか」

「それというのは」

「いったん決めてしまったら動かせないってことですよ。一〇戸ごとの班を唯一の自宅として維持することにそこまでこだわるのはどうでしょうか。ある意味、事務局はがんばりすぎなのかもしれませんよ。たしかに、食事や睡眠は自宅でとるものですが、ほかの場所で展開する営みだってたくさんあるものです。どんなに身体の動かない人だって、別の班のお友だちのところへ遊びに行きたくなる人は多いでしょう。班の流動性は、減らすどころか、増やすべきなんです。それに、外の世界の人たちと同様、気の合う友だちどうしで相談して近所に住むことだってできないと。友だちどうしで同居するには二人部屋が足りないかもしれませんが、少なくとも、班仲間にはできるはずでしょう」

「アイディアとしてはおもしろいですが、みんな引っ越しなんてしたがりませんよ。まさか強制するわけにもいきませんし」

「強制だなんて考えてもいませんよ。私はただ、部屋がえの希望にまゆをひそめるんじゃなく、門戸を広げたらどうかと思うのです」。頭にあったのは大学の学生寮だ。私は、寮では毎年、一部の学生の部屋がえが実現していたこと、部屋割り委員会が相談に乗って援助していたことを簡単に説明した。

職員は「そんな大仕事に手を出すとなったら、調整は大変な作業になりますよ」と首をふった。彼が次の話題に移りたそうなのを私は引きとめなかった。今度は入居者層についての分析になった。

「見たところ、大きな差があるのが、進行する障害の人と、そうでない人ですね。進行する障害の人たちの方がいろいろトラブルも多い。ただ全般的にみて、筋ジス患者さんの場合、障害は重いのに、性格もよくて温厚なんです。ところが多発性硬化症の人には性格に難のある人が多くて」

これは入居者サイドからもよく聞く話だったから、詳しく説明してくれるよう頼んでみた。

「多発性硬化症の患者さんの受け入れ人数を絞るべきだという意見は多いんですが、入所許可を減らしたところで人数が減るには年数がかかります。それに、われわれが受け入れなかったら、みんなどこへ行けばいいんですか。特に困るのが若い患者です。若い人が亡くなるのはひどく悲しいことですから、ほかの入居者にも落ちこんだムードが広まってしまうんです」

そう言って彼は、過去の悲しい例を思い出すかのように言葉を切ると、もう一つの差について語りはじめた。

「生まれつきの障害の人と、たとえば事故なんかで後から障害者になった人というのもあります。私なんかはときどき、生まれつきの障害者の方が幸せなんじゃないかと思ってしまいます。適応もいいし、不平も少ない」

これは私自身もしばしば疑問に思っていたことだった。障害を持って生まれた人の方が喪失感が少ないかもしれないが、反面、リソースも少ないし、参考にできる経験の量も少ないのではないか。しかし、彼の言葉でぞっとしたのは最後の一言だった。入居者の「不平が少ない」というのは、あくまでも事務局からみた都合ではないのか。

先方は私が苦い顔をしていることに気づかず、最後にもう一つの基準を持ち出して比較をしめくくった。

「あと、障害の重い人と、それほどでもない人は明らかに分かれていますね」

「それは、どういうときに問題になるのでしょう」

「そうですね、ひどく困るのは作業所です。先生もご存じだと思いますが、今の法律だと、作業所を利用できるのは、通常の三分の一以上の効率で働ける人だけなのです」

その話はたしかに知っていたが、だんだん、作業について困ったことがあると何でもこの法律のせいにされているのではないかという気がしてきていた。

職員は義憤の口ぶりでしめくくった。

「だって、本当に三分の一ルールを守ろうと思ったら、合格できるのは今の一八〇人のうちたった五〇人ですよ。そうなると抜け道を見つけなきゃいけない。基準を下回る人を助けるため、もっと状態のいい人を雇って平均値を押し上げるとか」

私は不快感を隠そうともしなかった。やり方自体が気に入らないだけではない。その結果に起きる事態にぞっとする。それはつまり、ヘット・ドルプが重度の障害者を軽度の障害者で置きかえるということを意味するではないか。この人には問題を回避するのではなく、戦ってほしかった。

その雰囲気を先方も察したのかもしれない。というのも彼が、より自己批判的な口調に切りかえたからだ。

「こんな方法がいいとは思っちゃいませんよ、これっぽっちも。だいたい工業国ってのは昔から、生産性を過剰に重視するんです。今なんか労働時間短縮の世の中なのに、なんでこの人たちが働く必要があるんですかね。カルチャーセンターでお金にならない活動をすることになっても文句なくごきげんだろうなって人はいっぱいいますよ。もしかしたら、将来はだんだんそうなっていくのかも」

さすがに言いすぎたと思ったのか、彼はいくつかの留保もつけた。

「ただ、むりやり暇にさせられるって状態がいいのかどうかは疑問です。社会の問題を調べるためのモルモットにしてはいけない。仕事をせずに生きることを強制するのもおかしいことです」

自分のまとめに自分で納得したのか、彼は次の話題に移った。

「そしてもちろん、セックスは常につきまとう問題です」

「そうなんですか」

「先生ならとうにご存じでしょう、大問題ですよ。そして、これだといえる答えなんて、だれも持ってないんじゃないですかね」

そう言って彼は、最近スウェーデンへ行った話をしてくれた。そこで視察したリハビリテーションセンターでは「男女混合の上に、『健常者』と障害者も混ざっている」のだという。彼は事務的な口調で、そこで行なわれている実験的なプログラムのいくつかを説明した。

「そこではセックスもたくさん行なわれていましてね。もしかしたら乱交パーティーのようなことさえあるのかも。でも、何よりも心配だったのは、搾取の話を耳にしたことです」

「どういった搾取でしょう」

「『健常者』が障害者を搾取するんですよ。そこにいる『健常者』っていうのは、それほど正常な人じゃなかった。そのことにのめりこみすぎているように思えました」

話が理解されるのを待つように少し間があいて、続きは前より穏やかな口調になった。

「オランダはそこまで開放的じゃありませんからね。ヘット・ドルプを作るだけでもトラブルはあったんですよ。男性と女性をいっしょにすることを批判する声は多かったんです。病院ではほとんど男性と女性を分けてますしね――でも、男性用の村を一つと女性用の村を一つ作るとなると常軌を逸しているように思えます。そんなのまともじゃありません」

この点で成功したことを、彼は大いに誇りにしているようだった。そういえば、アメリカの施設でも男女を分離している。それを思うと、自慢するだけのことはあるなという気がしてくる。だからそのことを伝えた。

「なかなか大変な戦いだったでしょうねえ」

「大変でしたが、われわれの勝利でしたよ」と言うと、次は疲れきった口調になった。

「でも、まだまだやることは山ほどあるんです。どこから手をつけたらいいかさえわからない。だれに助けを頼めるかもわからない。何か月か前に一人の入居者が来ましてね、『あなた方はぼくらのことを性的に正常だと思ってるんでしょうけど、ぼくにはわからんのですよ。一度も経験がないわけだから。自分には何ができて、何ができないのか、それさえ知らない』って言われました」

こうした感覚がどのていど広く共有されているのかを知ることは難しい。ヘット・ドルプの住人にも、かつては「健常者」としてある程度の性体験がある人がいないわけではない。だが多くの人は、生涯のほとんどを施設か実家の奥の部屋で生きてきたわけで、必然的に未経験なのだ。そのことはもしかしたら、刺激的な情報があふれている現代の方が、昔以上に問題なのだろうか。思わず声が出てしまった。

「なんたることぞ、彼らに何ができるっていうんだろう」

いささか芝居がかった私の質問に、職員はいたって具体的に答えてくれた。

「実際、中には物理的な障害が本当に大きい人もいましてね。マスターベーションも無理って人は珍しくないんです。たとえば、先生も見かけたことがあるでしょう、腕が異常に短い人たち。あれじゃ性器に手が届きません」

彼がほかにもいくつかの実例を並べているあいだ、私は二つのことを感じていた。まず、ヨハンと自分にできないことを語り合った昨夜のことを思いつつも、今日は、できることを少しくらい喜んでもいいだろうという気になっていた。そしてもう一つ、この会話は何と男性偏重なのだろうと自覚してもいた。考えてみれば今さら驚くことでもなかったのだ。身体障害者や慢性疾患の患者の性的機能に関してこれまで目にした文献といえば、ほぼすべてが男性に関するもので、勃起ができるかどうか、射精ができるかどうか、心臓をはじめ身体のシステムにどんな負担がかかるか、といった問題を扱っていたのだ。ここでも、性に関しては世間一般とまったく同じで女性は器、営みの参加者ではなく、対象だった。

今しがた話題にのぼった例の数々をふり返り、職員は話をまとめた。

「つまり、性的な関係を持つのに介助を必要としている人がいる、というわけです」

「実際、そういう介助は行なわれているんでしょうか」

「あると思います。でも本人たちはしゃべらない。ひどく恥ずかしいですからね。ドーヘラにとってはなおさらでしょう」

恥ずかしくないわけがない。ただでさえドーヘラは若い人が多いのに、夜勤にあたっているのはその中でも特に若い人が多いようなのだ。そういえばアメリカでもそうだった。以前、産科病院でとられたフィールドノートを読んでいて気づいたのだが、看護学校の実習生たち——たいがいは一八歳から二〇歳だ——がセクシュアリティについてほとんど何も教えられていなかった。それなのに、私の同僚が指摘したとおり、初めての出産を控えた妊婦たちがセックスについての心配ごとを相談したり質問をしたりする相手は、この実習生たちなのだ[2]。

そこで私は、男性のドーヘラはいないのかとたずねてみた。ハンズはちょっと口ごもった。どうも、用心深く言葉を選ぼうとしているようだ。

「以前はいたのですが、彼は何というか……つぶされてしまって」

「どういうことでしょう」

「みんな、力仕事を彼一人に押しつけちゃったんですよ。それに、彼の側にもちょっと問題がありまして。といっても、同性愛者だったってことじゃないですよ。私は同性愛でも気にしませんから。ただ彼はあんまり……つまり、男っぽくなかったんです」

彼はきっぱりと言った。

「とにかくうまくいきませんでした」

「こうして伺っていますと、かなりのジレンマのようですね」

私は共感をこめて言った。

「どのように解決を図っておられるのですか」

「先生もおっしゃるとおり、簡単にはいきません。入居者たちの中に、この問題に取り組んでいるグループがありましてね。「ワークグループA」っていってます。このグループは、外部から講師を何人か招いたりもしてくれました。ただ、講座はほんとに初歩的なレベルにするしかなくて、ほとんど六歳児に説明するみたいな内容でしたよ。それでも、入居者の七割近くが来たんです。あとは、ヨハンナ財団病院とネイメーヘン大学に学習グループがあります」

本人は気づいていないのかもしれないが、彼の言葉にはどこか保護者ぶった響きがあった。なるほど、まさに女性運動が指摘してきたとおり、人はだれしも、直視することを強いられるまでは、セックスについても自分の身体についてもほとんど何も知らないものなのだ。[3]

三〇年前にキンゼイが記したところによれば、人はほぼ全員、ある時期に「こんなことをするなんて自分一人にちがいない」と思いながらさまざまな行為を試している。もっと新しいところではマスターズとジョンソンが示したとおり、「自然な行為」とは、それほど自然には発見されないものなのだ。われわれの文化では、人々はあまりにも身体から疎外されているがゆえに、自分の身体でありながらそのしくみをろくに知らないと言っても差し支えなかろう。ということは、知識にせよ理解にせよ、六歳児レベルなのは社会全体だと言った方が当たっているのではなかろうか。

この進行中のプロジェクトの紹介をもって性の話題は終わったようだったので、今度は、ヘット・ドルプで何か変化に気づいたことはありませんかとたずねてみた。「ええ、変わったことはありますよ。私自身、最初のころはインテグレーションに関しちゃ理想主義者でしたね。ヘット・ドルプは

2 Nancy Shaw, *Forced Labor: Maternity Care in the United States* (New York: Pergamon, 1974)
3 Boston Women's Health Book Collective, *Our Bodies, Ourselves* rev. ed. (New York: Simon and Schuster, 1976).

アーネムの地域社会に完璧にインテグレーションされるべきだと思っていました。でも、そうはいかなかった。たしかに、商店や礼拝堂、体育館といった施設は町の人も共同で使っています。でも全般的には、統合といっても表面的なものでしかありません」失敗の原因として彼が挙げることができたのは、たった一つだった。

「インテグレートされた施設で生活するのが向いてる入居者もいますが、向いてない人もいるんですよ」

私とてそれ以上の説明ができるわけではないのだが、この人は矛先をまちがえてはいないかとも思った。うまく行かない原因はかならず入居者にあるとなぜいえるのだろう。インテグレーションを阻んでいるのは外の社会かもしれないではないか。

相手の語りがだんだん抽象的な理念の話へと振れてきたので、このインタビューはそろそろ締めくくりどきだなと感じられた。「身体障害者問題はこれからも増えていく一方ですよ。医学が発達して、病気になってから前より長く生きる人が多いし、かつては亡くなっていた方も命が助かるんですから」。彼に言わせると、リハビリテーションとは基本的に第二次世界大戦後の現象であり、今はまだ離陸にかかったところだという。それだけに、クラップヴァイク博士の先見の明にはおおいに敬服しつつも、「ヘット・ドルプが誕生する機は熟していたんです。これほど早くはできなかったかもしれないし、これほど手厚いものにはならなかったかもしれませんが、いつかはできる運命でした」という。

今日こうして会えたことについて互いに礼を言い合っていると、ハンズは私の「ここへ来た勇気」

をほめ称えた。これまでにもおおぜいの人に言われたのと同じように、物ごとを反対の立場から見てみるのは大切なことですよと言うのだ。それでも、彼が私を持ち上げるのは一種のリップサービスではないかと思わずにはいられなかった。車椅子に座っていると、見えるもの、体験すること、すべてが直立の人とは違ってくることを、この人が知らないはずはない。この認識がなかったために設計に失敗した話もしていたくらいだ。前もって、車椅子に乗ってテストする手間を惜しんだことを悔やんでもいた。しかし、なぜテストをしなかったのだろう。そんなに「勇気」のいることだったのだろうか。そういうことなのかもしれない。彼ら、つまり「ふつうの人たち」にとって車椅子を使うとは、いやならいつでも逃げられる居心地の悪い世界へ入ることなのだろう。入居者の仲間たちにも、乗らなくてすむのに車椅子に乗ってみたがるなんて理解できないと言う人はいた。それに、試乗体験で気分が沈んでしまわないともかぎらない。自分自身を必要以上に直視してしまう可能性だってあるし、怖さや不全感に気づいてしまうこともあるだろう。自分など問題解決にたいして役に立っていないどころか、かえって問題を作ってしまう側にいると思い知らされるかもしれないのだ。

部屋を出るとき、私は改めて、本部の代表者たるこの人物に目をやった。今では最初よりも敬意を感じているし、マルレーネのときと同様、彼の置かれた難しい立場もわかるようになっていた。ハンズと同様、自分は板挟みになっていて、一般社会とヘット・ドルプの間でも、入居者とほかの職員との間でも仲裁役ばかりしていると感じている職員は何人かいるのだった。ハンズは言う。

「入居者がおよそ四〇〇人で従業員も四〇〇人。それなら均衡した勢力が二つになるはずです。でも、何かを決めるにあたって、入居者の意見をきいてみようよと言う声が出ても、ほかの者に『どうして？　われわれの仕事じゃないか』って言われてしまう。入居者の立場に立って考えてもらうにはひどく骨が折れますね。まあ将来は入居者の参加も増えていきますよ。ほかの職員は反対するでしょうが、その方が望ましいし、避けようのない変化だと思いますよ」

それでも私は、この発言の中に「でも、まだ無理ですけどね」という響きを聞きとらずにはいられなかった。皮肉なことではないか。当人は自分のことを、入居者のニーズに寄りそう立場だと考えている。なのに入居者から見たら、彼もまた「無理です」をくり返す人々の一人でしかないのだ。

時刻はまだ一一時にしかなっていなかった。一時間半のインタビューだったが、ずっと長かった気がした。昼食まであと一時間あるから、宿泊費、食費と、子どもたちへのみやげに買ったおもちゃの支払いをすませてしまうことにした。領収書を読んでいたら、秘書の一人が話しかけてきて、ヘット・ドルプの生活はいかがでしたか、大祭は楽しかったですかときかれた。私が大祭の後に羽目を外したことは、この人にも知られているのだろうか。私は最後の一枚にサインを終え、パンフレットをいくつかもらい、お礼を言って部屋を出た。

角を曲がるとそこは受付で、四か月前に初めてここへ来たときのことを思い出した。あたりを見回してみる。ここがだれの縄張りであるかは一目瞭然だった。建物そのものが、私にとっては異質な空間だった。最初に来たときは、来るなりたちまち、磨きこんだ床で足をすべらせた。メッツ医師の助手に支えられて転倒をまぬがれた私は、身体障害者のための場所にしてはずいぶん不親切だなと思ったものだ。今回この建物を出て行く私は、建物の、そして立地のバリアを残らず思い出していた。身体障害者たちはこうしたバリアによって、自分たちが「ふつうの」世界では歓迎されない、求められていない、あるいは少なくとも予期されていない存在であることを絶えず思い知らされることになるのだ。

何を見、何をしてもどこか「これが最後」という感覚がつきまとうようになっていた。本部の建物を訪れるのも今回が最後だったし、これから向かうのは最後の昼食だ。それでも最初のうちは、いつもの食事と変わらなかった。食卓の話題は、だれそれは食べすぎだとか、コレステロールが多い料理はあれとあれだとかいったことだった。その痛烈な口調は、いつだったか喫煙が話題になっていたときと同じだった。あのときはミセス・シュミットがミスター・アルトマンはたばこを吸いすぎるとけちをつけていた。アルトマンは「ただでさえ身体じゅうが障害だらけなんだぜ。今さらたばこの害が増えたからって何だってのさ」と切り返した。今日は私が的になったらしく、数人に寄ってたかってちゃんとオレンジを食べなきゃだめだぞとせっつかれた。「きみに必要なビタミンが含まれてるんだから」と言われたのであくびをして見せたら、ミスター・シュミットが「ほら、やっぱり！」とはやし立てた。

たわいない雑談の流れをいきなり断ち切ったのはピーターだった。

「で、ヘット・ドルプの感想は。ここはいい所かな。うまくいってると思うかい。みんなは幸せかな」

私はどうも不安だった。

「そうだねえ、びっくりすることはいろいろあったよ。まず、身体的な介助では村を『利用』しながら、仕事も外、自分の気持ちも外を向いてるって人たちに会うとは予想外だった」

するとシュミット氏に「完全に村内だけで生きてる人」には会ったかときかれた。

「いろんなクラブを結成したり、委員会の世話人になったりしてる人たちさ。ふつうに仕事をする以上に忙しく働いてるのに、無給なんだ」

「会ったよ。というかたった今、隣に座ってるじゃないか」

彼はちょっぴり照れながらほほえんだ。

アルトマン氏はまた別のグループに言及した。

「ほとんど、ほかのメンバーを助ける、支えるばっかりっていう人もいるね。だれかの生活の大変さを多少なりとも和らげることが人生、って人たちさ」

これには何人かがうなずき、ミセス・シュミットも口をはさんだ。

「ときどき、事務局はそういう人たちの存在自体、知らないんじゃないかって思うこともある。だってそんなみんなのはたらきを認知することなんて絶対にないもの」

みんなが熱をこめて同意する中、私は何か言わないではいられなくなった。

「事務局も、さすがに見てないってことはないと思うな。ただ、組織では報告が基本だからね。報告に書かれるかどうかは、有意義だと判断するかどうかだけじゃ決まらない。数字で測れるものが報告になるんだ。何時間働いたとか、何個でき上がったとかね。だれかの善行の量とか、広まった幸せの量なんてのは数値にしづらいし、人に伝えるのはよけいに大変ってことだよ」

私が本部をかばうなんて自分でも意外で、マルレーネやハンズとの会話から意外に影響を受けていたのだなと自覚した。

みんなは一瞬しんとなった。そして、不承不承ながらも、そりゃあ事務局にも事務局の理屈があるだろうさということでその場はおさまった。だが私の発言は、今まで発言しにくかった人たちの緊張をほぐすことになったらしい。みんなは私の最初のコメントに戻って、「村では眠るだけのやつら」の話を始めた。一人、また一人と名前をあげてはその生活ぶりを具体的に説明していく。そこには好悪両方の思いがにじみ出ていた。認めたくはないが、あこがれてもいる。細かいところまでは私にはわからなかったが、みんなは羨望をごまかそうとはしなかった。眠るだけの人たちは、いろいろな面で自分たちよりいい人生を送っている。「友だちもおおぜいいて、やることも山ほどあって、いつも時間がないんだよね」

「ぼくらとすごす時間が?」と思ったが、口には出さなかった。みんなには、あいつらは村を利用しているんだという感覚があるらしい。ヘンドリクス夫妻やフォルクス夫妻の方でもフルタイムの住民とのあいだにへだたりを感じているそうだが、もしかしたら彼らは、その思いをあまり慎重に隠してはいないのかもしれない。

ヨス・アルトマンのまとめは簡潔でもあり、大仰でもあった。

「たくさんもらっておいて、ちょっとしか返さないやつらさ」

ピーターがそれをさえぎって、当初の質問に話を戻した。

「で、この村では幸せな人がほとんどだって思うかい」

さっきよりは肩の力も抜けていたから、今度は答えることができた。

「白状してしまうと、ちゃんとはわからないんだ。たいがいの人は、ほかの場所で暮らすのにくらべたらここの方が幸せなんじゃないかという気はしてる。でも、それを『幸せ』かっていうとね……」

「わかったよ」ヨスが言った。

「じゃあぼくらはどうだい。ぼくらのことなら知ってるだろう。ぼくらは幸せかな」

これではまるで、私がみんなに判決でもくだすみたいではないか。そんなことは絶対にいやだ。だから、プラスとマイナスと両方の意見があることを少しだけ明かすことにした。

「きみたちに限定したからって、話は簡単にはならないよ。たしかに、みんな仲よくて楽しそうにはしてる。食事のときは冗談を言って、互いにからかいあって。でも正直、一人一人が幸せなのかどうか、ぼくにはわからない」

ミセス・ファン・アメロンヘンがたずねた。

「冗談を言いあう以外の適応方法には、気がついたことがあるかしら」

私は本気でプレッシャーを感じていた。まだその時期が来ていないのに分析的なことを言わなくてはならないという圧迫と、できるかぎり正直であれという圧迫だ。

「ほんとに予想外の適応スタイルってことなら、ぼくが見落としてるものもいくつかあるだろうなって気はしてる。会ってない人もたくさんいるしね。たとえもっとゆっくり滞在したところで、結局は出会う機会のなさそうな人もいるはずだよ。たとえば、あんまり学校へ行っていない人とか、英語がほとんどしゃべれない人とか、よそ者と接するのに慣れてない人とか。それに、一人で自宅に閉じこもって不幸せな生活をしてる人はいっぱいいるはずだ。いや、もしかしたら、喜んで閉じこもってて、ごきげんな人さえいるかもしれない」

ファン・アメロンヘン夫人はうなずいた。

「この班にもそんな人が一人いると思う。ミズ・ネイホフ。ちっとも姿を見せないでしょう。お祭にも絶対に来ない」

「そうそう、」とヨスがつけ加えた。

「食べ終わったらまっ先に出ていくし」

この評価にはみんなも同意した。

「ここでミズ・ネイホフが出てくるって変な気がするけど」

なぜか私は、またしても他人をかばっている。

「そりゃみんなの言うとおり、彼女がときどきいないのはぼくも気がついてたけどさ。でも、いるときの様子を見てごらんよ。内気な人だから参加のしかたはおとなしいけど、ちゃんと参加してるじゃないか。それに、ほんとはそれほど人づき合いがないわけでもない。来客だってあるし——こないだの晩みたいに。それに、気がついてた？　きみたちといっしょにお昼を食べるために、ほとんど毎日わざわざここまで帰ってきてるんだよ。作業所で一人で食べたら楽なのに」

偉そうに言いすぎてしまっただろうかと思っていたら、何人かがちら、ちら、と互いの顔に目をやりはじめた。「これまで、そんなふうに考えてみたことがなかったね」とでもいうような視線だった。

みんなが一人、また一人と帰りはじめると、ミセス・ファン・アメロンヘンが私の腕に手をかけ、ちょっといい、と言った。私がハンズ氏をどう思ったか知りたいらしく、午前中のインタビューのことを質問された。話題はすぐに権力という問題に行き着いた。彼女の考えはこうだった。

「そうね、あの人にもいろいろ至らないところがあるのは知ってる。それに、あなたも何度か言ってたけど、物ごとを入居者の立場から考えるって本当に難しい。この村の運営に関して、私の見方はこう」

そう言って首を振るしぐさは、言いたいことがすでに固まっていることをうかがわせた。

「要するに、意思決定のときに、入居者にはほとんど発言権がないってこと。そりゃ、私たちが意見を言えば、いつでも聞いてはくれる。でも、毎回毎回、予算が足りない、場所が足りない、時間が足りない、足りてたためしがない。事務局はただ単に、財布のひもを手放したくないし、本当のところは、権力だってこれっぽっちも譲りたくないだけじゃないかな」

その根拠として、彼女はいくつかの例を引き合いに出した。

評議会は何をしているのかとたずねてみると、彼女はため息をついた。

「軟弱なんですよ。選ばれるのは気の優しい人たちで、強気な人じゃない。あくの強い人、反骨精神のある人は、エネルギーを発散させるため、いろんな委員会や学習会なんかの世話役を割りふられてしまう」

だとしたら、本部が入居者たちを直接管理できる力は、私が考えていたより大きいことになるではないか。私はもっと詳しい説明を頼んだ。

彼女の見たところでは選挙のとき、事務局に伝達するすべがあったのか、それとも入居者側がとうに察していたのか、とにかく事務局が賛成している候補者はだれなのかをみんな知っていて、それが結果にも大きく響いたのだという。

「かと言って、それで何が変わるのか、ぼくにはよくわからないな。だってどっちみち評議会にはたいした力は与えられてないんだもの。どうやら本部は、評議会の主目的って『住民への連絡係』と思ってるみたいだし」

「けど、それこそがまさに問題なんだけどね。私たちはただ、終わった決定事項を連絡されるだけなんだもの！『こういうことに決まりました。さ、これでいいでしょ』って。へへーんだ！　私たちがほしいのはそんなんじゃない。求めてるのは実際の決定に参加すること」

「じゃあさ、なんでみんながまんしてるんだろ。協力しちゃう理由は何なんだろ」

「それね、」と、ほとんどやけっぱちな口調になる。「ちょっとでも政治的なことになると、住人たちをまとめるのって本当に大変でね」

それにしてもなぜ。なぜなのだろう。二人とも不思議がるばかりだった。われわれは何とか答えを出そうと、今まで自分は無力だと思わされた場面を挙げていった。そうするうちに浮かび上がってきた構図があんまり刺激的だったので、私はノートをとる許可を求めた。あれを殴り書きし、これを線で消し、激しい議論を重ねたあげく、名ばかりではない「患者の力」が高まるのを阻んでいる人々や要因が五つのカテゴリーにまとまった。

1 長年保護された環境で生活していた結果、ひどく弱気で、自分の人生について何かを決断したり、自分の責任で管理したりした経験も乏しい入居者が少なくない。

2 ヘット・ドルプの環境がこれまでの経験とくらべて段ちがいにすぐれていることに本心から感謝しており、「不足」があってもとにかくがまんしなくてはという気になってしまう人も多い。

3 自分たちに関しては、可能なかぎりの手を尽くしてもらっているはずだと思いこんでいる人もいる。このタイプの人たちは、医療やその関連の職種にたずさわるスタッフとなると畏れ敬うばかりになる。

4 村の内部で欠けているものがあっても自分たちには影響しないため、波風を立てずにすごせばいいと思っている者もいる。外の世界を志向している人たちで、それができるのはヘット・ドルプのおかげだから、この関係を壊すことを望まない。

5 全員とは言わないが、本部からの報復を恐れている者もいる。条件によっては退去を求められる可能性もあるのを知っていて、「かえって悪い方向に変わる」可能性も考えている。もしもことが悪化したときに、自分の運命を左右できる相手を敵に回したがらない。

読み返して私は気づいたが、このリストはヘット・ドルプだけにいえることではなく、もっと広い世界に通じるものだった。ここにあがっていた理由には、世の患者たちが異議申し立てをしづらいばかりか、自分たちの利害のために団結することさえ困難になってしまう理由が多いのだ。互いに顔を見合わせ、ミセス・ファン・アメロンヘンも私も納得のいく思いだった。二人とも、村にとって重要な問題のいくつかを、前よりしっかり把握できたのだから。もっと大きいのは、二人とも、この見解を村の解体ではなく、強化のために使うつもりでいることだ。この村にはまだ発展する余地がおおいにあるのだから。その確信をさらに補強するには何か材料がほしいと思い、私はたずねてみた。

「この村と似たような場所をほかにも知りませんか。ぼくの知る範囲では、アメリカには一つもないんですよね」

「一か所は知ってる。見てきましたよ、スウェーデンにあるんだけど」

それ以上質問しなくとも、彼女はそのときの印象を語ってくれた。

「ここより設備もいいし、障害者向けの改造もちゃんとしてる。豪華で広い。でも、社会生活の面では遅れてた。建物の外ではだれも見かけない。みんな午前中は朝寝坊して、午後は窓から外をながめて、夜はお酒を飲む。でも、一つだけ学ぶことがあった。入居する前に準備の期間がたっぷりあること。そのあいだに補助装置のことを覚えたり、動作のやり方を覚えたりできるってわけ」

ということは、ヘット・ドルプにはそうした慣らしの期間がないわけだ。これほど自立を大切にする場所なら、人々がこれまでの習慣に逆戻りするのを防ぐため、あらゆる手を尽くしているものかと思っていたのに。開所して最初の数か月、新しく入居した人々は文字どおり「手探りで」、自分には何ができて何ができないのかを学んでいくことになり、それには大変な手助けが必要になったのだった。そうはいっても、もしかしたら私やミセス・ファン・アメロンヘンが気づいていないだけで、人々が環境になじむのを助ける非公式のシステムが意外にしっかりしていたのかもしれないが。

彼女は話題を転じ、ヘット・ドルプが終の住処と思われがちであるがゆえの影響を語りはじめた。

「この村はどうも最終的な解決だと思われてて、それによってもいろいろと問題が出てしまってる。みんな、ここの住人にはこれは必要ないだろう、これは需要がないだろうって勝手に決めつけてしまうのね。たとえば教育とか、セックスとか」

セックスのことが出てきたので、私はハンズ氏が口にしていたジレンマの話をしてみた。彼女は鼻にしわを寄せて、信じられないというように首を振った。

「どうかねえ——その人の言ってた講習会ってやつ。そんなのがほんとにみんなの望んでるものだなんて、信じられない。私たちの有志がちょっと本気でいろいろ予算をお願いすると、いつだってもっと先にやるべきことがあるのでとか言うくせに。それに、さっき言ってた講習会だけど、ほとんど生殖の話ばっかりで、実際はセックスの話じゃないのはどうしてでしょうね」

　聞きながら私は、ハンズ氏が取り組まざるを得ないパンドラの箱について考えていた。「ぼくなら彼の立場には立ちたくないなあ。無意識の可能性もあるけど、彼もどっかのレベルでは気づいてるのかも。本気でセックスの話を始めちゃったが最後、どんな対応を迫られるかわからないし、さっぱり自分たちの手には負えないって直視することになりかねないのをさ。みんな、いまだに結婚だの住居だのの対応に追われてるけど、そういうのはまだ、実践の上では単純な問題なんだよね。それに引きかえ、性欲そのものってなると……」そう言って私は、セックスの介助に必要な行為に対して、自分自身もアンビヴァレントな思いを持っていることを打ち明けた。

　同情はしつつも、容赦はしてもらえなかった。

「そりゃ、簡単なことじゃないのはわかるけど。でもどっかの地点、どっかの時点から始めるしかないでしょ。私たちの人生は終わってなんかいない。自分の人生はこれからって人たちもいるんだから！」

　強調のあまり声も手も震わせた彼女だったが、もう少し内省的な口調、あるいはもしかしたら気のめいるような口調になって続けた。

「私もみんなも、覚えたいことがたくさんあるのよ。なのに本部ときたら、まるで私たちには何も教えなくていいんだ、みたいに。私たちだっていろんな面で進歩したいのに、わかってないんですかね」

　返事を求められているわけではなかったから、うなずいて同意を示すにとどめた。そして同時に、自分がこの村のことを学びはじめたときのことを思い出した。あのときはついついヘット・ドルプのことをリハビリセンターと言ってしまい、そのたびに直された。

「ここではリハビリはやらないんですよ」

ヘット・ドルプを行き止まり地点と考えるこの発想を源として、あまりにもたくさんの負のイメージが湧き出している。

ミセス・ファン・アメロンヘンは吐息とともに会話を締めくくった。

「最良の生活とは、村が外の世界に多少なりともインテグレートされた生活ですよね」

私も賛成だったが、もう少し丁寧に言わなくてはという気がした。

「うん、それはそうだけど、それって必ずしも、物理的なインテグレーションだけじゃないよね。生きのびるためには、村そのものも住人も、常に外の世界と結びついてなきゃいけない。外の世の中と喜びも悲しみも分かちあい、短所も可能性も共有するしかない。でもそれが、たえず自分たちの『不自由さ』を見せつけられるようなやり方じゃだめなんだ……」

これでは演説になってしまうと気づき、私は自分を抑えた。

「長くなっちゃってごめん。たぶん、アメロンヘンさんの話がぼくの考えてたこととつながっちゃって、呼び水になったんだと思う」

ハンズが「インテグレーション」を口にしていたときに漠然と感じた不満が、今になって顔を出したのだ。

「こちらこそ。ばかばかしいおばさんのおしゃべりを聞いてくれてありがとう」

「これがばかばかしいおしゃべりなら、いっつもばかばかしいおしゃべりばかりしてたいですよ」

夫人がほほえんだ。自分が車椅子じゃなかったらよかったのにと思った。夫人をハグしたかったのだ。向こうにもそれが通じたのかもしれない。別れの挨拶にどこかいつもとちがうものがあったから。

私はしばらく一人で座っていた。次に時計を見たときには三時近かった。この地ですごす時間は終わりに近づいている。生徒はどちらで、教師はどちらだったのだろう。インフォーマントはどちらで、研究者はどちらだったのだろう。確かにここでは、その境界線が薄れてしまった。いや、もしかしたらそんな区別は最初から不確かなものなのに、われわれ社会科学の徒が、そのことに気づかない訓練を積んでいるだけなのかもしれない。

私は今一度部屋を見回した。やることはたくさんある。さっきまでのことを全部記録してしまいたかったが、今日ばかりはそれは後にしてもいいだろう。今日は私の門出を「祝う」ため、みんなで私の好きなインドネシア料理、ナシ・ゴレンを食べる約束で、それまで数時間しかないのだ。みんなの好意にお返しをしたいから、そのためには一人で買い物に行く必要がある。考えられる場所はスーパーマーケットしかない。そんなわけで私は出発した。

近道は知っていたが、坂道を自分でのぼりおりすることにした。楽々と、覚えた道を、急坂の手前では力を配分しつつ進んでいった。店のある広場に着いたときには、古参の住人のような気分だった。ウィンドウショッピングを楽しむ。旅行のポスターが目についた。今の私にとって、それはもはや夢物語ではない。今から二週間もたたないうちに、KLMに乗ってアメリカへ飛ぶのだから。

スーパーの中でも、品物の配置は頭に入っている。助けが必要なときは、恥じることなく頼んだ。豊富な品ぞろえで目を楽しませたあげく、店で一番大きなワイン、二本分が入った瓶を買った。持参の網バッグに入れた品物を腰と背もたれのあいだにすっぽりと納め、バッグのひもを椅子にくくりつけると出発だ。下り坂ではそこそこのスピードを出した。優雅さも速度もまだピーターにはかなわないかもしれないが、その域に近づきつつはある。ときには手を放して車椅子がすべるに任せる。必要とあらばいつでも減速して止まれるとわかっているから。なんとも心満たされる遠足だった――たった一週間前には同じ道のりで心身ともに消耗してしまったなんてにわかには信じられない。ところが、家に帰ってみたら、まだ四時を回ったばかりだった。夕食まではまだまだ時間があり、ゆっくりと考えをまとめることができる。

夕食に行ってみたら、全員がそろっていた。部屋の空気に何か張りつめたものがある。もしかしたら私の思いこみにすぎないかもしれないのだが、それをほぐそうと、私はワインの瓶を持ち上げて見せた。ナシ・ゴレンが運ばれてきて、われわれは元気に食べ、飲んだ。私は全員にお代わりを勧められた。ミーケには飲みすぎちゃだめだよとからかわれた。ヨスは私のために、アメリカのために、と言って乾杯をくり返し、私も返杯した。それでもわれわれは、物悲しい気分に包まれていた。いつものようなジョークも出ないし、打ち明け話も始まらない。

乾杯はまだまだ続いた。私はみんなに、毎日の食卓に受け入れてくれてありがとう、生活を共にしてくれてありがとうと述べ、みんなはそれに対し、いつの日か戻ってこいよと言ってくれた。そんな挨拶はしながらもお互い本心ではまだまだ別れがたく、一人、また一人と次に会う約束をかわすことになった。後で絶対部屋に寄ってくれよと言う人もいれば、夜のコーヒーに集まるからと言う人、明日の朝食で会おうという人もいた。私はすべての求めに喜んで応じた。さらに、コーヒータイムがすんだら最も親しくなった二人、ヨスとピーターと三人で、もっと改まった別れの集まりを持とうということになった。

みんなが予言したとおり、今では私は訪問客のような気がしなかった。ヘット・ドルプは本当の意味での「わが家」ではなかったが、それに近いものではあった。私の身にたくさんのことが、ときに多すぎるとさえ思えることが起きた場所なのだ。

八時にはもう一度食堂へ行った。驚いたことに、全員が集まっていた。私の仲間たちばかりか、ミーケの友だち、それにドーヘラは二人とも来ている。ヨスが口を開く。「ところでさ、友だちがおおぜいいる家へ帰るんだもの、うれしいことなんじゃないかなあ」。その口調にはなにか、別の問いを含んだ響きがあった。「ぼくらを置いていくのはうれしいことなのかい?」という問いが。

私はその、口には出されなかった問いに答えた。「ここを出ていくなんて、そんなに楽なことじゃないよ」。これからも忘れないよと言いたかったが、どう言ったものかわからなかった。だからそれよりは無難に、理屈っぽい方法を選んだ。「自分自身についても、この場所についても、最初に来たときとは感じ方が変わったことは自覚してる。ここで経験したことについて、何か文章を書いてみたいという気持ちはあるんだ。もし書けたら、みんなには絶対見せるって約束するから」

自分たちが活字になるかもということをめぐってしばらく冗談の応酬があり、沈んでいた空気が晴れた。なぜそんな流れになったのか私にはわからなかったが、活字になるという話からみんながこれまで読んだ物語の話へと移り、そしていつものセクシャルなジョークやほのめかしのパターンに落ちついた。

夕食の飲み残しのワインがとうとう空になったところで、ピーターが改めてみんなに着席を求めた。わざともったいぶった調子で、抑揚をつけて語りだす。

「ゾラ教授、このボトルにサインをいただけますれば一同、幸いに存じます」

私は照れくさかったが、装飾文字で「アーヴィング・ケネス・ゾラ」とフルネームを記し、日付も入れた。いつの間にか隣に来ていたミセス・シュミットが、はにかみながらボトルをいただけますかと言った。受けとったボトルを大事そうに膝に乗せると、彼女は車椅子で部屋の端まで進み、そこで身体を起こして立ち上がった。ミセス・シュミットの立ち姿を見るのは初めてだった。彼女は危なっかしく背伸びをして、いちばん背の高い戸棚の上にボトルを乗せた。そのようすをみんなで見ていると、ミズ・ネイホフが言った。

「これで、いつでも私たちを見下ろしててくれるから、思い出せますね」

だれ一人、私自身でさえ、一言もそれにつけ加えることはできなかった。だからこの一言を最後に、その場はお開きとなった。ただ、いつもの「おやすみ」が「さよなら」に変わっただけだった。

ミーケはすぐに出て行こうとしなかったので、私は急いで追いついた。何と言っていいかわからなかったが、ミーケから話しかけてくれたので、口火を切らずにすんだ。

「幸せな毎日が続きますように。それから、つつがなく帰れますように。それから、いっしょにすごせて楽しかった。ありがとう」

ぎごちないようでいて、本心からの言葉だった。型どおりの陳腐な文句は言えなくなってしまった。帰ったらすぐに手紙を書くよとも、またすぐに来るよとも言うことはできない。しっくりくる言葉をさがせば、かえって、よけいに古い決まり文句になってしまう。だから言った。

「ミーケのことも村のことも、ずっと忘れない。いっしょにすごせて楽しかった。ありがとう」

二人の手が触れあった。挨拶でもなく、別れのしるしでもなく、最後のささやかな温もりだった。

ミーケは出て行き、私はピーターとヨスの方を向いた。二人とも待ってくれていたのだ。

ヨスの部屋に入るとほっとできるのがありがたかった。ヨスは着くなり小さな冷蔵庫へ直行し、冷えたビールとチーズを出してきた。今夜はとことん飲んでしゃべるぞとばかり、われわれは腰を据えた。ヨスは何とか入居者たちを組織したいという。私はいい考えだねと言ったが、それでは足りないようだった。

「頼むから手伝ってくれよ。何をしていったらいいのか探らなきゃいけないんだから、そこを助けてほしい。もっと滞在を伸ばすとか、とにかく何かしてほしいんだ。こんなことを頼むのも、きみにはびっくりしたからさ。ぼくが三年かかって気づいたことを、きみは三日で見抜いてしまった。外国人なのに、どうやったらぼくが見落してしまうものが見えるんだい。そのやり方をたずねたいのさ」

それは形こそ疑問文だが実際には質問ではなく、ほめ言葉だった。真の質問は、われわれは村のために何ができるのかということなのだ。すぐに言える答えは持っていないので、自分の考えていることの一部を打ち明けるしかできなかった。部屋割りの決め方を、もっと外の世界のやり方に近づけたほうがいいのではないかという話だ。二人の感想は私と同様、それを具体的な提案の形にするのはまだ早すぎるのではないかというものだった。会話はそれからもっと個人的な話へと流れていったが、それもやはり、形を変えて私に対して同じことをたずねていた。ピーターにきかれた。

「ふむ。ここで暮らすってのはどうだ。無理かな」

ヨスにも言われた。

「もし状態が悪化したら、どうする気だ」

ヨスが言うのは「したら」ではなく「したときは」なのだなとわかった。

「たぶん必死でがんばって、ぎりぎりまで外でやっていくんだろうな。それができなくなってからも、自立を奪おうとされるたび、最後の最後まで闘いそうだなあ」

ヤーコブ・フェーレが首コルセットをむしり取ったエピソードが頭をよぎった。

「ぎりぎりまで、外界志向でいつづけるだろうなあ。作業所で働くのは無理だと思う。少なくとも、今みたいな条件ならね。それよりは、村内向けの仕事のほうに行きそうだな。そして、少しずつここでの居場所を作っていきながらも、外の世界をあきらめることは絶対にないだろう」

ピーターがたずねる。

「それ、どういう意味だい」

「外の生活のことなんてすっかり忘れてしまいたいと思ったり、あれは昔のことだと思ったりすることにはならないと思うんだ。なつかしい思い出っていうんじゃなくて、自分の一部であり続けるってこと。こないだの晩、きみたちとミーケとモニカとしゃべってたときみたいに、昔フットボールとかいろいろしてたころの話をすることもあるだろうけど、それは、できなくなってくやしいってことで話すんじゃなくて、単におもしろいからとか、笑えるからとか、何かを説明するのに参考になるから、って理由で話題にするんじゃないかなって。たぶん、こういうのって身体障害の種類や重さによって変わってくることなんだろうけど、今のところはそんな気がしてる」

ピーターもヨスもわかってくれたようではあったが、本当にわかっているのかなとも思った。私はこの村にも、二人がそれぞれの身体障害に向き合うやり方にも、けちをつけるつもりはないのだ。

「わかるかな、ぼくはどんな問題でもこういう対応をするタイプで、今言ったことはほとんどその反映でしかないんだよ。ここよりよそのほうがいいって意味じゃないんだ。こういうときはオランダのほうがいいって確かに思えることはいくつかあるよ。子どもを作るとき、年をとるとき、それに何より障害者になるときは、アメリカよりはオランダにいたいと思うよ」

二人とも当惑した顔になった。ヨスが代表で、そんな人生の一大事をどうして外国で経験したがるのかとたずねた。

私の答えは一つだった。

「もしも本当にそんな一大事を経験するチャンスがあったり、経験してみたいと思うことがあったりしたなら、そのときはもう、外国という実感はなくなってると思うんだ」

自分の言葉に、自分でも驚いてしまった。私は本当にアメリカを離れてオランダへ来る気だろうか。そういうこともあるかもしれない。オランダほど故郷に匹敵する思いをいだいた場所はほかにはない。ある意味ではオランダも私の故郷だ。私はこの地で新しい人生にのり出した。二度目の出発の地なのだ。

しかしヨスとピーターにしてみたら、その物質万能主義にいくら不満を抱こうとも、やはりアメリカには可能性を感じているのだ。新しい医療技術、新しいリハビリ方法などについて熱心に質問をぶつけてくる。

「最近では何々の新しい治療法ができたって本当だよね?」とヨスにきかれる。

「どこそこでは新型の車椅子を開発してるんじゃなかったの?」

自分は事情に暗いなと感じた。新しいリハビリや治療については、二人のほうがはるかによく知っている。

しかしこうした問いの中にひそんでいるのは、もっと気の滅入るメッセージだった。二人とも最近の進歩への不満を口にしていたが、まずはヨスが、続いてピーターが、それぞれの「恐怖の瞬間」のことを語ってくれた。ある程度の手術がすんだところで、外科医に「残念ですが、これ以上できることはありません」と言われたときのことだ。二人とも、一方ではあきらめていながら、同時にあきらめきれずにもいた。二人が文献を読みあさるのは、単に「希望の灯を消さない」という域をこえていた。それもまた、自分の人生を行き止まりにしない手段の一つだったのだ。

現実主義者のピーターの言葉がきっかけで、われわれはふたたびヘット・ドルプの話に戻ってきた。三〇分近くも前に出た話に応えて、ピーターは言う。

「でもこのごろは、前ほど熱心にかかわらなくなったな。ぼくがこの種の問題に関心が薄いのは、一人で住んでるせいかも」

たしかにそれもあるのだろうが、ピーターはもうすぐモニカと結婚して、ヘット・ドルプを出て行く身でもあるのだ。

ヨスも同じことを連想しただろうし、「ピーターが出て行くのは、自分にとっては残念なことなのだ。ぼくは友だちを失うのだから」と思ったことだろう。この村のように新しい友人を見つけるのがひどく難しい場所では、こうした喪失は深刻なのだ。ミーケからもマルレーネからも同じことを聞いている。

喪失という問題がさらに次の連想を呼んだのだろう、ヨスが「留守にしている入居者」の話をはじめた。

「彼は転倒が多くて、痛みが止むひまがなくてね。それでとうとう、手術をすることになったんだ。これで二度と歩けなくなる。ぼくらの同類になるってわけさ」

この言葉は、どちらかといえば、寂しくはあるが単に事実を述べただけという感じがした。ヨスがその人に好意を持っていることは明らかだ。そして、あいつは発音に不自由はあるけど「頭はしっかりしてる」んだ、と続けた。

この種の発言を耳にするのは初めてではなかった。初めてどころかしょっちゅう出てくる。あんまり多いので、これにはきっと、自分自身や聞き手への確認の意味があるにちがいないと思っていた。それは世界じゅうにむかって「見た目や障害だけを基準にわれわれのことを決めつけないでくれ。われわれにはもっといろんな要素、いろんな面があるのだ」と呼びかける言葉なのだ。

このときから気分が明るくなり、話題はスポーツ、テレビ、そして旅行へと移った。一〇時半になって、本当の、最後の別れのときがやってきた。これからも連絡を取り合おうという話になり、ピーターが私の住所をたずねた。ヨスが「これで、アメリカに行ったときに立ち寄る先ができるな」と言い、ピーターも同意した。だが私は心の中で、アクセシブルな家、スロープのついた家を見つけるべきだろうかと考えていた。スロープつきの建物は、彼らだけのためといえるのだろうか。自分もいつか必要になる日がくるだろうか。もしかしたら、私の願望よりも早く、必要になるかもしれないではないか。

「ぼくはひどい筆無精なんだよ。けど、ヘット・ドルプのことや、障害者のことについて原稿を書くことはあると思うんだ。もし書いたら、みんなにも見せるよ。それから、またヨーロッパに来ることがあったら、なるべく帰ってくるようにするから」

二人はほほえんでくれたが、信じてもらえたかどうか自信は持てなかった。絶対にまた来るからな、と私は決心した。

避けられない運命をまたしても先送りしようと、われわれは朝食の時間に会う約束をした。どうやらヨスは朝に強い方ではないらしく、そんな彼が午前中に起きるというのでピーターがからかっていた。

「一日じゅうのスケジュールが変更になるな。けど、いつもと全然ちがう世界が見られるぜ」

これには三人で笑った。

夕方から今までずっと楽しい時間だっただけに、終わってしまうのが残念だった。玄関へ向かう途中で、二人がこのひとときのためにお洒落をしていたと気がついた。二人とも夕食がすんでからひげを剃り直していたし、ピーターは洗いたてのシャツに着がえてネクタイをしている。こういったあれこれを通して、私は少しずつ気づいていったのだった。彼らにとっては、私という人間にも、私の滞在にも、私が認めようとしていた以上の意味があったのだということに。

こうして外に出ると、自室にむかうこの道をたどるのも最後ということになった。夜の散歩の最終回をたっぷり味わおうと、私はゆっくり進んでいった。家に着くまでだれにも会わなかったし、挨拶してくれたのは空の車椅子たち、そして、充電中のバッテリーが立てるかすかなうなりだけだった。その光景が目に残った。最後のメモを書くあいだも、落ちつかないとはいえ深い眠りの中でも、自分も電池たちといっしょに充電されていくような気がしていた。そして、この充電はよく効くはずだし、長持ちするはずだと感じていた。

第9章

過ぎ去れど、忘れえず

——五月三一日　水曜日

この日はかなり早く、七時ごろには目が覚めた。時計の横のカレンダーに目がとまる。アメリカでは戦没将兵記念日といって、戦死した家族や恋人のことを思い起こす日だ。私の出発する日がこのように追想の日として公式に認められているなんて、なんだか運がいいような気がする。これからも、毎年この日が来るたびにみんなのことを思い出せるだろうから。

とはいえ今は、荷造りというつまらない作業に立ち向かわねばならない。こんなふうにしじゅう移動ばかりしているなんて、本当にいやなものだ。せっかく慣れたものを捨て、行った先では予想外のことに出くわすのだから。気に入らないのは、行き先が慣れない場所だからではない。いやなのは途中経過だ。身体にまつわる不安が山ほど出てくるに決まっているからだ。飛行機の中では狭い空間で身動きがとれなくならないだろうか？　階段が多かったり、廊下が長かったりしないだろうか？　時間の余裕は確保できるだろうか？　人の手伝いは必要になるだろうか？　必要になったら、手伝ってもらえるだろうか？　荷造りというのはある意味で、こうしたトラブル続きの予告編のようなものなのだ。手を伸ばして服を取ること、取った服を膝から落とさないこと、きちんとたたんで旅行かばんに入れること、すべてが課題だった。テーブルはほんの少しだけ高すぎて、上に広げたスーツケースの中を覗けない。棚はほんの少しだけ低すぎ、深すぎて、中身に手が届かない。そして、棚のはるか奥の方で、靴下が一足、私をあざ笑っている。一瞬、私がこの地を訪れた記念の品として、動かない足を包むソックスを置いていってしまおうかとさえ思う。思わずかっとなって手を伸ばしすぎ、車椅子がつんのめりそうになった。こんなものは全く不要なポーズだった。今から健常者の世界へ帰るにあたって、自分自身に対して何かを証明しようとしたみたいなものだ。外の世界にいたなら、これではどうせ手が届かないなと気づいて、何かを使って引き寄せていただろう。なのにこの移行期においては、まわりには誰もいないにもかかわらず、「完全に自力で」やらずにはいられなかった。「完全に自力で」という言い回しさえも、後を引いた。このとき初めて、それまで「完全な」「欠けるところのない」人間であることと結びつけて考えていた行動のいくつかに、座りの悪いものを感じはじめた。椅子の背にしっかりともたれてこの感覚をじっくりかみしめていると、ハンガーが一本、目についた。うってつけの道具だ。それを使って、迷子のソックスを連れもどす。私はしばらく、丸めたソックスをにぎっていた。私が今から必死で目ざすべき新しい自分はこれなのだぞ、といやでも見せつけてくるようだ。このソックスをまるで宝物のようにスーツケースにおさめ、ほかにも忘れ物はないかと部屋を見回した。テーブルの上にはピーターに借りた電気スタンドがある。スタンドを膝に乗せて、朝食にむかった。

スタンドを落とさずに運ぶことも、前のように危なっかしくはなかった。私もスタンドも、事故一つなく時間どおりに着いた。間に合ったどころか、まだだれも来ていない。後ろから車輪の回転音が聞こえた。見るとピーターで、すぐ後ろにはヨスもいた。ピーターはヨスをからかうように挨拶をした。

「こんなに早い時間に会えるとは、光栄だよ」

ヨスは低いうなり声で答え、三人は大笑いになった。

窓からはまばゆい陽の光がさし込んでいて、出発の日に天気がよくてよかったねという話になった。ヨスには「その分、アメリカに着いたら雨に降られるぞ」とおどかされた。

ここでもっとまじめな調子へと舵を切ったのは、例によってピーターだった。

「歩き方、忘れてないかい」

いい気分ではなかったが、私は笑った。

「うん、きっと思い出せるよ。ただ、けっこうぎくしゃくするだろうなあ。慣れるにはしばらくかかりそうな気がする」

二人は、自分たちなら絶対「経験せずにすむ」苦労だなと言ってにやっと笑った。

「こんなにちょっとしかいられなくて、残念だな」

ピーターの言葉は、考え抜かれたものだった。滞在を延ばせないのは「残念なこと」ではあるのだが、私の中には、ここに残りたがっている部分と出て行きたがっている部分との両方があるのだった。

そして、出て行きたいという気持ちは、表層には現れない恐怖心とつながっていた。フィクションの登場人物の中でもっとも嫌いな人物が心の中をよぎった――トーマス・マン『魔の山』のハンス・カストルプである。私も彼と同様、医療施設に訪問客として現れた。そして彼の場合と同様、私自身と他者との境界線はぼやけてゆき、もう少しで消えそうになっている。村はますます居心地のよい場所となり、外の世界は以前よりも冷淡で不親切な場所と思えるようになった。しかし、やはりハンスと同様、ここはわが家ではないと感じている。少なくとも今はまだ違う。だからもう潮時なのだ。

そんな物思いにふけっているところを、ピーターに断ち切られた。モニカからの伝言で、気をつけて帰ってねとのことだった。私はピーターに礼を言い、またしても「連絡を取り合おうね」という、もはや言い古された話題に戻った。これまでの論文に、何かぼくらが読んだら参考になりそうなものはないのかいとピーターにきかれて、そういえば相互扶助グループについて書いたことを思い出し、活字になったら送るよと約束した。ピーターは食堂を出ていきぎわに、帰るときは建物を出る前にぼくの部屋に寄ってくれないかと言い残していった。

私はヨスにもさよならを言ってから、最後の用事を頼もうと二人のドーヘラの方へ身を向けた。私が帰ったあとの車椅子をどうしたらいいかを事務的に述べただけだったのだが、二人の声にはとまどいの響きが混ざりはじめた。つたない言葉ではあったが、どうやら「あなたの車椅子なのに、どうして私たちが取っちゃうの？　あなたは困らないの？」と言っているらしい。彼女たちに対しては、入居者という私のアイデンティティはあまりにも通用しすぎたのだ。二人とも私が大学教授であり、訪問客であることは承知しているにもかかわらず、同時に私のことを入居者であり、障害者だとも考えているわけだ。そんな私が「自分の車椅子を置いて」ヘット・ドルプから「歩み去る」なんて、なぜできるというのだろう?

自室でメッツと待ち合わせているので、私はスピードを上げて帰った。メッツの動きは相変わらずてきぱきしている。私はほんのちょっとでいいから、まわりを見渡す時間がほしかった。メッツの手前、忘れ物がないか確認するだけだよとは言ったが、本当は、周囲の空間にさよならを言うためだった。この部屋はもはや、単にくつろいだり眠ったりするだけの場所ではなくなっていた。オランダという国と同様にもう一つの故郷、滞在は短くとも長く記憶に留まる場所となっていたのだ。[4]

部屋を出ると、メッツはまたしても私の車椅子を押しはじめた。膝の上にはスーツケースと杖が、揺らぐこともなく乗っている。杖をきつく、きつく握りしめてみる。この杖こそ、以前の自分との接点なのだ。この一週間、触るどころか、見ることさえしていなかった。その手ざわりは頑丈で、心強かった。廊下を進んでいくあいだも、人々が手を振ってくれる。みんな私が帰るのを知っているらしく、「バイバイ! 気をつけてな!」と声をはり上げる。

途中でメッツに、ピーターの部屋をノックする約束のことを話した。ピーターはすでに待っていたのだろう、叩くとすぐに扉が開いた。二人とも向かい合ったまま車椅子を前進させたもので、椅子と椅子がほとんど触れあわんばかりになった。ピーターはまっすぐこちらを見ると「また会えるといいな」と言い、ちょっと間をおいて「こないだからいろいろ楽しかったよ。ありがとう。英語が正しいかどうかわからないけど、きみに神のご加護があらんことを」と手を差し出した。私は手こそ握ったが、口の中で「ありがとう」とつぶやくしかできなかった。

「出口までついてってていいかな」

私はいいよという代わりに微笑すると、メッツに車椅子を押すのをやめるよう頼んだ。われわれは表玄関に着くまで、これまで何度となくそうしてきたように、前後に並び、口もきかずに車椅子を走らせた。玄関でピーターは最後のさよならを言った。

ドアはいつものとおり自動的に開いた。車を回していたメッツが戻ってきて、彼に車椅子を押されて外に出る。小径に停めたメッツのフォルクスワーゲンまでは五ヤードもないところで止まる。メッツに車椅子を押さえてもらい、腕をつっぱって身体を起こしていく。足の補装具がかちんと音を立ててはまり、これで完全に立ち姿勢になる。予想どおり、たしかにぎくしゃくと不器用ではあるが、ふたたび自分の脚で立てるのはいいものだ。メッツがにこやかに杖を手渡してくれ、私は元どおり「完成品」になった。左脚を振って歪みを直し、身をかがめてズボンの右脚を整える。椅子から立ち上が

4　のちにこの表現を読み返したとき、マーガレット・ミードの自伝 Blackberry Winter (New York: Pocket Books. 1975 = 『女として人類学者として――マーガレット・ミード自伝』和智綏子訳、平凡社、1975) にあった記述を思い出したものだ。ミードは自分がくつろぎと成長を経験した多くの土地を、滞在期間のいかんを問わず「故郷」と考えるようになったという。

るたび、いつもズボンの裏地がはさまってしまうのだが、当然ながらこの七日間、それに悩まされることはなかった。続いてポケットも確認する。家を出る前にいつもする習慣だ。自分が「正常運転」できる状態であることを確認すると、私はゆっくりと、ほとんど試運転でもするかのように、車にむかって最初の一歩を踏み出した。この五ヤードを歩むあいだ、自分は一人ではないのだという感じがしていた。このときは建物に背中を向けていたのだが、助手席へ後ろ向きに乗りこむべく反対を向いてみると、ふたたび仲間たちの方を向くことになった。ピーターは私の出発を見届けようと別の扉から出てきていたし、班の仲間たちの部屋の窓は一つ残らず開け放たれ、全員が窓ぎわに座っている。車椅子と移動ベッドの隊列といった光景だ。だれもが笑顔で、むちゃくちゃなジェスチャーをしている。私の心の眼に映った彼らは、別れの挨拶という以上に、私を激励しているようだった。ちょうど、手紙を持たせた使者を送りだすときに檄を飛ばすように。みんな、まるで何かをつかもうとするかのように腕を高々と差しのべているが、そのくせ手はかたく握りしめている。私は成功しようとしている。みんなの夢を叶えようとしている。外の世界へ戻ろうとしている。しかも驚くべきことに、良くなって出ていくのだ。車椅子に乗っていたはずの私が、自力で歩いているのだから！　このように良くなって出ていく者がほかにもいるだろうか。「良くなる」とは必ずしも、身体の機能が改善することだけを意味するわけではない。もしかしたらこれも、入居者たちから託されたメッセージの一つなのかもしれない。ヘット・ドルプとは「現状」だけでなく「可能性」の場所でもあり、障害だけでなく潜在能力の場所でもあるということ。私もみんなに応えて微笑み、手をふり、そして拳をつき出した。

メッツの自宅まではすぐだったが、二人とも黙りこくったままだった。最後の別れにコーヒーを飲みに来ませんかと誘われて承諾したときには予想していなかったことだが、今の私は本当ならひとりになりたい心境だった。そんなわけで、メッツ、ランフレット両夫妻といっしょにテーブルを囲んでも、私はひどくどっちつかずな気分だった。それはきっとみんなにも伝わっていたのだろう、ヘット・ドルプはどうでしたかという質問はそっと優しく、それでいて有無を言わせぬものがあったから。話題は多岐にわたったが、私の語った言葉はすべて、一度どこかで発言したか、ノートに書いたかしたものばかりだった。まるで、この場では新たな考察をしないようにすれば、魔法か何かで生の体験を長保ちさせられるとでもいうかのように。

会話はしばらく平穏無事に進んでいたが、雲行きが変わったのは、私がヘット・ドルプにおける「自由」の意味を語ろうとしたときだった。最初のうち私は、村に来たら自宅にいたときよりずっと自由になったという入居者たちの発言を不可解に感じていた。「これがわかるにはしばらくかかりましたよ。理解の参考になったのは自分の経験でした。自宅療養を終えて一人暮らしに戻ったとき、そういえばこれまで何でもかんでも母や父に頼まなくてはいけなかったんだなと思って、そのときの気持ちを自覚したんですね。看病、介護する人がどんなに愛してくれようと、この社会では、自分が負担をかけているという意識や後ろめたい思いはやはりどうしてもつきまとうものなんじゃないでしょうか」。視力を失ったばかりのミセス・ランフレットは私の経験に自分と重なるものを感じたらしく、愛しげに夫の方を向いた。そのしぐさは、言葉ではない形で私の話を認めてくれるものだった。

興味深いことに、今日の話の着地点は、一週間前の話のスタート地点だった。あのときの私は、ドルプをリハビリ施設だと言っては、毎回みんなにぴしゃっと訂正されていたものだ。それが今日は、リハビリはしないという方針にこだわりすぎて入居者の不利益になっていると主張している。「この村の位置づけ、存在は入居者によって実にさまざまです。いろんなニーズに弾力的に応えられることこそ、この村の最大の強みなのかもしれませんよ。みんなが気づいてないだけで、身体機能も、適応能力も、社会心理的にも、職業上も、かなりの進歩をとげている人々は、思った以上にたくさんいます。そりゃぼくだって全員とちゃんと知り合ったわけじゃありません。でもぼくが受けた印象的では、ここへ来てから、それでも大いに成長し、たくさんのことを学んだと思われる人がすごく多かった。みんな、リハビリは終了しているはずなのにですよ」。自分でも、大声になっているなとは思っていた。それでもみんなは、あっけにとられた顔をしながらも、話についてきてくれていた。

「今の言いかたじゃはっきりしなかったかも。つまり、みんなは単に、ここの環境にうまく順応しているってだけじゃないんですよ。『順応』っていう言葉じゃ受け身にすぎる。ぼくが言いたいのはそれ以上のこと。みんな、前には身についてなかったような社会的スキル、ときには身体的スキルまでも身につけつつある」

これには感じるところがあったとみえて、メッツもランフレットも次々と、新しいスキルを身につけた人たちの例をあげはじめた。

こんな話をしながらも、皮肉な構図だなと思った。これだけの成長を可能にしたのはほかならぬヘット・ドルプだ。なのにその成果は、ヘット・ドルプは終着点だという前提条件に反しているのだから。今になってわかったが、終着点という発想が正しいのは、ある限られた意味にかぎられる。つまり、たくさんの入居者が、人生の活動期をずっとここですごすことになるだろうという意味ならまちがってはいない。一方、生活や就労、社交などの営みにはさまざまな可能性があるという面では、ヘット・ドルプがきっかけで、これまで閉ざされていた意識のふたが開かれることとなった。たとえば、ヘット・ドルプの創設にあたった人々にとっては、結婚できる入居者が出てくるとは、まして人々が結婚したがるようになるとは、まったく予想外だったはずだ。また、一握りとはいえ、この村を単なる中継点とする人も出てきた。ここでさまざまなスキルを身につけ、自分を試しながら実力を見積もり、ついには出ていく人たちだ。そうでなくても全員が成長し、発展することができた。実際、かなりの数の入居者たちの独立心が増したことで、問題が起こりはじめているくらいだ。自分の力を試し、人生にはいろいろな可能性があることを垣間見た結果、すべてが今すぐほしい、「そろそろ大丈夫」というお墨つきなど待っていられない人が出てきたのだ。抑圧された少数派というイメージも、ここではさほど奇異なものではない。住民をなだめる運営側には抑圧する意識はなく、住民のためになされていることのたいていは住民の役に立っており、住民たちは犯罪ではなく病気ゆえにここにいる——それらすべてを考えに入れてもなお、結果の抑圧性は軽減されないのだった。他方、かつて「健常者」だった人に多いのだが、しじゅう議論をふっかけ、不平を言うけれども、それは単に人に助けてもらわなくてはならない生活への反発にとどまらない人々もいる。彼らの場合、生気、活気をふるい起こすために論争をふっかける。何かと闘っているあいだだけは元気でいられるのだ。ある意味、それこそがヘット・ドルプの本質だといってもいい。生き生きと、快活に生きつづけるための終わることなき闘いというわけだ。もちろん常に勝利に終わるとはいかない。だがこうした闘争が起きるという事実だけで十分に、村を創設した人々、職員として働く人々、そしてここで生活する人々すべての仕事に値うちがあったことを証明しているのだ。

ここの人々に対して私が抱く温かな気持ちは、一週間前よりもさらに大きなものになっていた。先週は見ず知らずの私を歓迎してくれた彼らが、今度は友として送りだしてくれたのだから。

前々からの予定どおり、駅まではメッツが車で送ってくれた。そして今度も、ふだんはおしゃべりなわれわれにも似ず、二人とも黙りがちだった。駅のホームを歩きながら、私はこの大切な人を改めて見つめなおした。

「いろいろ骨を折ってくれて、それに、熱心に誘ってくれてありがとう。あのとき誘われなかったら、来ていなかったよ」

その礼は言えたものの、内心では、ほかにも感謝していながら言葉にできないこともあった。私のお手本になってくれたこと、勇敢な人でいてくれること、親切にしてくれたこと。メッツが握手を求めてきたので、私はその手をとった。ふつうよりも長く握りつづけることで、言葉では言えないことを伝えたかった。列車の無粋な轟音が割りこんできた。私はスーツケースを持ち上げると、後ろをひと目ふり返り、一度だけ手を振って、自分の人生のある一部分を後に残していった。いや、それはちがう、と自分に言い聞かせる。その一部分というのは、ちょうど生まれたばかりではないか。だめだ、これも大げさすぎる。再生させたとか、とり戻したとか、願わくば再び自分の中に組みこんだとか、そういった言い回しのほうがしっくりくる。

座席に陣どったものの、気分は落ちつかなかった。昼寝しようとしても、くつろごうとしてもうまくいかない。何をしても効きめがない。私の中のある部分は疲れすぎてもいた。前の晩は熟睡できなかったから、さまざまなできごとや人々のイメージがひっきりなしに割りこんできて、何度も電気をつけてメモをとることになった。こうして自分の座席に座っていると、まるで、今までのできごとはやはり現実だったのだと認めていくような感じがした。それが進むにつれ、ヘット・ドルプについて語りたいという強烈な欲求がわいてきた。

一方では起きたことをただそのまま話したいという気もあり、同時に、自分にしか関係ないエピソードと社会的に意義のあるエピソードをより分けるため、聞き手に手伝ってほしいという気持ちもあった。そこで、経験したことの中から、長々と考えこんでも大丈夫そうなテーマはどれだろうかと考えた。メモ用紙の束を出して膝に置いたところで、ふと既視感に襲われた。そういえば出発のときも、予想や期待を書きとめることから始めたのだった。その私が今は帰ってきて、自分が学んできたことを少しずつ読み解いていくという長い道のりへ踏み出したわけだ」。

出立と帰還についての考察は、出発点としてちょうどよいものだと思えた。どのようなフィールドワークにも、参入と受容という問題はつきものだ。六日前の最初の数時間、私は事務局から発せられる「いやな雰囲気」を感じとっていた。メモにも記したとおり、それはたちまち危機へと発展したわけだが、私はそれを、中立の立場を拒否して入居者たちの側に立つことによって解決した。それによって失ったものが何だったにせよ、それによって開ける可能性の方が上回るように思われた。私はそれでもまだ自分を部外者だと考えていた。私は外国人だし、大学教授なのだから。だが住民たちから見たら、そんなことよりも、一人のひどく風変わりな障害者という方が優先だった。一方、私の異質さは有利にもはたらくことになった。私がアメリカ人であり、しかも、社会的にも（大学教授になった）私生活でも（以前は結婚していて、子どもが二人いる）成功者であるがゆえに、彼らが私にとって情報源であるのに負けないくらい、私も彼らにとっての情報源になることができた。そんなわけで、会話を始めたり、話しにくい話題に（私の基準で話しにくいということであって、彼らの基準ではない）踏みこんだりする困難さは、大いに軽減された。彼らとの初対面の会話は、しばしば、先方が私の障害や適応方法について質問することから始まった。答える代わりに相手の障害について質問するのは、公平であるばかりか、自然でさえあった。実際、インタビューの場面でこれほどくつろいだ気分になれたのは初めての経験だった。インフォーマントが私に打ち明けてくれた情報に対し、本当の意味でお返しができたのは、このときが初めてだという気がした。これほど対等な、しかし異例の調査関係に身を置いているうちに、近年、何人かの社会科学者たちが書いていることの意味がだんだんわかってきた。どんな調査関係にも搾取の可能性がつきまとう、なぜなら、片方がたくさん受け取るばかりでほとんど返礼をしないからというのだ。

入居者たちが私を受け入れてくれる過程は、私が来客用の居室を拒否し、車椅子を要求したことによって速められた。そのことで、障害の程度の差がしじゅう目だたずにすんだし、「入居者として生活する」という私の発言が本気だという証明にもなったからだ。もちろん、発言は発言であって行動の代わりにはならない。だから初日のテストが課されることになった。ピーターと連れだっての買い物である。電動車椅子ではなく手こぎの車椅子を使ったことも、実はさらなるテストとして作用していた。車椅子使用を再開した者にとっては手動の方がふさわしいばかりでなく、それによって、身体的にも精神的にも「そっくり本物の生活」に自分を追い込むことにもなった。当時の私は気づいていなかったが、手動の車椅子を使うことで、自分は安易な逃げ道を選ばないということを住民たちに示すことにもなったのだろう。

現に、これを書いている今になってようやくわかってきたことだが、私は滞在中一度たりとも、自分から安易な解決法を選んだことがなかった。もっとはっきり言えば、私は一度たりとも「ズル」をしなかった。それは私にとって、いくつかの理由から大切なことだった。だれも見ていないときにズルをするのは不公平で不正直だと思えたばかりではない。「ズル」をすると、私自身の体験は行動や心理に関する重要なデータとしては使えなくなるからである。一人きりになるのは自室の中だけだったが、部屋に帰るたびに障害者ではない自分に戻っていたのでは、ヘット・ドルプの生活を物理的にも（トイレやシャワーを使うこと）情緒面でも（孤独を感じること）、十全に味わう機会を逸していただろう。

その意味でいうと私は、フィールド近くに準備したプライベートな空間は多少なりとも自宅と似た雰囲気にしつらえようとする多くの研究者にくらべ、より深く踏みこんでいたことになる。

私はまた、自分自身に対して何かを証明しようともしていた。ただ、その「何か」が何なのかは今になってもはっきり言えないのだが。もしかしたらヘット・ドルプへ分け入る旅は、私にとって、自分の中の一部分でありながら長らく拒絶してきた部分――身体障害――とのつながりをとり戻す唯一の手段だったのかもしれない。私があの村でしてきたことは、まったく予想外のなりゆきから、自分がよくやる否認のメカニズムをそのまま体現して生活することでもあった。私は過去二〇年の大半を、毎日少なくとも一回杖をなくしながら生きてきた。たいていは隣の部屋に忘れたとか、椅子の後ろで見えなかったとかいうだけなのだが、ないとわかると、失われた「外づけ部品」を求めてあちこち探し回ることになる。たまたま職業が大学教授だということで、「専門家にありがちなうっかり者」というステレオタイプで説明して片づけてきた。それがヘット・ドルプでは、本当に杖を片づけてしまい、杖なしで何とかしなくてはならなかった。ところが、同じ杖の不在でも今度は否認を助長するどころか、自分はやはり杖なしではやっていけないという思いを確認とまではいわないにせよ、強化する結果となった。

とにかく今回の経験は、私の生涯でも最大級に消耗する、密度の濃いものだった。私は常に「オン」の状態だった。すべての瞬間が、観察し、何かを学ぶチャンスだった。人と話ができない時間も、自分のふるまいや反応ぶりを検証することはできた。それに、通常の調査のとき以上に、「本来の自分」を保ったままだという実感もあった。ふだんにくらべて積極的だったとか消極的だったとかいうのではなく、ただあらゆる感覚が「微細に調節されている」だけだった。それでも、この訪問は心理的にとてつもない負担になった。予想していたとおり、昔の不安も掘り起こされ、新しい不安も生まれた。しかしそんな予想など頭で考えたものでしかなかった。自分が物ごとをこれほど深く感じることになるなんて、思ってもみなかった。

身体を酷使してしまうことについても、まったく備えができていなかった。村内をあちこち移動するのは負担だった。腕も背中も、痛みの休まるひまがなかった。また、元の生活では実に簡単だった作業が、これほど困難かつ複雑になるとは思っていなかった。病気だったときや事故で入院したときの経験は、思ったほど直接の参考にはなってくれなかった。入院中は二回とも、ほとんどいつも看護婦や助手、友だち、家族や親戚などがそばにいて、手を貸してくれた。ヘット・ドルプでは、自力でするのが当然という作業がはるかに多かった。さまざまな面でここは、病院ほどは保護されていない環境だった。その結果、洗濯をする、ドアを開ける、ある場所から別の場所へ移動するといったなんでもない課題に、身体的にも心理的にもはるかに多大なエネルギーを割かなくてはならなかった。

こうした理由のすべてが合わさって、フィールドワークの世界で昔から言われている教訓の一つ、「記録には観察と同等の時間をかけよ」に従うことは大きな喜びとなった。記録をつける時間は、その日のできごとをふり返り、解釈する機会となった。また、文字化する行為にはカタルシスとしての値うちがあった。体験の強烈さから逃げだすことができ、気になる点を考えぬいたり、体験から自分自身を守れるだけの距離を置いたりする余地が得られたから。

記録をつけているうちから、記録したできごと、言葉、会話のすべてが英語であることには気づいていた。英語を話せる人が多いというだけでなく、少しでも機会さえあれば使ってみたがる人が多かったのだ。英語がほとんどできない人と話したこともあったが、たいていは近くにいるだれかが喜んで通訳を引き受けた。英語のできる人が一人もいないときでさえ、なんとしてもコミュニケーションをとりたいという熱意が勝つのだった。ほかの言葉（たいていはフランス語かドイツ語）やジェスチャーでどうにかこうにか「自分たちについての物語」を伝え合うことになった。当然ながら、周囲ではしじゅうオランダ語が使われていたわけで、理解力も語彙力も格段に進歩した。一か月も滞在していたら、発音こそ悲惨だとはいえ、オランダ語を話せるようになっていたかもしれない。その一方で、私がオランダ語を話せないことは、興味深い結果をふたつひき起こした。みんなは私がオランダ語をまったく解さないと思いこんでいるものだから、少なからぬ会話が（とりわけ夕食の場で）、あたかも私がその場にいないかのように進められ、くつろいだ雰囲気の中で住民同士の会話が展開することになった。しかしオランダでの九か月はまったくの無駄ではなかったらしく、私の理解力はみんなの予想も私自身の予想も上回ることがほどなく明らかとなった。ときには、私に知られまいとして意図的にオランダが使われることもあったのだが、たいがい要点くらいはわかってしまうのだった。もう一つは、言葉がわからないだけになおさら、非言語的な行動――単にジェスチャーや表情だけでなく、全身の使い方、身体の延長としての車椅子の動き方も含めて――に一層の注意を払うことになった点である。全般的にいって、コミュニケーションは比較的容易だった。それは、一つには言葉とは別の事情、いわばわれわれに特有の共通言語のおかげだったのかもしれない。たとえていえば、同じ外国語を読むのでも、社会学の学術誌ならば専門用語がわかるから新聞や小説よりは読みやすいのに似ている。村人たちと私の間には、膨大な共通の語彙があった——補助用具の名前もそうだし、障害者としての体験という感情の表現もそうだ。

何よりつらいのは、村ですごした時間の長さだった。わずか一週間しかなかったのだ。絶対的な欠乏は感じないが、相対的な欠乏を感じてしまう。親しくなった人々との別れは一時的なものにすぎないし、何より、これまでにも経験がある。しかし時間が足りないことで、私はせっかちになりすぎたかもしれない。単に事務局や入居者たちに過度の期待をかけてしまっただけでなく、みんなの置かれている微妙な立場をとらえそこねていたかもしれない。さらに、会わなかった人々もいることは明らかだ。程度はさまざまだがうつ状態にある人、ヘット・ドルプにがっかりしている人、他人との交際が少ない人と知り合うことはできたものの、うつがきわめて重い人、村にはとことん幻滅してしまった人、完全に孤立している人と接触した認識はまったくない。それは時間が足りないせいもあるが、もっと深い事情もある。こうした人たちの多くはそもそも入居の段階で選考に落ちたり、短期間で退所してしまったりするとも考えられないことではない。また、特に孤立している入居者たちといえば、言語や文化、性格などの理由から、どんなに長く滞在したところで最もコミュニケーションに苦労する相手だろうと考えるのもそう不当ではなかろう。

もっと会っておかなかったのを一番後悔している層といえば、職員だった。同じ職員といっても、ドーヘラたちに関しては、これは完全に時間の不足だ。こうした環境で働くにはどんなタイプの人たちが向いているのかという問題は、それだけで別の立派なテーマになるくらいだ。採用にあたってどのような基準が用いられているのかは知らないが、その基準はうまくいっているように思えた。入居者たちからは、あのドーヘラは手ぎわが悪いという不平を聞くことはあっても、人間性が冷たいという話は一度も出たことがなかった。一番大きい問題といっても、この種の施設ならどこにでも共通の現象かもしれない。希望が見えずにすっかりあきらめてしまい、退職する者、深入りしないように距離をおくようになる者が出てくるという問題だ。もしかしたら、採用基準がすぐれているために、この問題はいくらか軽減できていたのかもしれない。ここから先は単なる印象だが、ドーヘラは大きく二種類に分類できるように思った。一つは子育てを終えたくらいの中年女性たちで、中には未亡人とか、離婚した人もいるかもしれない。見るからにたくましく、それでいて優しい母親のようなタイプで、こんな人がご近所さんや友だちだったらいいだろうなと思えるような人たちだ。長く勤めるつもりだし、職場を家のように思っている。いま一つのグループの特徴は若さだ。私が会った人だけでも、すでに結婚が決まっている人、もうすぐ決まりそうだという人が珍しくなかった。愛敬があり、愛想もよく、生命力にあふれていて、そばにいるだけで元気がうつりそうな気がすることもしばしばだ。私が話を聞くことのできた数人によると、ヘット・ドルプの仕事は一時的なものだという。結果的には何年も続けることになったとしても、当座の職だという意識があるかぎり、精神的な逃げ道がある。

これら二種類のドーヘラたちは、ヘット・ドルプを構成する大切な要素を半分ずつ体現する存在ともいえるのかもしれない。たくましい母親のような年配の女性たちが保護、くつろぎ、安全の重要さを象徴する一方、若い女性たちは成長、発達、さらにはセクシュアリティさえも刺激する存在というわけだ。

それに対して、運営本部の職員たちをよく知るには、単に滞在期間をのばすだけでは無理だっただろう。彼らの物の見かたを完全に学びたければ、彼らの世界で仕事をしてみるしかない。職員という立場で参与観察を行なわないかぎり、公平な評価はできない。

この最後の一言にあらわれている姿勢――「反対の立場から」どう見えるかを伝えようと試みるくらい手慣れたことだという、無自覚なうぬぼれの粉砕――が、どうか私の行った観察のすみずみにまで徹底できていてほしいものだ。この記録でも、何度も何度も、思いもよらぬ自らの偏見につまずいている。今回改めて思い知ったことをお伝えするには、二つの経験を比較するのが一番だろう。ヘット・ドルプでの体験と、もう何年も前に私がフィールドワークの道に進むきっかけになった体験の二つである。

一九五九年の春に私は、ボストンのウェストエンド地区の再開発について研究する調査チームのスタッフとして採用された[5]。繁雑になるのでここでは省略するが、いくつかの幸運が重なって、私は本来のインタビュアーという立場から「潜入」観察者に転身することになった。四か月近くにわたって私は身元を完全に明かすこともなく、地区の元住人と見なされてすごした。最終的にその場を離れることになったのは、われわれのたまり場の最後の一か所が破壊され、本物の住人たちもおおぜい去っていったときだった。それはいろいろな意味で冒険ではあったが、その後も私の中に長く影響を残したのは冒険の冒険らしい部分（パーティーの話題として役に立ちそうな部分）ではなく、調査対象である人々を他人のようには感じなかったという点だった。ある日のこと、騒がしすぎるわれわれに腹を立てたバーの店主が、こちらへ濡れた布巾を投げつけてきた。特にだれを狙ったというわけでもないのだが、布巾はたまたま私の顔に命中した。私は額に布巾をくっつけたまま、投げ返そうとビールの入ったグラスをつかんだ。グラスを持ち上げたところで、店主はひるみもせずに私をにらみつけた。

「ちょいとあんた！　あんたまでがほかの連中とちっとも変わりゃしない！」

私は誇らしくなったが、それは物まねがうまいからという以上に、仲間と認められたからだった。心の中で彼女に礼を言い、私はグラスを置いた。

ウェストエンドでの体験が特別なものとなったのは、一つには、私がこれまで、学者としての階段をのぼるうちに水面下に押しこめてきた自分のさまざまな面が役にたったからでもある。一九五九年といえば私はハーバードの社会関係学部の大学院の三年め。同じハーバードで学部を卒業したのはずいぶん前のことで、そろそろ博士号のことも考えなくてはならない時期だった。ドーチェスター育ちの少年にしては、これでもなかなか大したものだった。子どものころに仲のよかった二五人の仲間たちの大半はボストンラテン学校（訳注：現存するアメリカ最古の公立進学校）へ進み、必然的に、ハーバードもしくは同等の名門大学に進んでいるので、私の学歴は親しい友人たちの間ではさほどでもないだろうが、ゾラ家の親戚一同の基準では大変なことだった。父は、成人まで生き延びた者だけ数えても男八人に女二人という十人きょうだいの末っ子なので、かなりの数の親戚がいるが、当時、ゾラ家で少しでも大学教育と名のつくものを受けたのは、私でまだ三人めだった。

私がウェストエンドのプロジェクトに関わったことで、家の中は大混乱に陥った。母は、自分がこれほど必死で抜け出そうとしている下層階級に息子が「零落していく」とひどく嘆いているのに、父は大喜びしている。息子といっしょに遊べるばかりか、何かを教えることができるなんて、私がよほど幼かったとき以来なのだから。父は鼻高々で私を地元のビリヤード場へ連れていき、こいつはハーバードで研究しているんだ、そんな息子におれは今からビリヤードやエイトボールを教えてやるんだ、と自慢した。続いて私に、酒場で使われる俗語やら、賭場でのふるまい方、そのほか賭博に関する一部始終を教えてくれた。それを見て母はすっかり腹を立ててしまった。私の研究については一言たりとも聞きたくなかったらしく、生涯で初めて、口癖だった「今日は学校で何してきたの?」を言わな

5　私の研究結果はのちに "Observations of Gambling in a Lower-Class Setting," Social Problems 10, no. 4（April 1963: 353-361 として発表された。プロジェクト全体の成果としては Herbert Gans, The Urban Villagers（New York: Free Press, 1962 = 『都市の村人たち』松本康訳、ハーベスト社、2006）があるほか、Leonard Duhl, ed., The Urban Condition（New York: School and Society Books, 1969）と Mark Fried, The World of the Urban Working Class（Cambridge: Harvard University Press, 1973）にそれぞれ数本の論文が収録されている。

くなった。こうした両親の反応に加え、拘束時間は長く、調査は夜間に行なわれ、ときにはいささか酩酊して帰るというわけで、当時やはり大学院生だった妻にも評判はよくなかった。

ほかにも、ウェストエンドでの調査を契機に、いくつかの問題意識が形をなしていくことにもなった。もともとは標本調査や統計的手法の訓練を受けてきた私だったが、前々から、こうしたやり方には限界があるのではないかという疑問をふり払えずにいた。大学院時代の私はC・ライト・ミルズを熱心に崇拝していたし、精神分析学の知見にも熱中していた。おもしろいことに、当時は人類学の師匠（ウィリアム・コーディルとクライド・クラックホーン）と社会学の師匠（ウィリアム・マコード、テッド・ミルズ、タルコット・パーソンズ、フィル・スレイター）のどちらの仕事を見ても、そこここに精神分析的な発想が隠されていたものだ。そんなかねてからの疑問に、ウェストエンドでの仕事が具体的な形を与えることとなった。初めて自分の調査対象に質感と奥行きを感じることになったからだ。一方、決してほめられたことではないにせよ、自分という人間のあらゆる側面を動員して仕事にあたる味も覚えてしまった。視覚、触覚、聴覚といった感覚を使うだけでなく、自分の出自や経歴など、通常の参与観察では言及されないような部分も活用することができたのだ。労働者階級の出身であること、ユダヤ人であること、ドーチェスターとマッタパンで育ったこと、数年にわたって工場で肉体労働をしていたこと、ポリオにかかったこと。これらは単にウェストエンドの仲間たちに話す話題として役立つだけでなく、もっと直接、仕事に生かされることにもなった。この調査体験はあまりにもショッキングだったし、当時の最新の社会科学の作法として叩きこまれた客観であれという方針にも真っ向から反していた。だから私は、これでこそ十全になったという実感を、一人でひそかに味わうしかできなかった。それも、研究対象をよりよく理解するためだからといって、このような研究課題からはずれた個人的な要素を利用するなんて、自分の受けてきた訓練を裏切るようで後ろめたい気分だった。

そのほかにもう一点、このときに芽ばえながらもその後の十年は心の奥底でくすぶるしかなかった問題がある。この調査で自分が新たに知った内容が、実に意外だったことだ。知らなかった情報を知る興奮のことではない。自分のような人間なら知っていて当然と思っていたことを、改めて発見しなくてはならなかったという衝撃である。そもそも調査の対象は、私にとってはさほど知らない世界ではないのだから。私が魅せられた謎は、なじみがあって当然の文化がなぜ、部分的にであれ、知らない世界になってしまったのだろうということだった。そのときに始まってヘット・ドルプで頂点に達したのは、愛情深いユダヤ人の両親に施された社会化、受けてきた教育、そしてポリオと交通事故を「克服」せんとして注いだ膨大なエネルギーとがあだになり、私は自分の中のある部分を断ち切り、無視するようになってしまったのだという穏やかならぬ認識だった（私は大学に上がるまで、自分が労働者階級の人間だという意識さえなかった。そのとき初めて、親しい友人たちの中で父親が肉体労働者なのは自分一人であることに気づいたのだ）。私にも心理学の心得はあるから、こんな作用が起きたことを残念に思うだけではない。私は現在の仕事にも生活にもおおむね満足しているが、自分の中のいくつかの要素を異質なもの、克服すべきもの、過去のものと見なすことができなかったら、今の地位につくことができたかどうかは心許ないからだ。しかしそれにはそれに代償も支払うことになった。それを評価し、理解する作業は、今になってようやく始まろうとしている。

ヘット・ドルプでの経験にはウェストエンドと通じる点も多く、あのとき感じた問題意識がさらに高まったり、眠っていたものが呼びさまされたりもした。今回は、慢性病患者や身体障害者をめぐる分野で、これまでの社会学の報告がいかに不完全なものだったかを改めて悟ることになった（たとえば性的機能や性交の能力についての研究がそうであるように、統計を重視した研究になればなるほど、ある意味で実体験を反映しないものになっていく）。やはり経験的な研究手法の方が信用できるという思いがふたたび裏打ちされた。そしてまたしても、自分の個人的で社会的な背景を利用できることになった。ただし今回の場合、「障害者」であるとはどんなことなのかを理解するためなのだから、私という人間のいかなる側面も無関係とは思えなかった。しかもすべては意識的に行なわれ、罪悪感も伴わなかった。素性を偽って潜入しているわけではないので、倫理的な問題も伴わない。つまり最大の秘密は、私が私自身から隠している事柄ばかりということになる。

私のかかえている盲点の一つ一つは私だけに特有のことかもしれない。しかし、このように自分の中のある部分を切り離してしまうという過程や、そのことがもたらす結果まで、広く一般に通用する関心事ではないと言いきる自信はない。とりわけ、調査対象である人々と自分との間に、対人的にも情動面でもどの程度の距離が必要なのかという点に関しては、私は大いに疑問に思っている。調査の対象である集団や現象に「なじみすぎる」「一体感を持ちすぎる」ことの問題点を指摘する文章は多い。いや、今では多すぎるのではないかと思うくらいだ。歴史上、それが非常に重要な問題だった時期もあったのだろう。書き言葉を持たない集団や、物珍しい文化や、風変わりな風習などの理解を二の次にして、それらをただ美化してしまう風潮も一部にはみられただろうから。しかし現代では、そうした行きすぎを防ぐ上で一番いいのは、かかわりを持たないことではなく、自分が研究対象に入れこんでいることを自覚しておくことではないかと思われる[6]。現に今ではたくさんの社会科学者たちが、価値中立的であること、つまり自分の価値観、自分の個人的・社会的な前歴と完全に縁を切ることは、不可能とは言わないまでもどれほど難しかったか、そして今も難しいかを語りはじめている。となると、現代版の警告は、最低でも自分の価値観をはっきり自覚し、明示的に述べるべしということになるだろう。

6　この議論を読むと、医師と患者の関係についての私の研究に通じる点が見てとれる。医療の場においても、医師や療法士たちが患者を治療する上で「必要な」対人的・情緒的距離についての議論がたくさん重ねられてきた。社会科学者による調査の場合と同様、こうした切り離しもかつては大いに実用的だったのかもしれない。麻酔のなかった時代、重病で入院すれば死亡するのが当たり前だった時代には、こうして「心を守る」ことなしに仕事を続けられる者などめったにいなかっただろう。こうした切り離しを生む元となった現実は遠い昔のものとなったにもかかわらず、それに対応した人材養成上の手続きはそのまま残った。今では、患者に近づかない、よそよそしくて無情な医師や療法士自身が、この状態を何とかしたがっているという話も耳にする。患者は痛みや苦しみを味わい、長期にわたる喪失を経験し、ついには死に至るというのに、このままでは患者を理解できず、当然ながら、苦しみや死に向き合う患者を支えることもできないからというのである。

私ならさらに先を行きたい。こうした「現実」を利用すれば、自分は観察の対象とどこが似ていてどこが違うのかをたえず問いつづけるために役だてることができる。こうなると研究者にとってはもはや、自分も研究対象の一部なのだから研究対象に変化を与えつつあると自覚するだけでは十分とはいえなくなる。研究対象の一部である自分自身も、観察の価値ある対象となるのだ。日々の生活の手ざわりを余さず捉えるためには、「研究者個人にとってのこの体験の意義」は、手順を述べた項の末尾に追記として押しこめられたり、後年になって回想記[7]に収録されたりするのでは不十分だ。それよりもこの経験をよく見つめ、そこで感じた不安も恐怖も喜びも反発も、理解したい状況そのものの一部と考えなくてはならない。つまり、かつては対人的・情緒的に距離をおくことによって大切な客観性も得られ、踏みこみすぎも防げたとはいえ、今では、人々の経験は互いに似ていないと強調しすぎることになってしまった。もしかしたら、私がこの研究で提案したような自己分析を通して、われわれは理解の裂け目に橋をかけ、人間の普遍性をいくぶんかはとり戻せるかもしれない。

いろいろな点で、私は以前の私でもなければ、以前と同じフィールドワーカーでもない。とはいえ、それはただ単に、最初からずっとそこにあったものを、前より強く意識するようになっただけかもしれない。価値中立的な観察者ではなくなったことは確かだ。そのことの一部は、私の研究スタイルの中に完全に組みこまれてしまった。ヘット・ドルプでも、入居者たちに私自身の経験を打ち明けるにとどまらず、変革に向けてのアイディアも提供した。自分は確かに片方の味方だとも感じた。外の世界の側ではなく、村の側に立った。そのことが私の観察や理解にどんな影響を与えたかはよくわからない。だが、理解したことをどう活用するか、自分が何を書くかには影響するだろう。総体的には、実に爽快な気分だった。たった一週間前に旅を始めたときとは大違いだ。考えようによってはこの一週間は、小宇宙の中で一年をすごしたようなものだった。自分はどこから来た人間で、これからどこへ行きたいのかを探る時間だった。その上さらに、この一週間で私も、何人かの人たちに影響を与えたかもしれないという希望さえある。願わくば、それがよい方向への影響であってほしいものだ。私に影響を与えた人となると、数えきれない人数になる。

目的地に着くと、この旅の最後のお土産が待っていた。階段を登り降りするのに、前よりさらに重くなったスーツケースを引きずり、持ち上げ、また引きずることになったが、今ではそれを恥ずかしいとは思わなかった。これが私だ。謝る必要もない。そして今度は、だれかが手伝いましょうかと言ってくれるのを、つつましく待ったりはしなかった。もはや自力でできることを証明する必要は感じない。だから、こちらから頼んだのだ。

7 Elenore S. Bowen, *Return to Laughter*（New York: Harper & Row, 1954）、そして Margaret Mead, *Blackberry Winter*（注4参照）がこのジャンルの代表である。

第３部　その後

第10章

聞くのも難しいが、語るのはさらに難しい

——身体障害者と慢性疾患患者の世界という実現しそうもなく、実現しても問題だらけであろう世界についての考察

直視したからといってすべてを変えられるわけではないが、直視しないことには一つも変えられない。（ジェイムズ・ボールドウィン）

「これがどんなことなのか、なんでみんなわからないんだろうね」とはヘット・ドルプの住人に特有のせりふではなく、身体障害や慢性疾患をかかえて生きる経験について他者に伝えようと努める人々の多くが口にすることだ。障害は、語るのもやっかいなら聞くのもやっかいな話題だといえる。この困難は西洋の文化の奥深くに根ざしたものだ。この点はスレイターがうまく説明している。

老人を、精神病者を、知的障害者を、病弱者を施設に入れてしまおうというわれわれの発想は、いわば「水洗トイレ仮説」とでもいうべき思考パターンの上に成り立っている。つまり、見たくない物、見たくない苦労、見たくない難しさも障壁も、自分の視界の外に押し出しさえすれば消え失せるという考え方だ。（中略）社会問題に対するわれわれのアプローチは、それが目に触れる機会を減らそうというものだ。去る者日々に疎しである。（中略）われわれの社会による努力の結果はといえば、社会の根本にある諸問題を日々の経験、日々の意識からどんどん追いやったがゆえに、当の諸問題に取り組む人数も、技術も、資源も、意欲も減ってしまったというものであった。[8]

ところが、こうした問題をかかえる人々を、人里離れたコロニーや収容所、療養所などに追放することは次第に許されなくなっていった。そこで近年になって考えだされた妥協策が、地理的には遠くないが社会的には遠い場所や自由に立ち入れない場所、たとえばスラム街、専用の公営住宅、介護施設、病院といった空間に住まわせることだった。これでもやはり完全とはいえない。となると最終的な戦略は、これらの人々を社会の中で不明瞭な存在にしてしまうこと。ステレオタイプ化するわけだ。

こうして起こる突き放しと孤立については、自分の身に起きてみるまできちんとわかってはいなかっ

8　Philip E. Slater, *The Pursuit of Loneliness: American Culture at the Breaking Point*（Boston: Beacon press, 1970）p.15

た。前にも書いたが私は一本杖を使い、片脚に長い補装具をはめ、背中はコルセットで支え、自由に曲がらない脚で、はっきりわかるほどびっこを引いて歩いている。これだけそろえば相当に珍しい外見のはずだし、ほかの人とも簡単に見分けがつくだろうと自分では思っている。なのに長年にわたって、何度も人違いをされている。たいていは新しい場所へ行ったばかりのときで、知らない人が私をトムやディックやハリーと思いこんで挨拶してくる。違いますよと言うと、相手は謝罪とともに、たいてい「ほんとにそっくりなものですから」と言う。そのうちに本物のトムやディックやハリーと知り合うときがくる。すると本物は私より何インチも背が低かったり高かったり、四〇ポンド(約一八キロ)も重かったり軽かったり、両脚を切断されていたり、松葉杖をついていたり、対麻痺で車椅子に乗っていたりする。私はむっとしながらも、どうしてこんな男を「唯一無二の私」とまちがえたりできるんだろうと不思議にも思う。でもこのことは、ずっとそのままにほうっておいた――ヘット・ドルプでもそれが起きるまでは。私が着いて一日も経たないうちに、入居者のほぼ全員が、紹介されたわけでもないのに私が何者かを知っていたし、私の外見も知っていた。職員となるとその正反対だった。私が敷地内で車椅子を走らせていても、私に気づいて会釈する人は一人もいない。ここ以外のオランダ社会なら、そもそも障害以外の部分で――長髪、頬ひげ、カジュアルな服装といった要素で――一発で外人、それもアメリカ人と判断されるはずなのだ。ところがこの場所では、こうした特徴は見すごされ、私のアイデンティティとは無関係なものとされる。車椅子に乗ったが最後それ以外の特色はすべて覆い隠され、ごく普通の入居者だろうと決めつけられる。一度などは見学ツアーに巻きこまれて、

「典型的な入居者ですね、おそらく出勤するとちゅうでしょう」と解説されてしまったほどだ。こうした経験はどれも、最初の数日で入居者たちに聞かされた真理――われわれのことをどう考えるかは外の世界が選ぶのだということ――をそのまま具現化したものだった。私が対麻痺だろうと痙性麻痺だろうと筋ジスだろうと多発性硬化症だろうとそんなことはどうでもいい。何よりも障害者で廃疾者であることが最優先であり、これでは健常者の目には私もほかのみんなもそっくりに見えるわけだ。

しかし、障害者のステレオタイプ化においては、たとえばスティグマを付与された民族集団のステレオタイプ化ではみられないことも起きている。身体障害者を社会的に不可視化していく過程は、もっと目に見えない形で進行する。

肌の色、ユダヤ的な顔立ち、東洋的な顔立ちなどについては、幼い子どもたちはあまり気にとめない。成長の過程でこうした特徴に注意を払うように教えられ、ようやく身につくにすぎない。身体障害ではこれが正反対になる。幼児は車椅子に乗った人や補装具を着けた人に出会うと珍しがり、質問ぜめにしてくる。「なんでこんなのつけてるの。これなあに。夜ははずすの。上はどこまで続いてるの。さわらせて」。ところが、その声が届く範囲に大人や親が居合わせたら、大人はたちどころに落ちつきを失い、子どもに注意するだろう。「そんなこときくのは失礼ですよ」「じろじろ見ちゃいけません」。話題の中心になっている特色――脚をひきずる歩き方、杖、車椅子、補装具――ははっきりと目に見え、子どもはいやでも興味をひかれてしまうにもかかわらず、無視するよう教えこまれる。もちろん、あれは取るに足りない特徴ですよと教えられるわけではない。そうではなく、口では言わずとも感情を介して、あれは口にしにくいものだし、まとめて扱っていいのですよ、と教えこまれる。個別にではなく十把ひとからげに対応するように、障害者を見かけたら障害者だなとは認識しながらも、具体的な障害の特徴は見すごすように教化されていく。これでは、障害者ならほとんど全員が「なんでみんな私のことを、障害もある一人の人間と見てくれなくて、一人の障害者って思うばっかりなんだろう?」とこぼすのも不思議はない。幼い子どもなら、最初のうちは相手を障害のある一人の人間だと受けとめている。なのに、社会化によってたちまちその見かたを脱するよう仕向けられていく。

それにしても、何のためにそんな手間をかけるのか。慢性疾患患者や障害者をこうまで遠ざけたいのか。われわれはなぜ、社会的に見えない存在にしなくてはならないほどの脅威になるのか。

アメリカという国は、平地にできない山はない、制御できない川はない、活用できない自然の力はない、という前提の上に建設されている。それと同じで、完治させられない病気などないと言い出したとしてもさほど意外ではない。かくして、心臓病やがん、脳卒中、先天異常などを相手に戦いが続く。いずれも、次の丘を越えたら今度こそ桃源郷がある、病気のない社会が待っていると約束しての戦争ばかりだ。しかしデュボスも説くとおり、そんなものは蜃気楼にすぎない。

アリのような社会性のある動物は、棲息する環境との間にしっかりした平衡状態を作り上げるから、急激に病気が蔓延したり、社会の構造が変化したりすることはない。ところが人間は基本的に変化を起こす生き物であり、生活様式も前世紀から今世紀へと、休みなく流動する。いろいろと合成の製品も試しに使ってみるし、食生活だって変えてみる。ネズミが巣食い、感染症が蔓延する都市も建設する。自動車を造り、工場を建てて空気を汚す。放射性の爆弾だって組み立てる。生活は安楽になり、技術は複雑になる一方で、新しい要因が持ちこまれ、前にはなかった危険も発生する。ユートピアを作るための材料が、とりもなおさず新しい病気の病原体でもあるというわけだ。[9]

人々はもはや、ただ死ぬことはなくなった。今では、彼らを救わんとする戦いに医者が敗れるのだ。人が死ぬ病気は「人を殺す病気」と擬人化して呼ばれ、口をきわめて罵られる。そんな世の中で、病気に向けられた怒りの一部がこぼれて、その病気を持つ人々にもかかってしまったとして、なんの不思議があるだろうか。この文脈だと、身体障害者は物と化す。これまで敗れてきた戦い、今も敗れつつある戦いをしつこく思い出させる証拠品、シンボルとなる。

単に社会による失敗を見せつける実例だというだけで、障害者を排除する根拠として十分といえるだろうか。われわれの苦難を本人の失敗や欠点の反映と考えた方が、排除はより正当に見えるようになる。

9　Rem Dubos, The Mirage of Health（New York: Doubleday-Anchor, 1961 = 『健康という幻想――医学の生物学的変化［新装版］』田多井吉之介訳、紀伊國屋書店、1977）カバー折り返し部分。

かつて、病気になるのは神の思し召しだという解釈がしばしばなされた時代があった。この思考の表層からそう深くないところには、その「思し召し」は患者自身の行動や落ち度の影響を受けるという発想がある。現代では、病気は無差別であり、感染も悪化も、細菌など思考を持たない自然力によるものであることが強調されてはいるが、それでも水面下では従来の発想がしつこく生き延びている。糖尿病の原因は、心臓病の原因は、上気道感染症の原因は何だと思いますかと人々にたずねてみたら、内容まで正確だとは言わないにせよ、一応は科学的な言葉が出てきてインタビュアーはほっとするだろう。しかしさらに続けて、「なぜあなたは今、○○になったのですか」とか「××の原因には全員がさらされたのに、なぜかかったのはあなただったのですか」などと探りを入れようものなら、うわべの合理的・科学的な態度はたちまち破れ、自分の責任ではないかという不安がどっと噴き出すことになる。「なぜ自分が?」という問題はきわめて重大なものであり、「自分がどんな悪いことをしたのか」という、まことに道徳的な言葉で表現されるのだ。

「障害者」に直面した「健常者」は、しばしば身震いしながら「ああ、これが自分でなくてよかった」と思う。しかしせっかく安心したのに、今度はたちまち、そんなことを考えてしまった自分が後ろめたく思えてくる。こんな罪悪感は早くふり払いたい。でも、自分だっていつかは健康を害するのだという恐怖もふり払いたい。高齢者や病人、死にゆく人々を前にして多くの人がいだく不快さは、自分だってこうなりうるという現実なのだ。そして、技術の高度に発達したアメリカという国では、それは自然死や老衰ではなく、何らかの慢性疾患で死ぬことを意味する。

そんなわけで、こうした重荷のすべては慢性疾患の患者たち一般にのしかかってくるし、中でも身体障害者が担うことになる。だれかとやりとりをするたび、われわれは自分の身体の欠陥に加え、自分が相手の内心に呼びさます不安、さらには、自分と向き合えない相手の弱さに至るまで、ひっくるめてめんどうを見ることになる。

本章の冒頭にあげた問いと対をなす、もう一つの問いがある。「どうして自分は、障害者として生きるのはどんなことなのかを人に理解させることができないのか」というものだ。私が思うに、このように力点を変えるのは、「ありのままに伝える」にはどうしたらいいのかとほうに暮れていることを意味するのかもしれない。問題の一端は、語り手の立脚点にもあるのではなかろうか。アーヴィング・ゴッフマンの著作にもあるとおり、マイノリティ集団の代表者である語り手は、まさに適応に成功したからこそ、つまり、多くの点で「正常な人々」[10]に近いからこそ代表者の地位を占めるに至ったのかもしれない。しかし皮肉なことに、正常者に近ければ近い分だけ、彼らは集団の代表としてふさわしくないことになる。この現象はヘット・ドルプでも再演されていた。評議員に選出されるのは、ほかの入居者に最も似ていない層であるように思われた。身体障害の重さではなく、職業面、対人面

10 Erving Goffman, Stigma: Notes on the Management of Spoiled Identity (Englewood Cliffs, N.J.: Prentice-Hall, 1963＝『スティグマの社会学——烙印を押されたアイデンティティ［改訂版］』石黒毅訳、せりか書房、2001) pp. 105-125.

での適応度という点で例外的なのだ。結婚している人が多いし、友人がおり、人づき合いの輪もあり、村外志向の仕事に就いている人が多く、本部の職員によく似た人たちなのだ。また、中には自分でそれと認め、反省している人もいたが、ほかの入居者たちの日々の悩みのいくつかに対して問題意識の薄い人たちでもあった。ある評議員などは、私が村内で最もショックを受けた場所、手作業の作業所には一度も足を踏み入れたことがないと言っていたほどだ。

ゴッフマンのメッセージは、ヘット・ドルプの境界の外に出るとなおさら色濃くなる。私もそうだが、「一般社会に適応して成功している人々」には、親しい友人や知人の範囲内に障害者が一人も見当たらない人が珍しくない——自分の障害からの疎外が、もはや無意識の行動原理といえるまでに高められているのだ。さらに、「成功した」障害者についての記述のほぼすべてが、そして、私が会ってきた「成功者」（私自身もふくむ）の全員が、「自分のことを障害者だなんて思ってもみません」という自己意識を基本に据えている。ところが、これが言えてしまう以上は、「健常者」の世界で障害者として生きる実感を他人に説明するなど、事実上不可能ということにもなりかねない。もっとも、実際のところどうなのかまではわからない。たとえわれわれが障害者の代表として発言するのをやめても、人々は相変わらずわれわれを実例として扱い、障害があってもこれだけのことができるのだという根拠にしつづけるのかもしれない。そんなわれわれから学べることなど、どう考えても限られているというのに。

フランクリン・デラノ・ローズヴェルトがいい例だろう。「健常者」から見ても障害者から見ても、彼は適応成功例の最たるものだろう。ポリオにかかってほとんど対麻痺に近い状態になったのち、アメリカ合衆国の大統領になったのだから。これ以上の証拠があるだろうか。ところが、最近の伝記に見る彼は、個人としてはあまりつき合いやすい人物とはいえず、自分の運命にも不満で、彼ほどの名声のない人なら病気と診断されかねないほどの衝動や欠落感をかかえていたという。さらに、政治の世界では業績をあげても、社会的にはあまり成功しているとはいえなかった。民衆は彼がポリオを経験したことも、車椅子で生活していることも、松葉杖を使うのは稀であることも承知していたが、本人は決して人々と「じかに向きあう」ことのないように気を配っていた。車椅子や松葉杖を使っている写真は絶対に撮らせなかった。写真の中では、彼は健常者として通用していた。現代ならどこにでもテレビカメラが入りこむから、ジョージ・ウォレス（訳注：一九七二年に大統領候補戦の遊説中に銃撃され下半身不随になった）はもう彼のようにはいかなくなった。どこに姿を現わそうと、ウォレスと車椅子はそろって登場することになる。車椅子を人に押してもらう姿、乱暴に押される姿、どこかへ運ばれる姿——そのたびに、人に依存するという不名誉なイメージを負わされることになる。

ローズヴェルトほど周囲の環境を支配し、操作し、克服できる障害者などめったにいないだろう。人々が熱中する病気のヒーローたちにも同じことがいえる。彼らは一般庶民、凡人ではない。成功があまりにすごいため、その勢いでついでに「パス」してしまう人たち——ポリオにかかったが、のちに陸上競技で新記録を出した人、片脚なのにメジャーリーグ入りを果たしたピッチャー、盲目のピアニスト、人工肛門の歌手といった人たちだ。みんな十分に優秀なので、人は彼らが障害者だと知らないか、知っていても障害のことなど意識せずにすむ。それだけになおさら輝かしいというわけだ。

しかし私もだんだんと、こうした成功物語がどれほど歪んでいるか、また、障害者全体の代表になっていないかを理解するようになった。彼らを信奉したいという願望は強力なもので、われわれは全員――健常者も障害者も――しじゅうこの種の誘惑に身を任せている。この誘惑にとりわけ大きな力を発揮するのがマスコミだ。一九七九年のオリンピックのときも、熱心なスポーツファンである私はずっとテレビにかじりついていた。すると思いがけず、私にも関係あるテーマのドキュメンタリー番組が始まった。たしか「乗り越えた六人」とかいった題で、六人のスポーツ選手がそれぞれの困難（六人のうち五人が身体の問題だった）を克服したいきさつを紹介し、彼らがオリンピックで金メダルを獲得するところまでをまとめたものだった。その中の一本に、私は本気で引き込まれた。子ども時代にポリオを経験したウィルマ・ルドルフの話だった。彼女の闘いが写真と語りで再現され――愛、気遣い、練習、そしていつ終わるとも知れない努力の末に、彼女は松葉杖を使ってゆっくりと歩きはじめる。続いて杖を投げ捨て、ついには走りだす。最終シーンでの彼女は全身の筋肉をふりしぼり、トラックを疾走していた。私は涙を流しながら「ウィルマ行け！　やれ、やれ！」と叫んでいた。ウィルマがゴールすると同時に私もがっくりとくずおれ、消耗と興奮を同時に味わった。そのわずか三〇分後、猛烈に腹が立ってきた。番組の根底にあるメッセージが今ごろわかってきたのだ。どのケースを見ても、その人はたしかに乗り越えていた――でも、何を？　ウィルマのポリオは私のポリオではないのだ。どんなに愛され、気遣われ、練習し、努力したところで私は陸上競技の選手にはなれなかっただろうし、勝つとなると問題外だろう。私が言いたいのは、人々に感動を与えるような成功物語のほとんどすべては、二重のメッセージを持っているということだ。一つめは非常に大切なものだ――ポリオやがんや多発性硬化症になったからといって、また、目や耳や口や手足が十全に機能しないからといって、人生は終わりではない。われわれはなおも学べるし、幸せにもなれる。恋人も持てるし、結婚もできるし、子育てもできる。偉業だってなしとげるかもしれない。一方、私が最近になって忌み嫌うようになったのは二つめのメッセージ、つまり、フランクリン・デラノ・ローズヴェルトやウィルマ・ルドルフが障害を克服できたのなら、すべての障害者も克服できるはずだし、するべきだ。もし失敗したらそれは本人の問題であり、性格の欠陥であり、人間的な弱さだという考え方である[11]。

今のところ、この障害者による偉業達成症候群は一般大衆を惑わすばかりでなく、成功者自身の

11　ただし、マスコミが（とりわけテレビが）人々の障害者観に与える影響は歪んだ成功者像だけではない。問題の全貌はさらに憂うつなものかもしれない。これまで知りえた範囲でもっとも系統だった、かつ鋭い分析といえばボニー・D・レナードの手になるものだが、それによると、ゴールデンアワーの番組に登場する障害者は人数が人口比を反映しないほど少ないばかりでなく、年齢や性別、経済状況、社会的地位、容姿、他の出演者とのやりとり、いずれの基準からみても、救いようがないほど健常者に劣り、健常者に依存する存在として描かれているという。彼ら・彼女らがそんな境遇から救われるのは奇蹟によってのみであり、その奇蹟とはたとえば名医のたゆまぬ執念であったり、慈悲深い人物からの不屈の愛であったりする。レナードはこうした障害者登場人物の置かれた地位を「人間以下」であり「奴隷以下」であると描写している。（Bonnie D. Leonard, "Impaired View: Television's Portrayal of Handicapped People" （ボストン大学博士論文 1978）.

目もくらませることになっている。われわれはとかく、「あなたのことは障害があるなんてちっとも思ってませんよ」と言われると大いに自尊心をくすぐられる。そして、「それだけのハンデがありながら、どうやって成功できたんだい」と問われ、その問いに答える。しかし、問われるたびに、また答えるたびに、人はますます障害による問題と自分自身とを切り離していくことになる。障害による問題はいわば、情動面でも認知面でも存在しないものとなるのだ。この言葉は安易に使っているのではない。大まじめに、本気で、存在しなくなると言っている。私自身の例で説明しよう。私は飛行機で長距離の移動をすることが多い。そして、飛行機での移動ではよくあるように、入口から一番遠い搭乗口へ行けと言われることが多い。それを計算に入れて、私はふつう、二〇分か三〇分の余裕をみておくことにしている。そのことを私は最近になるまで、ちょっとした不便と考えていた。もしだれかに「不必要な疲労とか、避けようと思えば避けられる痛みなどを経験することはありませんか」ときかれたら、きっぱりと、そして本心から「ないねえ」と答えていただろう。だが一九七七年に私は方針を変えた。いつまでたっても自分自身に迷惑をかけつづけるのに腹がたち、こうした遠出のときにはかならず車椅子を使うと決めてしまった。私は最初、これで驚くのは通りすがりに私を見かけた他人だけだと思っていた。というのは、目的の場所に着いたとたんに人手も借りずに立ち上がって足早に歩み去るわけだから、居合わせた人に疑いの目で見られることもあるだろうとは思っていた。実際、自分でもなんだか「ズルをしている」ように思えることはあった。しかしそんなことよりはるかに驚かさせられたのは、目的地に着いたときの自分が、過去数十年の旅では考えられなかったくらい活気にあふれ、快調で、痙攣からも痛みからも解放されていたことだった。考えられる結論は一つしかない。これまでの私はずっと、長旅のあとでは疲労し、気分は悪く、痙攣と痛みにつきまとわれていた。ところが比較の対象がなかったため、これらの感覚はみな、「旅とはこういうもの」という認知的現実の中に組みこまれてしまっていた。だから私は、疲労も不快さも経験してはいなかった。それらは、認知することができない状態にあったのだから。私の主張は恐ろしく単純だ。適応に成功していく過程で、われわれは自分が障害者だという意識を剥奪されるばかりでなく、障害をかかえた生活の不快な面の存在を否定してしまう。これをしていなければ、成功は不可能だったかもしれない。しかしその代償もある。たとえば、あまりにも多くのことを受け入れすぎたり、忘れすぎることである。ヘット・ドルプでは、これまで受容して忘れていた障害ゆえの問題をいろいろ思い出したが、正直言って、そんなにたくさん思いださなくてもいいのにという気になるほどだった。

ただし、自分の体験を思い出したとはいっても、語ることができるのは断片ばかりだった。この世に障害者専用の世界などありはしないから、そのことが体験を語る上での大きな障害になるのだ。理由はいくつかある。たいていの少数者は自分たちの下位文化の中で育つから、自分たちなりの行動様式、自分たちなりの目標を形成することになる。ところが身体障害者はそのように武装することはない。ほとんどの人は健常者の家庭に生まれてくるから、健常者の世界に向けた社会化が行なわれる。疾病の世界は成長してから初めて入る領分だけに、すでに健常者の先入観を身につけてしまってから、ろくな準備もなく足を踏み入れることになる。われわれは「不」具者であり、「不」調をかかえており、「不」健康で「非」力な例「外」であり、戦力「外」というわけだ。さらにはほぼ全員が心の底のどこかに、運命を巻き戻せないか、いつか新しい薬か手術が登場して、自分も普通の世界に返り咲けないだろうかという夢を秘めている。

では、われわれが集まってすごす場所、病院の長期入院病棟、療養所、リハビリセンター、介護施設といった施設はどうだろう。これらを「全制的施設」とはいみじくも名づけたものだと思う。この「全」とは、施設がわれわれの生活を「完全に」統制しているという意味であって、「万全な」生活を準備してくれるという意味ではない。こうした場所で形成される下位文化は多分に自衛のためのものであり、当の施設の中でなんとか生きていけるようにすることが目的となりやすい。相当のコストを投じて施設内で生きるわざを身につけたところで、それは外界に持ち出したときには通用しないことが多い。その割に、元患者が外の生活に適応できなかったときは、移行の準備がなされなかったことではなく、われわれ自身の責任にされるのだが。

各種の障害者団体はこれまで、持続可能な独自の下位文化を生みだすという点では、あまり成功してきたとはいえない[12]。実際の障害者人口にくらべると構成員は少数だったし、本気で実用的な情報を交換したり、精神的に支え合ったりする場というよりは、むしろ社交の団体だととらえられてきたからだ。近年では、次第に知名度も増し、戦闘的になり、医療の影響からは独立している自助団体もいくつか出てきているものの、その運動はまだまだ黎明期にある[13]。こうした団体が直面している基本的なジレンマについては、もうずいぶん前にタルコット・パーソンズが明言しているところだ。

病人役割は（中略）二つのもっとも危険な可能性、すなわち、逸脱した集団の形成と逸脱が正当性への要求をうまく確立するのとをさけるように、逸脱を水路づけるメカニズムなのである。病人は、病人の「下位文化」を形成するために、他の逸脱者たちと結合するのではなく、それぞれの病人は、病人でない人のグループ、かれの親しい仲間、およびとりわけ医師と提携している。こうした病人は、統計上の地位部類になり、結束の強い集合体を形成する可能性を剥奪されている。そのうえ、病気であることは、定義上望ましくない状態にあることであり、そこでその社会体系の欲求剥奪的側面をうまく処理する方法は、「だれでもみな、病気になること」であると主張するのは、全然「意味をな」さない[14]。

障害者が持続的な下位文化を生み出せないという現象をうまくとらえるには、昨今のさまざまな解

12 『物理療法とリハビリテーション学会誌』the Archives of Physical Medicine and Rehabilitation 60, no. 10 (October 1979) 特集号：433-486 参照

13 Rita Varella, *Self-Help Groups in Rehabilitation* (Washington, D.C.: 'American Coalition of Citizens with Disabilities, 1979).

14 Talcott Parsons, The Social System (Glencoe, Ill.: Free Press, 1951 ＝佐藤勉訳『社会体系論』佐藤勉訳、青木書店、1979), p. 477.

放運動で用いられているスローガンを参考にするのが、陳腐かもしれないが有力な方法だろう。アメリカは「人種のるつぼ」だという仮説がようやく葬り去られたことで、移民してきた先祖から三世代も下の人々が、自分たちはギリシャ系、イタリア系、ハンガリー系、ポーランド系であることに誇りを持っているのだと改めて公言できるようになった。ブラック・パワーの興隆とともに、かつては差別語だった「ブラック」が「ブラック・イズ・ビューティフル」というスローガンになった。そして、女性解放運動は自分たちには人数という武器があることに気づき、「シスターフッド・イズ・パワフル」と叫んだ。ひるがえって慢性疾患患者や障害者はどうだろう。「がんよ、永遠なれ!」「多発性硬化症と共に蜂起せよ!」「ポリオでよかった!」と言えるだろうか。どう考えても、仲間うちで共有できるポジティブなアイデンティティが簡単に手に入るとはいいがたい。

こうした理由から、身体障害者や慢性疾患患者の住む世界は一つではなく、それぞれが別個の世界に生きている。自分の体験してきたことを自分の置かれた世界とすり合わせるだけでも難しいのだから、ましてそれを他者に伝えるとなればさらに困難だろう。この種のコミュニケーションにはどうしてもいくらかの遠慮がつきまとうことになる。なぜなら、障害者の口から出てくる言葉は一見、めんめんたる愚痴に似ているからだ。そして、少なくともわれわれの住むこの社会では、愚痴っぽいやつは嫌われると相場が決まっている。しかし、たとえ愚痴に見えようとも今から書くことは現実であり、私にとっての現実なのだから、そのとおりに記録していくことにしよう。

ひじ掛けがなく、腕の力で立ち上がることのできない椅子。詰め物が入っていなくて、当たったところがたちまち傷になる椅子。手すりがなく、全身のバランスを保てないシャワーやトイレ。すべりやすい床。手すりがなくて、のぼるのに腕の力が使えない階段。スロープのない建物は、危険とまではいわないが、昇りでひどく消耗する。舗道の縁の段差はすべて、断崖絶壁と変わらない。車、飛行機、劇場、いずれも狭い座席では補装具をつけた脚がおさまらない。細すぎるズボンは補装具が通らない。私の生活はこうした些細なことに悩まされる連続なのだ。比較的恵まれているはずの私でさえ、移動には毎日苦労をしている。だれかといっしょに歩くとなると、連れにはかならず右側を歩いてもらわなくてはならない。左を歩かれると、悪気はなくても足を杖に引っかけられ、バランスを崩すことになるからだ。ところが、礼儀正しいアメリカ男性となるべく社会化された私にとって、かつては、女性に車道側を歩かせるのはひどくしゃくに障ることだった。日々、刻々心配していることとなると、さらにありふれたことばかりだ。私の場合、足や杖を下ろす場所はことのほか慎重に選ばなくてはならない。さもないと、路面にこぼれた水や油で杖の先端がすべったり、舗道の敷石の凹凸に足先を引っかけたりして、バランスを失い転倒することになる。ということは、まるで小銭をさがすような格好で歩けばいいわけだ。しかし私は、人とのやりとりのじゃまになるような要求にはやすやすと従いたくない。次は足や杖をどこに下ろそうかと下ばかり見ていたのでは、会話の相手の顔がはっきり見られないではないか。だから賭けに出て、対価を払う。つまり、あまりにもしばしばつまずき、よろめき、転倒する。

人の集まる場所での移動となると問題がもう少し深刻になる。オランダでは車なしのときも多かったため、車のありがたみを思い知ることになった。車は、自分が自立しているという大切な感覚を与えてくれるものだったのだ。それだけではない。ぎすぎすした外界との接触も減らしてくれる。徒歩で移動するようになると、駅の狭い階段をのぼるのが遅かったり、バスや劇場で空席に殺到する人々のじゃまになったり、美術館でみんなについて行けなくて解説つきツアーのテンポを間延びさせたりするたびに、腹立たしげににらまれる経験を何度もくり返すことになった。ヘット・ドルプにいたとき、私は、障害者専用の旅行代理店にすべての手配を任せられたら便利だろうなあと思いついた。いろいろと問いあわせも代行してくれるだろうし、個人の旅行客ではなかなか交渉しづらいような問題も処理してくれそうだ。ときには、客が予想もしていない落とし穴だってあるだろう。代理店なら、身体障害者にはアクセスできない場所はどことどこか、あらかじめ調べてあるだろう。たとえば私も、とあるお城の見学ツアーで危険な上に恥ずかしい思いをしたこともあるのだが、そんな目にもあわずにすんだにちがいない。そのお城のエレベーターは昇り専用だった。私はてっぺんに着いてしまってから、降りる方法はただ一つ、決められたとおりに階段を降りるしかないと知らされた。階段は手すりのないらせん階段で、踏み板はみんな三角形。しかも小さすぎて、補装具のために曲げられない足と杖とが同時には乗らない。一段に両足を下ろすこともできない。私は左右の壁に腕をつっぱり、一段ずつぴょんぴょん跳ねながら降りていった。しかしそのうちに体力が尽きて、私は昔に返ってしまった。ポリオにかかった少年時代と同じように座りこみ、一段ずつ尻で降りたのだった。

遠出の旅につきまとう問題は、さらに根が深い。自分の本拠地から離れるということは、それだけで難問だらけなのだ。使えるトイレなしにすごせるのは何時間だろうか、窮屈な姿勢で何時間座っていられるか、といったこともあるし、専用の食事が確保できない、特別なベッドは使えない、勝手のわかった環境から切り離される、気心の知れた、信頼できる介助者から引き離されるという人もいるだろう。これらを一つでも経験するたびにわれわれは、自分が自立してはいなかったことを思い知らされる。「ひもでつながれて生きている」という感覚がよみがえる。どんなに長いひもであっても、存在することに変わりはない。この問題を直視するのは、私にとっては特につらいことだった。なぜなら私はかなり巧妙に、自分の首につけられた「ひも」に目をつぶってきたのだから。遠出をするときは、脚の補装具も背中のコルセットもたいてい予備を持参するが、近くへ行くときは持って行ったことがなかった。そしてある日、起きるはずのないことが起きた。インドに滞在中、ニューデリーへ行く途中で脚の補装具がぽきりと折れたのだ。鉄の部品がズボンを破ってとび出している。右脚にはまともに体重をかけることもできない。わが家からは何千マイルも離れている。そしてそのときは、救いの手からも数千マイル離れているような気がしていた。このときほどどうしようもない無力感を味わったことはない。もっと悪かったのは、自分が愚かしく思え、恥ずかしくなったこと。そして、まるで補装具が折れたことが自分の責任でもあるかのように、罪の意識さえ感じたことだ。このときほど手のつけられないパニックは後にも先にも経験したことがない。にわかに、自分は二度と動けないのだ、こうして片脚をぶらぶらさせたまま、永遠にこの地に留まるしかないのだと思った。

それでも私など「恵まれている」方で、それなりの収入と地位がある。遠いインドのニューデリーにいてもなお、トラブルに対処するだけのお金やつてを動員することができた。それだけの金もなく、環境を変える力もない人たちはどうなるだろう。手すりを取りつけたり、洋服を別注したりするお金のない人、待ち合わせや会議をもっとアクセスの容易な場所に変更してもらうだけの影響力のない人はどうなるだろう。ついにはあきらめてしまうのではなかろうか。世界は変革できないし、うまくごまかすこともできないとなれば、そういう衝突の避けられない場面は、ひたすら自分の人生から切り捨てていくことになるのではなかろうか。こうなれば、社会からその人の姿は見えなくなる。本当に見えない存在となり、孤立してしまうのだ。

　では逆に、こうした不快なできごとがまったく起こらないときはどうだろうか。すべてが順調に運ぶときのわれわれはどうだろうか。一度もつまずかなかった、補装具も折れなかった、使いにくいトイレで苦労もしなかった、人の手も借りずにすんだという満足感を、だれと分かちあうことができるだろうか。ポリオで入院していたころ、初めて下剤なしで排便できたときには涙が出たものだ。それ以上に胸が躍ったのは、何か月にもわたるインポテンツののち、ようやく勃起が回復したときだった。初めて歩いたときはなるほど人に打ち明けることもできたが、それさえも節度を守り、相手も両親と友人たちにかぎられた。排便については、少なくとも医師と看護チームが気づいてくれた。しかしセックスがらみのことは、胸も疼くような秘密となった。いっしょに入所している仲間たちもいたが、彼らとて健常者の社会に合わせて社会化された人々であり、互いに打ち明け話をすることはあまりなかった。自分の成功なり失敗なりを「ほかの人」がどれくらいまでなら聞きたがるかについては暗黙の限界がある。それを語ることは「そのことばっかり」だとか、さらには「心気症っぽい」と思われる危険を冒すことだった。こうして私は懲りてしまった。病気や障害に関するかぎり、成功であれ苦労であれ、卑近で些細な話など、私を含めて人はだれも本心では聞きたくはないのだと。

障害や慢性疾患をかかえるがゆえの具体的な苦労のあれこれは、たしかに人によって千差万別だろう。だが根底にある問題は共通のはずだ。その物語はどうしても聞きづらいものにならざるを得ず、語るのも難しいということ。語り手にとっては、自分の困難の核心部分を自覚し、認めることは特に大変だということ。世の中をこれほどありのままに、つまり、まるで被害妄想のようにとらえたのでは、憂うつすぎて耐えられなくなるかもしれない。唯一の防衛策、生きるための唯一の手段は、現実を否認することだ。しかし、否認したが最後、われわれの現実は社会から消され、だれにも見えなくなってしまう。悲しいかな、われわれはスレイターが述べたとおりの状況にとり残されることになる。身体障害のある人もない人も――つまり全員だ――変革を進めるのに必要な知識も、技術も、資源も、そして意欲までも剥奪されてしまうのだ。

第11章

廃疾にいたる四つの階段

――性の否定、怒りの否定、脆弱さの否定、可能性の否定

私たちは人間にほかならない。（ハリー・スタック・サリヴァン）

「ぼくらは本当に幸せなんだって思うかい？」これは、私がヘット・ドルプの仲間たちにきかれると一番弱った質問で、私の返答も、こちらの落ちつかない気分を反映したものになってしまうのだった。無頓着に「そりゃ幸せなはずだよ、だって、いつ見てもみんないっしょで楽しそうだもの」と言って簡単に片づけてしまうか、さもなければ言い訳がましく「それは判断が難しいなあ。幸福感ってものすごく個人差があるだろう」と言うことになる。もちろん、こんなやりとりではだれ一人すっきりすることはない。雰囲気が固くなったのに気づき、話はそこで立ち消えになるのだった。その問いがそれからずっと私の中に眠っていて、二年後、四〇歳の誕生日も近くなったころに目をさますことになった。

四〇代になるというので、つい過去をふり返りがちになっていたらしい。自分は本当に幸せなんだろうかと考えるようになった。最終的な結論はたいがい「イエス」になるのだが、ショッキングなのはその途中経過だった。最初は決まって、元の問いを「ぼくが幸せじゃない理由なんてあるかい？」と言いかえる。そして間髪を入れず「だって、これも持ってるんだし……」が続く。自分で自分を笑わずにいるのは一苦労だった。私の言葉にはどこか陳腐な響きがあるからだ。その理由に気づいたのは、誕生日の一週間前のことだった。目の前には、性役割についての授業に使うために集めた、女性著者たちの手になる本が何冊も広げられていた。もう何度も読んだ『元プロムクイーンの回想』[15]をぱらぱらとめくっていたところ、自分自身の置かれた状況と「抑圧された主婦」のそれとの類似性が、ページから飛びだしてきた。ここ数週間の私は、人生における自分の役割に疑問をいだく女性たち一〇〇〇人もの声が、いつ聞こえてもおかしくない状態だったのだ。彼女たちも私と同じく、問題の核心にはどうしてもたどり着けずにいるらしい。まずは自分が経験しているものが何なのかわかってもいないうちは、せっかくの探究も「過度の負担をかけられている」夫たちの疑いの声に圧しつぶされてしまう。使われる言葉は、物語でも現実でも同じ。私の父も言っていた。「何？　幸せじゃな

15　A. K. Shulman, Memoirs of an Ex-Prom Queen（New York: Bantam, 1973）. Alix Kate Shulman によって一九七二年に出版された累計一〇〇万部のベストセラー小説。プロムクイーンは高校の卒業パーティーで同級生から選ばれる「学年女王」で憧れの存在。

いだと？　そんなはずがあるかよ。おれが汗水たらして働いて家具もそろえたし、電気製品だって服だって買ってやった。お前たち全員を食べさせてる……」。ここで省略されているのはたいてい、「どこまで恩知らずなことが言えるんだ」というせりふである。

私の場合、問題は自分が幸福か否かという以前の、もっと初歩的なところにあった。この問いについては、ただ考えることすら、言い訳なしには自分に許すことができないのだ。しかも、自分は感謝の念でいっぱいでなくてはならないということを、誰かに気づかせてもらう必要はなかった。私に対する周囲の庇護者ぶった態度を、私はすでに内面化しているからだ。くだんの女性たちがその性別ゆえに、また貧困ゆえにそうなったように、私もまた、今持っている以上のものを望む権利も、与えられたものに疑問をさしはさむ権利も持ってはいない。与えられているものが本当に自分のほしいものなのかどうか、考えてみる権利もないのだ。私が獲得したものについて、君ならそれくらい当然だよとだれかが言ってくれても、勤勉な努力を認められたのではなく、「こんな身体」が気の毒だからいい埋め合わせだと言われたように感じられる。どんな地位に就こうと、どれだけのものを手にしようと、こんな幸運を許してくれた誰かに感謝しなくてはという感覚は常につきまとう。女性たちと同様、障害者である私も、幸福になれるか否かは他のだれかの気前よさに依存するもの、自力で幸福を獲得できるのも他のだれかの許しがあればこそ、と見なされているのだから。

ヘット・ドルプに対する疑念が再燃したのは、こうした自問自答をくり返していた時期のことだった。彼らと自分のかかえている問題が似ていることが、だんだん見えてきたのだ。入居者たちも、自分が幸福なのかどうかだけでなく、幸福とは何なのかを疑問に思いはじめていた。ある面では、彼らも私も、人生の行程において似たような段階にいるというわけだ。物質的には、以前なら思ってもみなかったほどのものを手にした。ほかの施設はもとより、実家とくらべてもはるかにくらしやすいし、障害を負ったばかりのころよりも生活はよくなっているだろう。ヘット・ドルプの創立者たちが挙げた六つの権利（第1章を参照のこと）――プライバシー、仕事、余暇、信仰、文化、自治――についても、少なくとも真剣に取り組まれてはいると、入居者のほぼ全員が同意するだろう[16]。それでも、「幸福を支える六つの礎石」とはまさに礎石、上に建つはずの建物を待つ土台でしかない。皮肉なことに、入居者たちも私も、この基本的ニーズが満たされたことで、与えられたものへの感謝が湧いてくることにはならず、失ったものを――これまで奪われてきた、どうやら存在さえ認められたことがないらしい情動面でのニーズを――意識する余裕と機会を手にすることになったのだった。

実際、自分の過去二〇年をおっかなびっくりふり返ってみれば、それは、かつて奪われたものを――セクシーである権利、腹を立てる権利、弱気になる権利、可能性を持つ権利を――取り戻さんとする不断の闘いの年月だった。こうした権利が与えたりもらったりするものだとも思えない。それな

16　当然ながら、「十分に真剣な」努力がなされているとは受け止めていない人もいる。

のに、その実現を妨げ、存在を否定することに、当事者を除く社会全般が荷担してきたのだ[17]。

セクシーであること

性的関心は病気になるとまっ先に失われるものの一つだから、ジョークにもよく登場するとおり、その回復は普通、病気が治った徴候と考えられている。病中は人が社会的にも引きこもる時期であり、自分の魅力に自信を失い、性への関心も薄れる時期だという面が重視されているわけだ。そのためか、恒久的な障害を負った人についても病中と同様、性的な魅力や性的機能や関心は損なわれるものだと見なされやすい。私にもだんだんわかってきたことだが、そんな考えが当てはまるのは、性をひとえに若さや外見的魅力とのみ結びつけて考えた場合に限られる。われわれの社会は、弱った身、病気の身、さらには死にゆく身でありながら性的な親密さへのニーズをもつ人々を想像するのを好まない。そんなものは見苦しいと見なされる。こうした人々には、抱いたり抱かれたりするよりもましな時間の使い方があると考えられている。

しかし私は、個人的な体験と職業上の観察の双方から、もはやこのような考えを信じることができなくなった。欲求は常にそこにあるが、ただ脇へそらされ、恐怖によって抑圧されているのだろう。われわれは自分の希望を口にしないし、顔にも出さない。自分のように障害がある者、外見が損なわれている者に対しては、誰ひとり性的な魅力を感じることなどできない（あるいは、感じるのが適切ではない）と学習してしまったからだ。

ここで、「適切」とは何かについて、ちょっとした余談がある。数年前、セクシュアリティと障害についてのカウンセリングプログラムの助言者を勤めていたときのことだが、そこの職員たちが、スウェーデンで行なわれた実験的なプロジェクトのことを話題にしていたことがある。それは健常者のカウンセラーが、重度の障害者と性的な関わり合いを持つというプロジェクトだった。結局この試みは中断されたのだが、中断の理由は、単なる実験だからでもなければ、成果が上がらないからでもない。カウンセラーたちの多くが楽しんでいることがわかったからだった。参加者たちは予想に反し、非常に障害の重い相手のことを魅力的だと感じるようになった。そのことは病的とまでは言わないにせよ、ショッキングな話として受けとられたのである。

ヘット・ドルプの創立者たちも、ある程度まではこうした感覚を共有していた。入居者に提供されるサービスに性に関するカウンセリングは含まれていなかったし、既婚のカップルのための住居も用意されていなかった。しかし、お互いすぐ近くで生活していればその可能性は発生するわけで、入居

17 少し前置きが必要だろう。本章と前章のどちらも私のヘット・ドルプ体験を分析的にふり返ったものだが、元となるデータがちがう以上、書き方も大きくちがっている。第10章は具体的な観察と、その説明である。しかし、この章は作為（私が体験したこと）よりは、不作為（欠落していると私が感じたこと）を元にしている。内容としては前章よりも個人的な告白も多いし、データを私自身に求めるところが多いという意味では主観的でもある。書き方の面からいっても、だんだんと順に展開していくような形で記していく。それによって、結論をぼやけさせることなく、なぜ私がそんな結論に至ったかの途中経過が伝われば幸いである。

者たちが結婚する事例はどんどん増え、ついには既婚のカップルのために大きめの住戸が別に作られた。しかし、障害者が恋をし、結婚する可能性を予想してなかったという点こそ、より根深い不作為の印であり、われわれのセクシュアリティ全般に対する否定である。

ヘット・ドルプに行くまでの私は、恒久的な障害者にとっての性的な問題を、主として機能と能力の問題として、医療的、技術的な枠組みで考えていた。それは仕事がらみで読んだ文献の影響もあるし、個人的な経験のせいでもある。スラム育ちの男の子がたいていそうであるように、私もセックスについては男性が支配する下町文化から学んだ。そこでは、セックスとはほぼ全面的に「テクニック」だった。子どものころ聞いていたのは、どんな「せりふ」が女性に効くとかいった、誘惑の「テクニック」だった。成長するにつれ私の理解も幅が広がり、勃起を長続きさせる方法、女性の満足度を高める方法などが入ってきた。ずいぶん因習から解放されているではないかと思われるかもしれないが、これだって、古い文化に縛られていることに変わりはない。女性がオルガスムスに達することが、私がテクニックを習得できた証明だというのだから。ポリオにかかったことで、問題はよけいにこじれた。女性とつき合いだすたび、どこまで「真剣な交際」なのかという問題に普通よりも早く直面するようになったと思う。ひどければ最初のデートの後に、二度めのデートの後なら確実に、大半の母親が娘にむかって「交際しても、あの人は無理でしょ」といって、深入りしないよう警告をはじめるのだ。最初はとまどい、傷つくばかりだったが、ついには身を守る戦略をあみ出すに至った。つき合いが進んで、真剣さも親密さもまあまあというところまで来るといきなり関係を断ちきり、また別の人と一から始めればいい[18]。一人の若者である私は、外界に対し、自分にも性的な能力がある、少なくとも魅力はあるという証拠を示す方法を必要としていた。男の友人たちに「実績」をしゃべったところで満たされはしない。説得したい相手は友人たちではないから、というだけではない。私の能力を示す象徴となり、目に見える証拠となるのは、たくさんの女性と真剣なつき合いを重ね、これという人を見つけ、最終的には結婚することだったからだ。

自分が長年やってきたことが何だったかを自覚することになったのは、ヘット・ドルプでの初の自己紹介がきっかけだった。そこでは、これまで身を置いたどんな場にも増して、結婚しているかどうかが重視されていた。既婚者が自己紹介するとなると、その点をまっ先に口にするとは限らないにせよ、絶対に省略はしない。たいがいは結婚年数と、子どもの年齢、性別、人数までが当たり前のように続く。結婚していない人なら、これからの見通しを口にする。あまりに結婚がらみの話題が多いし、熱心に語られるし、聞いているこちらも内心ざわつくところがあるもので、私もとうとう、ここで起きているのが単なる情報の伝達ではないことを直視せざるを得なくなった。彼らにとって、婚約者がいること、結婚していること、さらには子どもがいることは、「人並み以下」ではないという証拠な

18　このパターンは、結婚するまでいくらかは引きずっていた。そんな自分の行動をきちんと解決するどころか、理解さえできていなかった。こんなことをくり返していてはどうもまずいぞとは気づいたものの、私がとった方法は、結婚という構造的な解決策を選ぶことだった。

のだ。その証拠を持っていればそれなりの人間に、障害はあっても愛する能力と愛される能力をそなえた人間に、なることができる[19]。

とはいえ、セクシュアリティが顔を出すのは、結婚の話題という間接的な形だけではなかった。人々の身体がしじゅう触れ合っていたこと、卑猥なジョークが連発されること、大祭での刺激、いずれをとっても、ここでの日常生活のムードにはセックスが大きな比重を占めているようだった。最初のうち私は、こうして「セックスをおもちゃにする」のは、性の剥奪に対する過剰反応なのかと考えていた。ところが、ヤーコブ・フェーレの家で過ごした晩（第6章を見てほしい）がきっかけで、ここで問われているのはもっと奥深い問題だと思うようになった。

ヤーコブと話したあと、私はヘット・ドルプに来て以来かつてないほど興奮した状態で自室へ戻った。初めてのシャワーを浴びる支度をしながら、胃のむかつきは無視してこまごまとした手順に没入しようと努めた。服を脱ぎ、車椅子の鋼の冷たさ、革の硬さに慣れてくると、車椅子でバスルームへ入った。鏡に角度をつけてあるせいで、私は全裸の自分自身をおそらく二〇年ぶりくらいに目にすることになった。もちろん、自分の裸体を見るのが初めてというわけではない。だが、補装具も杖もなしでは姿勢を保てない以上、見られたとしてもつかの間だった。ところがこの日は無理なく座っていて、全身がくまなく見える。ヤーコブ・フェーレと何時間も同席した上、身体を動かすことの大切さを語り合ったあとだけに、自分の身体がひどく気になってしまった。だから顔をそむけるのはやめて、鏡とまっすぐ向かい合ってみた。こんなふるまいは男らしくないのだろうが、自分の姿を見つめつづけた。にわかにナルシスティックな気分が盛り上がってきた勢いに乗って、私は車椅子をロックし、身体を持ち上げて立位になってみた。ひじ掛けからは手を離さないまま身体をひねり、まずは横から、続いて後ろ姿を見てみる。そのとき、頭では知っていても気持ちが納得していなかった現実に、私はショックを受けてしまった。これでも補装具をつけ、杖をつき、足を引きずって歩いているのだから、自分の外見が人とちがっていることくらい百も承知だ。そのくせ、補装具も杖もないときは、つまり砂浜やベッドでは、みんなと同じに見えるはずだという幻想もいだいていた。なんたる自己欺瞞だろう！　現実の私は肩と胸、腹の途中まではがっしりしているが、脚は細く、ひょろひょろしている。「役立たず」という言葉を喉元でのみこむ。腰から上は十分大人なのに、腰から下は発育不全の子どもだ。「下半身」の発育不全がどこまで影響しているものか、みんなが心配するのも無理はない。「発育不全」という言葉そのものも不愉快だった。物質的に恵まれない低開発国のような響きでもあり、さらには進化にとり残された下等生物のようにも聞こえる[20]。鏡の中の自分からはまだ目を離さず、私は後ずさりで車椅子へ戻り、腰をおろした。ある意味、この姿勢の方がよけいに動

19　性的にもっと抑圧のゆるい社会だったら、結婚は性的能力の証拠としては重要ではなくなるだろう。結婚している人はやはりそのことを口にするだろうが、今ほど大層な言いかたにはならず、共同生活について、あるいは単にセックスについてざっくばらんに語ることになるだろう。

20　このとき初めて、「胸が平たい」「乳房が小さい」若い女性が「発育不全」と言われたときの気持ちも理解することになった。

物っぽく感じられる。ヘット・ドルプの食堂にはチンパンジーの絵が飾ってあった。胴は大きく、脚は細く、腕が長い。あれは私の姿でもあったのだ！　車椅子にちぢこまるように座っている私。たくましい上半身の両側にだらんとぶら下がった腕は、もう少しで床につきそうだ。この姿勢だと、本当に類人猿そっくりになる。じっと自分の鏡像を見つめたまま、私は自分の身体に触れはじめた。まずは顔、次に胸、それから半ば無意識のうちにマスターベーションを始めていた。性的に刺激を受けたからでもなく、欲求不満のせいでもない。どちらかといえば、虚ろさとの闘いだった。なにか触覚の剥奪のようなもの、麻痺したような感覚を覚え、それを治そうとさすってみたのだ。身体がぴりぴりした。身体も、私も生きている。クライマックスで感じた満足感は性的な放出ではなく、自己を再確認できた喜びだった[21]。

　この通りセックスと人格がつながっていることをちらっとでも意識した経験は、過去に一度だけある。ポリオで入院していた一六歳のときのことだ。数か月インポテンツが続いたある朝、ふと目がさめてみると勃起しているではないか。「見ろよこいつを！」と隣のベッドの友人に大声で言いたいが、恥ずかしくて言えなかった。しかし、勃起だけでは足りない。介助なしには上体を起こすのがやっと、身体全体に力が入らないという状態で、私はマスターベーションをやってみた。ようやく成功するには、一週間ほどもかかった。成功したときに感じたのは緊張からの解放ではなく、自己の再体験だった。ところが、せっかくの達成なのに私はまごついてしまった。性的な欲求不満でマスターベーションをするならわかるが、「アイデンティティの」欲求不満ゆえにそれをするなんて、私の理解を超えていた。あまりに不可解なので、このできごと自体も、心理的な関連についても、二十何年抑えこんで思い出すことがなかった[22]。

セクシュアリティの存在はこれまで否定されてきたか、認められたとしても性器、それも、男性器にだけ局在するものと見なされてきたらしい。世間一般が、また、特にリハビリテーション関係の論文がこれまで目を向けてきたのは、ひたすら能力とテクニックとしてのセックスだった。研究者たちは結婚率や離婚率、子どもの人数を計算するか、オルガスムスの回数、頻度、種類を集計するばかり。そして、一生の障害を負った人々に関するかぎり、研究も臨床も、その努力は埋め合わせのテクニックにのみ向けられる。勃起や射精をどう誘発するか、できないならどう模倣するか、失った能力、低下した能力の一部をどうすればとり戻せるか、ということばかりなのだ。セックスにはさまざまなスキルが必要だという点には同意するものの、私にはどうも、一つの器官、一つの能力、一つの感覚

21　Thomas Szasz も、その著書 *Pain and Pleasure*（New York: Basic Books, 1957）で同様の考えを述べている。フランソワ・トリュフォーは映画『夜霧の恋人たち』の中で、登場人物の一人に「葬儀のあとで、私たちはベッドに入った。死のあとでセックスをするのは、生命の存在を再確認することなんだ」と言わせている。

22　いや、本当はできるかどうか知りたかったんだろう、気になっていたのはアイデンティティではなくて能力なんだろうと言う人もいるかもしれないが、私はそうは思っていない。ほかの機能が次々と戻ってくる様子とくらべても、いったん回復が始まれば、あとは時間の問題だとわかっていた。ここで問題になっていたのはもっと高次のことであり、私は自分のセクシュアリティや自己コントロール感、そして、それらに伴い、自分の人格の一部をとり戻そうとしていたのだ。

に集中してほかのすべてを顧みないのは偏狭で愚かに思える[23]。性と愛にはたしかに性器も挿入も関係する。しかし人は愛に触れ、愛を示し、愛を経験するのに、指も使えば手を使い、足先も、舌や唇も使うし、目も耳も、そして言葉だって使うことができるのだから。たしかに、さまざまな障害によって身体の感覚や機能が失われれば、身体ばかりか精神までも麻痺してしまう。それだけに、性が自分を部分的にではあれ取り戻していくスタート地点となるのは、自然ななりゆきだろう。だが、自我が身体のどこか一か所だけに宿ってはいない以上、セクシュアリティだってそれと同じことなのだ。

腹を立てること

セックスがヘット・ドルプじゅうに満ちあふれていたのに対し、怒りはほぼ完全に不在だった。自分の人生を考えてみても、私は怒りがらみの問題より、セックスがらみの問題の方をずっと敏感に気にしてきた。私にとっては、セクシュアリティの存在と怒りの不在とは、同じくらい大切な美点だった。いつからそうなったのかははっきりしないが、ポリオで長く動けなかったことと関係あるように思う。入院して数か月もたつと、自分はこの先、さまざまな面で人に頼らざるを得ないことがはっきりわかった。人々が世話をする「値うちのある」存在になるためには、あるいは、最低でも、世話をしやすい相手になるためには、何としても人に合わせるしかない。私が可哀想だから世話をしてくれるよりは、私を好きだからしてくれる方がましだ。母の好きな決まり文句に、「人の喜ぶことが言えないのなら、せめて黙ってなさい」というのがあった。この時期に母が本当にこれを連発していたかどうかは覚えていないが、私はしじゅうこの言葉を思い浮かべていた。私にとっては、これこそ生存の鍵となった。元がおとなしい人間なのだから、さらにおとなしくするしかない。ある友人が先日、私のこの「決心」をもっとわかりやすい言葉で表現してくれた。「今じゃぼくはこんな身体（ある種の消耗性疾患だった）になったんだから、だれにであれ、腹を立てている余裕はないんだ。人の力が必要すぎてね」[24]

ヘット・ドルプを訪れて以後数年で、私は慢性的な障害のある人のためのエンカウンターグループ風のプログラムで何度かファシリテーターを務めるようになったが、そこで掘り起こされた怒り（私自身のものも含めて）の深さときたら、驚くばかりだった。それは多分に、運命に、神の思し召しに、約束を破った医師に、保護者ぶって見下してくる社会全般に、過保護にふるまいながらも距離はとる

23 セクシュアリティにはたくさんの側面があることを最初に掘り下げたのは、あるいは Sigmund Freud, Beyond the Pleasure Principle, trans. J. Strachey (New York: Live-right, 1950)（「快感原則の彼岸」井村恒郎訳『自我論〈フロイド選集4〉』2015 日本教文社所収）だったかもしれない。

24 このことは A Life Apart: A Study of Residential Instilutions for the Physically Handicapped and the Young Chronic Sick by E. S. Miller and G. V. Gynne. (London: Tavistock Publications, 1972 =『施設と生活——重度障害者の依存と自立を支えるシステム』田中豊訳、千書房、1985）の記述からもうかがい知ることができる。この中で著者は、職員に対する依存があまりに大きく、ある種の要求や感情を抑圧してしまうほどだと記しているから、ヘット・ドルプでも同じことが当てはまってもおかしくはない。私自身、入院していたときは、看護師や医師を怒らせるのはいやだった。

友人や行きずりの人の態度に、これまで腹は立ちながら怖くて表現できなかったものが、ひたすら蓄積していたせいだ。もちろんわれわれとて、まったく怒りを爆発させた経験がないわけではない。だがそれは、遠慮して我慢するというふだんのスタイルからの逸脱と見なされる。罪悪感を覚えたり、雰囲気が気まずくなったり、ひどいときには叱責されたりすることで、本来は正当な怒りだったはずのわれわれの長広舌は、後悔すべき何かへと変質してしまう。われわれは怒りを捨てるように社会化されているのだ。

ある意味でわれわれは、自分たちには不平を言う権利はないと教えこまれてきたといえる。できるかぎりのことはしてくれている、みんな忙しいし働きすぎじゃないか、それに「ありがたいという気持ちはないのか?」というわけだ。この感謝というやつこそ、私たちにとっての呪縛だった。そもそも病気になった段階で私たちは人に頼るしかない存在となったわけで、どんな形であれ、怒りや不満を表に出すことは、よそで探すのが難しいケア、ある意味で(10章を参照のこと)自分にはもったいないようなケアの継続を危うくする行為となってしまう。それに伴い、私たちの怒りは当人の信用を下げる材料ともなる。これだけ世話になっておきながら、ろくに感謝もできない人間性の持ち主であることを示してしまうからだ。そうはいっても、いかにも感謝しているようにふるまうのは本来、屈辱的でもあるし、自己の値うちを引き下げる行為でもある。それゆえ、私はオフィスアワーに質問しに来た学生が私に「感謝」する習慣についてずっと疑問に思ってきた。私の感覚だとそれは、自分で選んだ職務の一環として提供している時間や配慮を、「個人的な好意」として、あるいは、配慮に値しない相手への特別な計らいと見なされたように思うからである。

「今あるものに感謝しなさい。もっと恵まれない人をごらん」という言い回しがある。この手の慰めの言葉を聞かされた経験についてほかの人たちとも語り合ってみた結果、興味ぶかいパターンを発見した。こいつが登場するのは必ず、自分の病状や障害のことで気落ちしているときに、身体に明らかな欠陥のない相手に向かってそういう落ちこんだ気持ちを表現した時なのである。この言葉は、落ちこんだ者を元気づけようとして発せられるが、現実には「黙らせる」効果の方がはるかに大きい。われわれが自己憐憫に溺れることを防ぐための言葉でありながら、真の機能は、聞き手である健常者を守ることだったのかもしれない。自分より恵まれた人ではなく恵まれない人に目を向けさせられて、われわれは健常の友人を羨むことも、ひいては恨むことも妨げられてきた。われわれが持たないものを持っていい気になっているのも、それがどういうことか自覚してないのも、こっちにそれを指摘さえさせてくれないのも、みんな健常の友人たちなのだし、われわれが怒鳴りつけたくなる相手も彼らなのだから。

怒りの表出法のなかには、ありふれたものでありながら、われわれには手の届かないものもある。筋力がなくて枕を殴ったり、椅子を蹴ったりできない仲間は多い。自分なりに可能な方法をとったとしても、咎められるか、ふつう以上のリスクを負うかどちらかだ。私の友人が妻のふるまいにいら立って車椅子に乗ったまま壁に体当たりしたときは、病院の職員に「自己破壊的傾向がある」とのレッテルを貼られてしまった。私も、怒りのあまり殴りかかろうとしてバランスを崩し、転倒したことがある。膝を捻挫し、親指を突き指したため、杖がひどく使いにくくなった。そんな例は山ほどある。糖尿病で網膜症もある人なら、出血が怖くて腕を振り回すこともできない。数えきれないほどの人々が、主治医からの説明の中で、無理をしてはいけない、心配ごとはいけない、興奮しすぎもいけないと注意されている。要するに、いかなる感情であれ、激しく感じてはいけない。まして怒りはなおさらというわけだ[25]。

こうして、容認できる表現方法を事実上もたないまま、慢性病の患者たちは怒りを自分自身に向けるか、さもなければぼんやりと薄れさせることを強いられる。後者の場合、成功すればするほど人は感覚が鈍くなっていく。自分自身から切り離されるあまり、何が起きても反応しなくなってしまうことがあまりに多い。こうして私たちは、専門家の文献にいう「よそよそしい」障害者というステレオタイプの元を作ってしまうわけだ。他方、怒りを内側へ向けてしまえば、うつという形になりやすい。慢性病の患者にうつ病が多いという調査結果が相次いでいるのも不思議はない。この抑うつ状態は、単にわれわれの喪失や他者への依存、体調のつらさ、つまり「現実に取り組まなくてはならない」ことに対する一次的な反応だけではない。それに負けず劣らず、社会によってひき起こされた防衛であり、怒りの表現を封じられた結果でもある。それによって社会の側が利得を得ていることは明らかだ。うつ病ならば本人の適応不足かリソース不足と見なされるから、個人の問題として片づけるのが容易になる。これが怒りとなると、原因がなんであれ、外へ表現され、ぶつけられるから、対応には乗りださないにしても、少なくともかかわり合いにならざるを得ない。

しかし、障害のある人々にとっての怒りの問題は、表現する能力だけの問題ではない。怒りなんてぶつけられるよりぶつける方がましなのかもしれないが、両者は連動するものでもある。仮に、不快な対象にはどんどん怒りましょうというのなら、今度は自分が人に不快な思いをさせたときに怒りをぶつけられる覚悟もしなくてはならない。こうして言葉にしてみれば自明に思えるが、実際に起きているときには、これがなかなかわからない。世の人々は慢性疾患や身体障害のある人に対して、大変注意深く、あからさまに怒りをぶつけないようにしているのだと気づくのに、何年もかかってしまった。

以前、ある集会で、車椅子に乗った男性がかなり賛否両論ありそうなレポートを出していた。ワークショップは批判で盛り上がった。なのにその批判は、一つとして発表者に向けられることがなかった。私ははじめあっけにとられていたが、そういえば自分もよくこうした扱いで「得をして」いたぞと気がついた。学問上の場面では、ぼくの提出した概念は難解だからなあ、きっと、よく咀嚼してから批判したいと思うと時間がかかるのだろうと正当化した。対人関係の場面では、自分は温厚だから人を怒らせることがないだけだと思いこんでいた。ようやくこの幻想を打ち砕いてくれたのは、教え

25　障害者、健常者ともに許容される唯一の怒りのはけ口がスポーツだ。こう言えば皮肉がすぎるかもしれないが、たとえば車椅子バスケットをするといった障害者のおこないを賞賛する声は、スポーツでもやってくれれば「発散」できるだろうという安心感によって強化されていないと言いきれるのだろうか。

子でもあり友人でもある女性だった。

あるとき、私たちはとあるやっかいな問題に二人で取り組んだ。彼女が私の見解に納得していないことははっきりわかった。仕事が終わって、私は彼女を問いつめた。「おい、君ははぐらかしてばかりじゃないいか。ぼくの言うことに異論があるんなら、はっきり言ってくれよ。怒りゃしないのに」「怒られると思ったわけじゃないんです。ただ、先生を傷つけたくなくて」彼女は、思わず口走ってから失言だったと気づき、謝りはじめた。

ショックだった。立場が上なのをよいことに私は食い下がった。「傷つくなんて発想、どこから出てきたんだよ。そんなふうに思われるようなこと、したっけ?」。おどけてもみた。「ぼくなら大黒柱なみにたくましいって評判だし、自分でもその気なのに」

彼女はずいぶんためらったあげく、私の長所をいくつも並べたてたうえで、ようやく続きを話してくれた。「これはみんなほんとだし、先生のことは尊敬してるけど、それでもどこか心の奥では、先生には何か傷みたいなものがあって、うっかり壊してしまいそうな感覚があるんだと思います」

そういえば、私は昔から何度となく「君が相手じゃ怒るに怒れないよ」と言われてきたのだが、そのすべてが、にわかに別の意味をもってたち現れてきた。人当たりもよく、長所だっていろいろ知られている私だが、その下からは、ちょっと批判されただけで容易にぐらつく弱さが見てとれるというのだ。私自身に覚えがないからといって、そんなことは救いにならない。みんなはそれを見た、あるいは、見ることに決めたのだから。考えてみれば、彼らのこうした態度のおかげで、私はずいぶん保護されてきたと気がついた。（フェミニズム運動によって指摘されたとおり）「君が聞いたら耐えられないさ」というのは、人が他者にぶつけうる最大級の侮辱の一つなのだから。われわれだって、たまには人のいやがることをしていないはずはない。それなのに憤りをぶつけてもらえないのなら、本気で相手にされていない、対応するほどのことだと思われていない、われわれがしゃくに障るふるまいをしても、あまり現実味をもって受け止められていない、というわけだ。

こうして、怒りの否認のサイクルはひと巡りしたことになる。慢性疾患のある者は自分の怒りを表現できない一方、他人も自分に腹をたてるかもしれないという現実から保護されてもいる。当初は私たちの身体的、医療的依存から生まれたものが変じて、私たちを社会的に依存させる生活様式に読み替えられてしまったというわけだ。

弱さを自覚すること

怒りの表現もヘット・ドルプではやっかいな問題だったが、自分の弱さを表現することはさらに難しかった。それは、実際に自分の心身状態が悪化する可能性を認めることになるからだ。慢性的な病気や障害をかかえる者にとっては、「弱さ」といえばまずは、即物的な身体の具合のことをさす。初めてヘット・ドルプを訪れるずっと前の私は、自分の弱さに直面するというのは、入居者たちにとってことのほか「酷な」プロセスなのではないかと思っていた。それどころか、ヘット・ドルプの募集要項が、弱さに目をつぶる傾向を無意識のうちに助長しているように思われた。

入居条件にははっきりと、応募時に満たし、その後も維持しなくてはならない最低限の身体的・心理的基準が記されていた（第1章を参照してほしい）。その結果、入居者たちの意識には、もしも心身の状態が悪化したら強制退去になるのではないかという恐怖心が根深くしみこんでいた。このルールは一度も発動されたことはないし、本部も行使をいやがっているようだとはいえ、成文化された脅しは常にそこにある[26]。この規定は慢性疾患のあるすべての入居者に対し、もしも身体が弱ったら住まいを奪われ、仕事を奪われ、人間関係を奪われ、世界を奪われるのではないかという恐怖に形を与えている。

私は、この気の重いメッセージをヘット・ドルプ滞在初日に気づかされることになった（第4章を参照のこと）。新たな友人になった入居者たちは、施設の「訪問者」だという私の思いこみを訂正し、私の滞在が一時的なのは健常者社会の方だと気づかせてくれた。これによって私は、それまで何度も感じながらも表現したことのなかったものに、名前を与えることとなった。どう考えても私は、健常者の世界に居住者の地位を維持しようと、大変な努力をしている。私とて人並みに風邪もひけばインフルエンザにもかかるが、それまでの一〇年で一度も欠勤したことがなかった。風邪やインフルエンザや外傷に屈するのは、きまって夕方か週末、さもなければ休暇中ばかりなのだ。自分の地位をおびやかすほどの大きな危機にはたいていい対処できていたが、たまに氷で足をすべらせたり、装具の当たるところに褥瘡ができたりといった小さな災難があると、やたらに腹がたつのだった。第一に、自分はこんな些細なトラブルでも通常の活動に支障をきたすのだったなと思い出すことになる。傷そのもの痛さもあるが、けがをすると歩き方を変えなくてはならないため、別のところに痛みや張りが出てくる。第二に、こうした細かな不調のたび、今度こそ大ごとになるかもしれないという恐怖が目をさます。転倒で腰骨を骨折するかもしれないし、補装具による褥瘡も、今度こそ治らない潰瘍になるかもしれない。ある意味で私には、どんなに用心しても、これで十分という限度がない。それどころか、細かいと見なしたことは気にかけないという方針にそれなりの投資をしてしまったので、私はダブルバインド状態に置かれていることになる（第10章参照）。

弱さというこの問題は、ヘット・ドルプの仲間たちに「君、状態が悪化してからは（悪化「したら」とは言わないのだ）どうする気なんだい」ときかれるたびに触れられるものでもあった。その可能性についてきちんと考えたことがなかった私も、自分がこれまで「弱味のなさ」にどれほど時間と力を費やしてきたかを自覚しはじめた。なにしろ「障害者」というと、一般には、かなり幅広い活動ができなくなっている状態ばかりが連想される。完全に動けず、弱っている状態だけが前提にされて、部分的な困難とか、一時的な困難がときおりくり返される状態などはめったに想定されない。

26　一連の内部向けメモから判断するかぎり、ヘット・ドルプの運営もこの問題を意識しており、別の方法を検討中であることは明らかだ。一時期は、他の地区よりも濃厚なケアが受けられる特別な「看護住宅街」建設という案も候補に上がっていた。しかし現在は、専門技術のあるスタッフを増員し、「進行性の」入居者はそれまでの自宅で看護するというやり方が有力のようだ。

その逆となるとさらにやっかいだ。「できる動き・活動はやるのが当然だ」、さらには、「やった方がためになる」という考えである。人目があろうとなかろうと、私もそういう経験がある。持てないほど大量の荷物を運んだり、車で行けるところへ歩いて行ったり、エレベーターがあるのにわざわざ階段を使ったりすることも多かった。この図式がもっと露骨に浮かび上がるのは、人もいないのに自宅で同じことをした場合だろう。どんなに暑い日でも、どんなに長時間立ったり歩いたりした日でも、私は就寝の直前まで脚と背中の補装具をはずさなかった。理由は簡単、はずすと歩くのが難しくなるし、物を運ぶことはほぼ不可能。まっすぐ立ったり座ったりした姿勢をある程度以上ながく続ける必要のある活動も、いっさいできない。つまり、ふだんやっている活動のすべてが、補装具をはずしたとたん、大変な努力を要するようになる。そして、このことを人に打ち明けるのもずっと困難だった[27]。昔にくらべれば格段に自分を受け入れられるようになった現在も、罪悪感は消えていない。人に手伝いを頼むのは難しいものだが、私の場合は、いくらか普通以上にそうなのかもしれない。外見が普通に見えるので（補装具が直接人の目に触れることはない）、日ごろから、見る人に「手伝わなくては」という思いを起こさせないからだ。しかし、難しい中でもとりわけ難しいのが、自力でもできると知っていることを頼むことだ。能力があるからには、いくら疲れていようと、どれほどの危険を冒すことになろうと、道義的に自力でやるべきだと思っていた。

最近になってようやく、こうして休みなく自分を証明しつづけるという構図の複雑さが見えてきた。私は、いつも手伝いを頼むがゆえに恩を感じざるを得ない立場に置かれるのがいやだったのだ。中でも身体を使う用事のときは、自分が別の機会に似たような手伝いをしてお返しできないとわかっているだけに、落ちつかない気分になる。しかしそれ以上に不隠なのは、私自身が、他人の目に映る自分のアイデンティティをこれほどまでに希薄なものと捉えていることだった。私が気にするのは、人々の間で、私があれをしていなかった、これをせずにすませていた、と伝わってしまうことなのだから。私が何をしていないかによって、私の弱点が残らずさらけ出される。さらにおそろしいことに、症状の悪化も明るみに出るかもしれない。「前はあれくらいやっていたのに」と気づく人がいるかもしれないではないか。

数年前、この恐怖が現実になったことがある。右の踵の骨にひびが入ったのだが、例によって私は、授業を一コマたりとも休講にしなかったし、予定もまったく延期しなかった。反面、少なくとも私自身の目から見れば、私はにわかに別人になった。一本杖しか使わない人間から、職場（ブランディーズ大学での十年目の年だった）に松葉杖で現れる人間になってしまった。歩調はかなり速い方だったのが、痛みのせいで足を引きずりながらもたもた歩いている。今まではみんなと同じ姿勢で働いていた

27　先日、以前の私がこの手の時間を切りぬけるために使っていたテクニックのひとつを思い出した。取ってほしいものがあるときは、「ちょっと悪いけど、」など、人間関係の潤滑油になるフレーズは省いてしまい、口調だけで匂わせるのである。つまり、必要なものの名前だけを吐き出すようにつぶやき、「ペン」と言って指差す、「ナプキン」と言ってジェスチャーを見せる――いずれも、本当の意味で依頼したことにはならずにすむというわけだ。

私が、片脚を高くして座るようになった。そして何より、かつては教材を運ぶのに手伝いを頼んだことなどなかったのに、今は頼んでばかりいる。これだけの異変がありながら、同僚も学生もだれ一人、どうしたんですかとききもしないのだ。こちらも一週間近く何も言わずに通したが、内心は煮えたぎるような思いだった。とうとうある日、かなり親しい友人をつかまえて、人が困っているのになんで気がつかないふりをするんだよと問いつめた。その答えには声も出なかった。「まいったなあ。だって、アーヴを傷つけることは言いたくなかったんだよ。君の障害が何なのかちゃんとは知らないけど、何だったか、慢性の病気だったよね。だから、病気が進行する時期に入ったのかなと思ってた」というのだ。このとき私は、自分が自分の体調とここまで疎遠になっていたのかと自覚することになった。この私と障害との乖離に拍車をかけたのは友人たちだけではなく（きみのことを身体障害者だなんて思ってないよ）、私も共犯だった（ぼくは全然、病気らしい病気をしないいんだよね）。この隔たりがあまりに大きいものだから、私が交通事故に遭ったことやポリオにかかったことは、ひと握りの人しか知らない。その経験が実際にはどんなものだったかを知る人となると、さらに少ない[28]。みんなもきかないし、私も言わなかったからだ。

この「自分は傷つかない、困らない」という態度を押し通すと、ほかにも憂鬱な代償を払うことになる。本当に手助けが必要になったときに、頼みかたがわからなくなるのだ。私は「いや、自分でやりますよ」というシグナルを発することをあまりに長く続けすぎたもので、困ったときにも、健常者たちのようにさりげなく必要を伝えることができない。まるで、人の二倍うるさくわめかないと誰の耳にも聞こえないように感じられ、それなら声など上げない方がましだという思いがますます強くなってしまう。

ここでも、ある具体的なできごとがきっかけで、成功しすぎのジレンマを痛感することとなった。大規模な施設ならどこでもそうだろうが、私の主たる職場であるブランディーズ大学でも、職員にはそれぞれの駐車スペースを割り当てている。私の車には障害者マークがついているし、私の障害も外見でわかる障害だ。だから、私の研究室のまん前の駐車スペースは、厳密には駐車禁止の場所になったとはいえ、難なく許可されるものだと思っていた（規則が改正されるまでは、ずっとそこに停めてきたのだ）。ところが驚いたことに、当初の申込みも一回目の抗議も却下され、私は責任者に電話しなくてはならなくなった。相手は私と同様に古参の教員で、いろいろな委員会でともに委員を勤めたこともある仲だ。そんな彼が事務にも伝え、私にも伝えてきた返答には度肝を抜かれてしまった。「そんな特別扱いを望むとは、何様だと思ってるんだ？」というのである。つまり私は、自分の障害は十分に重く、彼の特別な配慮に値する程度である旨、他者を説得しなくてはならない立場に立たされたことになる。まずは遠回しに出てみた。「なあ、きみならぼくのこと知ってるだろ」と言って、「ぼく

28　あるときわかったのだが、学生や同僚の中には、私が第二次大戦で雄々しく戦って負傷したというイメージをこしらえている人たちがいた。ちょっと簡単な計算をするだけで、真珠湾攻撃のときの私は六歳だったとわかるのに！

が杖をついて歩いてるのを見たことがあるだろう?」とにおわせたが、これでは足りなかった。「教授会にだって、ちゃんと歩いて来てるじゃないか」と言われ、途方にくれてしまった。この屈辱を怒りに転換し、大学は辞めるし、差別のかどで法にも訴えるからなと脅迫に出てみて、ようやく自分らしさを取り戻した気がした。しかし、電話を切ってみると、駐車スペースを得られたというせっかくの勝利も、なにか虚しいものに思えた。勝ったのは脅迫であり、正当性ではない。私のように有力な地位にないだれかに同じことが起きたらどうなることかと気になってくる[29]。脅しの材料を持たざる者は昔の私と同じことをして、「こうした手助けを頼むなんて、労力のむだだ」と学習することになるだろう。

だれが何を頼むかを問わず、人が援助を頼むという状況は、関係者の全員によって二律背反的に受け止められる。依頼が断られるかどうかの問題ではない。依頼は正当だと証明しようとすることで、頼み手の価値が切り下げられることになりがちなのだ。米国で、メディケア〈高齢者と障害者のための公的医療保険〉さえも屈辱のあまり申しこまない高齢者がこれほど多いという事実が、この問題を雄弁に物語っている。

たしかに、米国には相互扶助のための団体も多い。人々はある程度、相互に依存しているものだと自覚する機会もある。しかし一方的な依存となれば話は別だ。子どもは何かを「一人で」できるたびにほめられる。大人は「天は自ら助くる者を助く」とか「国に何をしてもらえるかではなく、国のために何ができるかを考えよ」とか言い聞かされる。建国二〇〇年を祝う祭の時期には、「われわれの独立心と自立心がアメリカを偉大にした」という決まり文句がくり返された。これらの一切が、援助を必要とする人々がそれを言い出せない環境を作り上げてきた。アメリカ社会はその代わりに、ほかの人が何を必要としているかを一部の人が代わりに決める手段をたくさん作り、困っている人が必要なものを気がねなく頼めるルートはほとんど作ってこなかった。六〇年代になって、他者に隷属するグループ、抑圧されたグループがようやく自分たちのニーズを表明しはじめると、それは「要求」と呼ばれた。そして「要求」とは、われわれの社会が、その存在も正当性も容易には認めたがらないものでもある。こうして行き着く先が、これまた言い古された「もらうより、与える方がはるかに幸せ」という決まり文句だ。本当に必要な人にとって、これがどれほどの重荷になることか！ これでは何ひとつ権利としての請求はできず、嘆願の形をとるしかない。「自ら助くる」ための機会と手段までも、他者に依存することになる。

ここで論じた数々の情動上の特質の中でも、自分の「弱み」に関しては、これに目をそむけるので

29 最近、学生の一人が、やはり駐車スペースの割り当てに特別な配慮が必要になり、同様の立場に置かれることとなった。彼女の場合は、怒りを発動しても効果はなかった。二種類の診断書を発行してもらい、医学的な根拠にもとづいて必要性を詳しく説明したところ、「そこまで（＝特別扱いを必要とするほど）病状が重い」のなら、そもそも学校へ来られないのではないかと言われることになった。代わりに私が正式に不服を申し立て、ついでに騒ぎも起こし、脅しもかけるまで、この決定は覆されなかった。ここでもまた、健康主義社会における恒久的障害者の「訪問客」身分が強化されることになったのだった。

もなく、ナルシスティックな甘え——もっとよく聞かれる言い方でいうと、自己憐憫——にも陥らずに、中間の道を見つけるのが最も難しいものかもしれない。人間ならだれにでも、ほとんど本能的に、自己愛へとむかう衝動がそなわっている。ただ、さまざまなやり方で社会的に抑圧されているにすぎない[30]。この衝動は、病人や障害者にとっては抵抗するのが難しいものだ。生理的にいっても、病気になると身体がこちらを向けと叫び声を上げる[31]。社会的にも、病人という役割になると、人は通常の活動、気晴らし、娯楽の供給を断ちきられる。この二つが合わさって、われわれはどうしても普通以上に意識が内向きになってしまう。長期入所施設によくある無味乾燥な環境も、この傾向に拍車をかける。もしかするとこれらのことがらは、どれもこれも、自分の弱さにかまけることを抑制するように仕向けているのかもしれない。それでも私は、そもそも自分の弱点にかまけることが問題になるのは、社会が弱みを認めることを、全くとは言わないにせよほとんど許容しないせいではないかと疑っている。泣くことに対する禁圧、ことに男性に対するそれが何よりの例だと思うが、そこにあるのは涙も自己憐憫と同様、いったん始まったら二度と止まらないだろうという恐怖である。だが私のこれまでの観察からいうなら、過度の涙がみられる人々といえば、自分の喪失を、とりわけ最初に起きたときに十分に嘆くわけにいかなかった人々であった。最初に嘆き足りなかったばかりに、嘆きは常時ちょろちょろと「漏れ」続けることになったというわけだ。

私たちの大半は、自分の喪失体験から必要以上に早く切り離されてしまっている。さっさと将来に目を向けなさい、すんだこと、なくしたもののことは忘れてしまいなさいとせっつかれるからだ[32]。

しかし、一般に広く認められている喪失や移行であれば、せめて、離婚の諸手続き、退職者の送別会、通夜や葬儀など、気持ちに区切りをつけるための儀式がある。ものによっては、一定の服喪期間が確保されていたりもする。たとえば、離婚や死別ののち、再婚できない期間が定められていることもあるし、正統派ユダヤ教徒の男性なら、近親者が亡くなって一年はカディシュという祈祷文を唱えることになる。慢性疾患や身体障害の場合も、それがなんであれ、時間を失い、可能性を失い、機能を失い、それまでの外見を失うことになるのだから、喪失体験の一つとして認められてしかるべきだし、それはそれとして先へ進む準備ができるまでの間は、きちんと嘆いてしかるべきなのだ。この嘆きは、必ずしも、一度やればそれでおしまいとは限らない。亡くなった身内のことならときおりふと思い出すだけという状態にもなりうるが、機能の失われた身体、一部分が欠損した身体はつねにそこにある。補装具、普通でない歩き方、服薬、体力不足などによって、常に喪失した身体を意識せずにはいられない。それを考えれば、われわれがしじゅう泣きっぱなしでないのはむしろ大したものだと言えるか

30 Sigmund Freud, Group Psychology and the Analysis of the Ego, trans. J. Strachey（London: Hogarth, 1949）（「集団心理学と自我の分析」井村恒郎訳『自我論〈フロイド選集4〉』2015日本教文社所収）. Philip Slater, "On Social Regression," American Sociolog-ical Review 28（June 1963）: 331-364.

31 David Bakan, Disease; *Pain and Sacrifice*（Chicago: University of Chicago Press, 1968）.

32 Erich Lindeman, "Symptomatology and Management of Acute Grief," American Journal of Psychiatry 101（1944）: 141-148.

もしれない。

可能性を持つこと

潜在能力をめぐる問題は、慢性の疾患や障害のある人々が直面する「やってもやらなくても責められる」というジレンマに要約される。私たちが自分の人生設計を考えようとすると、自分の身体的な困難を人生のすべてを覆いつくす課題だと考えるか、さもなければ、自分はみんなと少しも変わらない、特別な配慮は必要ないし、嬉しくもないと言い張るかという、両極端のいずれかに追い込まれる。社会の側にも、この二つの道に対応する防衛規制がやはり二つあり、ミラーとグインはその著書『施設と生活』（三五九ページ傍注参照）の中で、これらを「倉庫」モードと「園芸」モードと名づけた。「倉庫」的な見かたとは、対象者を、永遠に援助を必要とする者と見なすものであり、施設であれ個人による援助であれ、障害者が処遇される場のほとんどでこの考え方が優勢である。無限の可能性を「園芸のように」育てるというモデルは、社会がその人に見切りをつけ、「倉庫」に放り込むまでの間に適用される規範である。一見、片方が保守的で片方が進歩的と思えるかもしれないが、慢性の障害者たちはその両方から不利益をこうむってきた。

「倉庫」的見かたの源は、障害者の人生は身体の症状によって完全に決まってしまうという発想にある。この発想の少なからぬ部分には、一応の根拠がある。われわれは「慢性的な障害者」としての新しい人生の最初の時期を、さすがに医療の支配とまではいわないにせよ、医療の監視のもとに送ることになる。身体的症状ははっきりとさらされているし、自分が薬に、補装具に、スタッフに依存していることは隠しようもない。この現実はあまりに圧倒的で、あまりに目立ち、しかも休みなく立ちはだかるため、抗することは容易ではない。こちらもまだ病気やけがで弱っているころだったし、当時の私たちは、気がついてみたらリハビリプログラムの受け手となっていたのだ。このリハビリという文脈では、私たちの能力についても、また、何が私たちのためになるのかについても、勝手にいろいろと仮定され、しかもその仮定がなにか固定されたものであるかのように扱われる。悪いことに、プログラムの大半は医療という文脈の内部で行なわれる。つまり援助の与え手と受け手はどこまでも遠く、受け手は疑問などさしはさむことなく自らを与え手の手にゆだねるべしという世界である。そして最後に、アメリカ的価値観を基本とする医療は、いたってプラグマティックな応用科学であり、非常に実用性に重きをおく。「現実を考えましょう」という発想が、これほどあらゆる場面で特徴となる国が、ほかのどこにあるだろうか? おかげで障害者の能力についても、未知の潜在能力に期待するより、おおかたこの辺が限界だろうと現実的に見切りをつける方向へと押しやられる傾向がある[33]。

33 このことを示す例として最も不愉快なものが、リハビリ施設や作業所の多くに見られる「見せかけだけの仕事」だろう。これについての私の反応は、第4章に詳しい。

しかし、たとえ純粋に身体的な分野に絞ってもなお、普通はこれくらいと見積もられている以上の可能性が秘められていることは多い。ヘット・ドルプでの最初の朝に私は、ここではリハビリは一切行なわれていない、みんな入居前に回復できるところまで回復をすませているのだからと聞かされた（第4章）。だがのちに、それは部分的にしか正しくないとわかった。予後の診断までが訂正された人はいないが、病状は安定している人が多かった。それ以上に驚くべきことは、身体的状況がわずかながら改善していることだ。同じ用事をするにも新しいやり方に切り換えて、身体にかかる無理が軽減されため、その意味では健康状態がよくなったのだ。いくらかは電子的発明品のなせるわざだが、友人たちの何人かはこれを、能力を発揮するよう刺激してくると同時に、実験を許し、ある限度の範囲内でなら失敗をも許す環境のおかげだと説明していた。そうした環境はまた、意図してではないにせよ、ある種の社会実験ができる環境をも生みだしたのかもしれない。これほど多くの身体的、物理的なニーズに手当てがなされたことで、社会的関心にふり向けられるだけの時間と体力が空いたのだ。多くの入居者が、社会的な目ざめをむかえた——初めて自由に外出できるようになり、人と交際するチャンスを、職業を学び、始めるチャンスを、友だちを作り、わが家を持ち、さらには家族を持つチャンスを手にしたのだ。そしてごく少数とはいえ、それがうまくいき、新たに見つけた能力と資源（私的なものもあれば、公共のものもある）とを力に、退去が可能になった人たちもいる[34]。

「倉庫」視点や「身体条件中心主義」から自由になるのは容易なことではないが[35]、「なんでも可能」という園芸モードの誘惑にも、これに劣らぬ危険がある。前章でも触れた一九七六年夏季オリンピックのドキュメンタリーがよい例だろう。出てくる選手たちには敬意や羨望を感じずにはいられないが、だからといって、「努力で乗りこえられない身体的な問題などない」というメッセージを支持するわけにはいかない。私は可能性を要求はするが、このような呪いを欲してはいない。

身体を使う何らかのタスクがこなせるからといって、それをやるのが当然だということにはならない。二時間かけて一人で服を着ること、二時間かけて一枚の手紙を手書きすることが自分の自己イメージのためには不可欠とまでは言わずとも重要であると考える人がいないとはかぎらないが、たいていの人ならそんな時間や体力はほかのことに使いたいだろう。基本的なタスクに多大な時間と体力を費やすことで私たちは、ほかの可能性に気づくという可能性を排除することになる。よくあることだが、われわれは気がついてみたら疲れのためにものが考えられず、それゆえ、もっと十全に生きることもできなくなっている。ありがちな誤解は、これは私たち自身の選択ではなく、ほかの誰かの理想に合わせているに違いないというものだ。だが大半の人には、今さら外部から監視する目などあり

34 私とつき合いのあった範囲内では、二人がすでにヘット・ドルプを離れ、一人が準備中である。最もありがちな理由は結婚もしくはグループ結成だとはいえ、「一人でやってみようと」離れた人々の話も聞いたことはある。

35 女性解放運動がそうだったように、われわれの攻撃対象となったのは「解剖学的な差は宿命である」という思いこみと、その結果、われわれを特定の役割だけに押しこみ、それ以外の役割からしめ出す発想だった。Boston Women's Health Book Collective, *Our Bodies Ourselves, 2nd ed.*（New York: Simon and Schuster, 1976）を参考にしてほしい。

はしない。社会化はとうに完了ずみであり、メッセージは内面化されてしまっている。

重度の身体障害をもつ一部の人の例が「成功例」とされる、その底にどんな仮定条件があるのかも検討に値するだろう。前章では、身体的問題を克服したオリンピックの英雄たちについて言及した。私は詳しいことは知らないが、少なくとも、彼らの障害や疾患が競技能力に差し支える種類のものではないことは明らかだ。それに対して慢性疾患や障害をもつ人々の大部分は、忍耐や努力では乗りこえられない後遺症をかかえている。

しかし私が何よりも不安に感じるのは、ほとんどの成功物語ではひたすら個人的な要素ばかりが強調されている点だ。この点を説明する上で、私がいちばん詳しく知っているのは私自身でもあることだし、ここでは私自身の「成功」をデータの一端として提供しよう。私の場合、社会的なバリアが常に物理的バリアを上回っていたし、友人や親類のネットワークは、私個人の知能や性格などよりはるかに重要だとわかった。私の闘いが始まったのは、ポリオで入院していた病院を退院した直後のことだった。小児病院の偉いさんたちは、脚は全面的に補装具で固めるように、そして、私を地元の入所施設のある肢体不自由児センターへ移すように勧めてきた。言うとおりにしないとリハビリの妨げになるし、合併症の発症にもつながるだろうと言われた。しかしうちの家族には、この理屈はどうも循環論法のように思えてならなかった。家を離れなくてはならないのは病状のせいではなく、補装具を装着するためだという話ではないか。わが家はエレベーターなしの三階にあったから、病院の人たちはただ単にそれを理由に、階段の昇り降りは無理だと判断したのだ[36]。

一方、一六歳の私はボストンラテン学校の卒業学年への進級をひかえている時期でもあり、ただでさえ人生を一年損した心境になっていた。青春をとり戻したかったし、家族の賛成もあって、小児病院よりもおおらかな、マサチューセッツ記念病院の方針に従うことにした。ここでは、そんなにすぐに補装具をつけなくともよいと言っていたからだ。とはいえ、どちらの病院も、日々の生活をスムーズにするヒントは一つも与えてくれなかった。解決策はすべて、家族や親戚、友人たちが考案したものばかりだ。父とおじたちがお金を工面して、運動用のエアロバイクを買ってくれた。祖父は車を買う資金を貸してくれた。おじの一人が手すりを補強してくれたし、私が身体を持ち上げられるよう、あちこちに台を作ってくれた。当時まだ八歳だった弟はどこへでもお使いに走ってくれたし、私の手の届かないものは何でも取ってくれた。母はそれらすべてをコーディネイトしつつ、送迎の車を運転してくれた。そして、いつも変わらず励まし、支えてくれたのはおばだった。

一年近くも欠席した学校に戻るには、またひと悶着あった。ボストンラテン学校には障害生徒に対応する設備もなかったし、まるまる一学年休み、引退した元教員にときおり個人指導を受けただけの

36 物理的環境に関する病院側のアセスメントも、まったく当たっていなかったわけではない。退院して最初の数か月は、補装具なしで階段を昇るのに、最後には段に腰をおろして尻で一段ずつ上がるものだから、玄関に着くまで三時間もかかっていたのだ。ただ、私も家族もまったく急ぐ必要はなかったし、ここまで進んだら休憩という決まりもできた（真ん中のところで、おばとコーヒーを飲むことになっていた）し、私が身体を持ち上げられるよう、特製のハンドルも用意されたのだった。

生徒の受け入れをどうしようかという前例もなかった。学校側は、私をどちらの学年に入れるか決めるため、試験をしようと言ってくれたが、くだんの元教員が反対した。試験なんて負担がかかるじゃありませんか、リハビリのプログラムにも差し支えますよというのだ。そして、ひとまず仮に進級させてみて、ついて行けるようなら、前の学年の単位を遡って発行すればいいじゃないのと主張したのだった。

復学したらしたで、業務用のエレベーターを使えるよう、また、教室に着くのが遅れたり、早めに退室したりするのを見のがしてもらえるよう、学校管理者に強く要求しなくてはならなかった。友人たちは交代で教科書を持ってくれたし、ときには私の身体まで運んでくれた。友だちどうしの関係では、みんながやたらと大きく見えてしかたがなかった。みんなは車でどこへでも連れて行ってくれ、私が参加できない経験をなるべくなくすように計らってくれたし、初めてのデートの手配までしてくれた。微妙な年ごろでそれでなくてもぎくしゃくしているのに、自分は松葉杖はついているし、外見もおかしいと思うとよけいに自信がなかった。そのせいでデートを断られたら、告白してもだめだったらと考えては身震いしたものだ。

私の人生、私の職歴のすべてにおいて、同様のエピソードはいくらでも並べることができる[37]が、要点はずっと変わらない。私がどの程度の成功を収めようとも、それはひとえに、私には常に機会が開かれていたおかげであり、それが閉ざされないよう、また私が実際に機会を活かせるよう、力を尽してくれる人々がいてくれたおかげなのだ。

ということは、成功の理由として（そして、バリアが越えられなかったときに、その失敗の理由として）個人の資質ばかりが強調されるのは、本人にとっても社会にとってもその方が都合がいいからにすぎない。あまりにも多くのものを失った当事者にしてみたら、だれかの恩を無視することを代償に、成功できなかった仲間たちとの共通点から目をそむけることができる[38]。社会にとっては、恒久的な障害を負った人々の社会進出、社会復帰を困難にしているプロセスに関して、自分たちに原因があることも、またそれ以上に、自分たちには責任があることも否認するのに役にたつ。私の家族がもっと貧しかったら、あれほど口やかましくなかったら、私に友人が少なかったら、友人たちがあれほど世話好きでなかったら、味方になってくれた人々に制度と闘う気概が乏しかったら、私個人の長所などむだになってしまっただろう。逆に、私たちの住む世界がこれほど健康主義でなく、ここまで資本主義が徹底しておらず、階級差も激しくない社会で、ここまで誰かをしめ出し、権利を剥奪する口実を見つけることに血道を上げず、もっと全員を受け入れ、全員の潜在能力をひき出す手だてを尽す社会

37　一九五四年、私がハーヴァードの三年で自動車事故に遭ったときにも、同様に友人や親戚のネットワークが力になってくれた。私はまる一学年分もベッドから出られなかったにもかかわらず、教室に行かずして出席できるしくみを、みんなして作り上げたのだった。

38　私もこの点ではいやというほどつまずいてきた。だれかに「これだけのことを克服してこられたなんて、すごいですよね」などと持ち上げられると、簡単によろめいてしまうのだ。私も成功した仲間たちも、せっかく患者としての意識が深まっても、すっかりそれを否定するような返答をすることになる。

だったなら、私はそもそもたいしたバリアを乗り越えずにすんだのだ。

小括

身体障害や慢性疾患をかかえた人が直面する問題をせんじつめれば、「子ども扱い」と「半人前扱い」という二つの言葉になる。子供扱いが途中経過であり、半人前扱いはその結果だ。人は病気になると、気分も、行動も、周囲の扱いも、どうしても依存的な状態にならざるを得ない。ところがこれは、通常なら子どもに特徴的な状態でもある。急性疾患であれば一時のことですむが、恒久的な障害となった場合、患者役割に内在する幼児的な要素も固定化されてしまう。

だがそれは単に、実際に人の手を借りざるを得ないというだけで起こるのではない。この社会は他者への依存を嫌うばかりでなく、対等な相手の世話を焼くことも良しとしない。だから健常者にとっても、自分も居心地悪くならずに障害者を助けるために使えるモデルはただ一つ、「健康な親」と「病気の子ども」という役割しか残されていない。継続的に援助を求めることができるのは子どもだけだし、継続的に援助してくれると当てにしてもいいのは親だけだから、自分はだれかに依存し、世話をしてもらうしかないと知った段階で、われわれは唯一許されている役割を引き受けてしまうのだ。

しかし、子ども扱いは単に役割関係だけにとどまらず、活動内容にも影響する。親は通常、わが子の身体的活動や感情の表出に一定の制限を加える。とりわけ、セクシュアリティ、怒り、弱さの表現は否定される（「赤ちゃんみたいに泣いたらおかしいでしょう」）し、可能性についても限度を決める（いくつかの活動については、何歳で解禁されるかを両親や社会が判断する)。しかし、子どもたちならこうした不自由もいつかは終わるはずだ。ところが、社会が成人に対して同じことをすれば、子ども扱いはとりもなおさず半人前扱いとなる。

こうして書き連ねてきたすべては、ここへきて一つのジレンマに行き着く。人にはほかのだれかを幸せにする力があるというロマンティックな考えを、私は放棄せざるを得ないのだ。現在のように幸せに「する」という表現をとるかぎり、一方は与える側でもう一方はもらう側という役割にはめ込まれてしまう。それよって双方ともがどれほど幸せになろうとも、この関係によって、受けとる側の依存度は減ずるのではなく増していく。自力で、自分なりに幸せになる能力も衰えていく。そのことを自覚すればするほど与える人への感謝の念はかき消されるし、相手はもう少し感謝してくれてもいいのにと感じるようになる。もちろん、だからといって、人はほかの誰かの幸せに何がしかの役割を果たすことができないということではない。少なくとも、健常者はバリアの除去を手伝うこともできるし、ヘット・ドルプの創設者たちがしたように、建築物の障壁の解消に励むこともできる。しかし、人はいつか必ず――創設者も、教育者も、親も、恋人も――手を放さなくてはならない。それどころか、手を放すというプロセスは、始めるのが早ければ早いほど全員にとってスムーズなものとなるのだ。

読者のみなさんはもうお気づきだろう。私がここで述べてきた「欠如」はどれも、実は同じものなのだ。みんな同じ一つの問題、つまり、一人前の人間としての資格を認められるかどうかという問題をそれぞれに反映したもののように思われる。私もこれまで述べてきたように、また、ヘット・ドルプで出会った友人たちも言っていたように、彼らも私もしょっちゅう、人間以下の存在として見られるという状況に直面してきた。これは、「～と違う」が「～に劣る」と変換されつづける限りは避けようのないことだが、案外、それこそが根本的な目的なのかもしれない。前章に続き、私が本章でしていることは、この社会が、自分たちが無視したい成員、少数民族、若者、女性、老人などに一人前の資格を与えないための手管のいくつかを記述することだったのだろう。自分が望まない成員を人間として貶め、一段低い地位に押しこめ、無力なる者として扱った方が、社会としては安心して彼らに対処できるのだ。黒人は知能が低いために無知で、子どもは幼くて理解できず、女性が苦境に耐えられないのは感情的だからで、老人が無気力なのは年のせいで、慢性病の患者にはとにかく能力がないのだということにしておけば、すべては本人の問題であり、社会の責任ではなくなるのだから。

終章

インテグレーション、個人、社会についての、締めくくりではあるがとても終わりとはいえない考えのいくつか

病んでいる者がいる。病で死にかけているのかもしれない。苦しみは彼のはらわたにある。鉱山にある黄金のように、それは何の役にも立たない、彼の苦しみを知らせるこの鐘は、私の黄金も掘り当てて自分のことだと言う誰かの危篤について考えることで、私自身の危機に思いを馳せるいかなる人の死も、私の一部を失った気にさせる。なぜなら私は人類の一員なのだから。

それ故、誰がために鐘は鳴るのかとあえて知ろうとすることはない。それは汝のために鳴っているのだから。(ジョン・ダン)

四回しか行ったことがないにもかかわらず、ヘット・ドルプという場所も、そこの人々も、ほかの経験と同じくらい私の人生の一部として感じられる。ここでの体験談がこの本の大半を占めるとはいえ、ヘット・ドルプの物語も私自身の物語も、とても完結したとはいえない。私が書いたものはせいぜい経過報告といったところだ。入居者仲間と私自身の体験したことや考えたことを撚り合わせて、慢性疾患や身体障害のある人間として健康主義社会に生きるとはどんな感じがするものかについての描写を試みた。健康主義社会は、最悪の場合、単に障害者だけでなく、障害を連想させるものなら自らに内在する要素までも残らずけなし、スティグマを付与し、距離をおこうとする。

このプロセスを打ち消すための、簡単な答えなど存在しない。だがヘット・ドルプを訪れ、この本を書くという体験を通して、私は単純な真実へと至った。慢性的な症状をもつ人々を切り離し、否定しようとすれば、結局は障害者だけでなく、そうでない人たち全員からも力を奪うことになる。

この原則を道しるべに、インテグレーションという概念について、いくつかの考えを述べて本書の締めくくりとしたい。ここでもまた、まずは個人の体験を参照点として、そこから社会全体の話へ発展させるのが書きやすい。

これまでにも述べてきたように、私は「障害者としての自分」を自分の人生の一部としてとり込み、統合するよう奨励された経験をほとんど持たない。少しでもそれをしようとすれば、屈伏したのだとか、正常になる努力を放棄したのだと解釈された。私が歩んできた道を知ってもらうには、一九七五年の一月に起きたあるできごとを紹介するのがよさそうだ。このとき私は、週末を費やして「精神統合療法」という心理療法のテクニックの研修に参加していた。ここで行なわれたワークの一つに、ガイドつきファンタジーというものがあった。参加者はインストラクターの指示に従って、まずは自分自身を絵に描いていく。自分は苦労して険しい山を登りおえたところだという設定で、小さな家の前に立っている姿を描く。家には人がおおぜいいて、聞き覚えのある声がいくつも聞こえてくる。聞こえてくる声はいずれも、自分を構成する一部分を表している。その中から二人を選んで、会ってみましょうというワークになった。私が書いた物語は、次のようなものになった。

聞こえた声とつながっている頭部が二つ、ドアからこちらを覗いた。最初の声は力強く、役を演じる男だった。ひいきの俳優ジャン・ギャバンとスペンサー・トレイシーの二人を合成して、ジャン・スペンサーと名づけた。もう一つは声も姿もぱっとせず、世界じゅうのどこにでもある何かを表している感じだ。私の障害者としての面なのだろう、もう一つ好感が持てない。こいつには、トールキンの三部作『指輪物語』から、あまりいいやつともいえず、ときに哀れでもある登場人物の名前を借りて、ゴラムと名づけた。

ジャンはすぐに飛び出してきて、ほとんど私を押し倒さんばかりだったが、ゴラムはうなり声を上げるばかりで、引きずり出さねばならなかった。みんなで歩きだしてみると、ジャンと私は旧知の友のようで、ジャンが語ってくれる話題はどれも、私の毎日の中で彼の姿がとび出してくるとき――教室で講義をしているときとか、お話を語り聞かせているとき――のことだった。一方、ゴラムはどうやらずっと後ろで「あたしもいるんだけどね、アンタあたしのことなんか見たくないでしょ」とクスクス笑っているらしかった。そのへそ曲がりな態度が鼻について、私は言い返した。

「一回見かけたけどね、嫌いだったさ」

彼は不幸せそうともとれる調子で、「アンタがチャンスをくれなかったんじゃないか。あたしだって本当は、そこまでひどかない」と答えたが、信じられなかった。小川に着くと、ゴラムは渡るのをいやがり、ジャンと私でかかえ上げ、ほうり投げてやるしかなかった。なぜか、彼は転ばずにちゃんと立てるだろうと思っていたら実際そうなったのだが、お礼は言われなかった。その日はずっといい天気で、私たちは行き先も決めずに歩き回った。ゴラムは隠れんぼを始めたが、ジャンと私は取りあわないつもりだった。ただ、少なくとも私は無視を貫くことができず、不承不承、笑顔を見せることになった。そのとき、彼が変わりはじめた。表情はやわらぎ、うなり声が笑みに変わった。一瞬、このドラマの主導権を握っているのはどちらなのだろうと思った。私が彼を変えたのか、それとも、彼は最初からああだったのだろうか。次に大きな川に着くころにはもう、私たちはばらばらに進む気にはなれなくなっていた。そこで、ジャンと私が橋になり、今ではずっと大きくなったゴラムも渡ることができた。奇妙な話だ。大きくなったゴラムなのに、背中を渡っていくその身体は、さっきより軽いのだ。ほどなく私たちは、最初に出発した家が、行く手の丘のてっぺんに建っていることに気づいた。ところが、急いで家を目ざすのではなく、私たちはぐるぐると丘を巻くように走って時間稼ぎをした。もう少しで頂上というところで私がバランスを崩したら、なんと、ゴラムが支えてくれた。ジャンはそのようすをずっと見ていて、ウインクをしてよこした。小屋に着いたが、ジャンとの別れはそう辛くはなかった。彼も、「心配するなよ、今はむりでも、また後でさ……。それに、ぼくらはお互いのことを嫌っていうほど知ってるしね。ぼくのことを、しょっちゅう出しゃばりすぎって思ってる人もいるくらいだし」と言ってくれた。ゴラムとの別れの方が辛かった。たった今手にしたばかりのものを失いそうで怖い。そんなわけで、私たちはひたすら見つめ合い、目からお互いを吸収して、それから別れた。仲良くなったというほどではないが、もはや、まったく見ず知らずの相手でもない。

ファンタジーの中でしたのと同じように、私は現実の生活でも、休むことなくゴラム的な部分をより分けようとしている。よくある形は「自分という人間、自分の人生、自分の性格のどの部分が障害によるもので、どの部分は関係ないのか知りたい」[39]という欲求だが、最近になってもうひとつ、自分でも驚くような面が立ち現れてきた。ゴラムを実在の、しかも、いつも悪いばかりではない自分の一部として表に出してやったことで、過度に強靱な「それくらい自分でできますってば」的な部分がはがれ落ち、同時に、必要なものはうるさく要求するようになったのだ。実を言うと、私が、もし

39 この部分の輪郭を見きわめようと、私は自分自身に向けて「ある性的断片：有能であること、しっかりしていることについての内省」という個人的なメモを執筆したことがある。

かしたら自分にも、それなりの「配慮」を頼む（のちには「要求する」になった）「権利」があるんじゃないかと思うようになったのは、ほんのここ数年のことでしかない。十年近くも、私は困難な交渉を重ねてきた。たとえば、大学の施設管理課を相手に、私の部屋がある建物の正面に手すりをつけさせようとしてきた。相手の正義感、慈悲心、いずれに訴えても効果はなく、結局のところものを言ったのは意識の変化、それに力関係だった。あるとき、別の大学から有利な条件を持ちかけられたと知ると、経営陣は私に、ブランディーズに留まってもらうためには何をしたらいいだろうかときいてきた。「まずはもう少し建物に入りやすいよう、手すりなんかいいんじゃないですかねえ」と私は答えた。それからは、方々で同様の要望をくり返すようになった。まずは、手すりもエレベーターもない会場での講演を断った。これまでのように、三階のオフィスや講堂まで階段で来ていただけますかと言われて、反射的に「あ、全然平気ですよ」と答えることはなくなった。

こうしたやりとりは、私にとっては自覚を高めていく営みだったが、一方で、アメリカ式のやり方の内部へ取りこまれてしまうことでもあった。障害者問題も、その解決も、あくまで個人に属するものだという発想を強化することになってしまうのだ。だから私は、自分の障害をアイデンティティの一部として受け入れていきながらも、ほかの障害者たちと自分との間は隔たったままだった。

私の意識が次にもう一段階広がった理由は、正直、自分でもわかっていない。障害者相手の仕事が増えていくうちに、ある日、ようやく気づいた。私がしょっちゅう感じる痛みは、彼らの状況に共感してのことだけでなく、実は、私自身の一部でもあったのだ。はっきり覚えているのは、一九七七年秋の新学期に、講演依頼への対応を変えたことだ。依頼の段階で、例によって必要な配慮の有無をたずねられると、完全にアクセシブルな施設でしか講演はお受けしておりませんと答える。主催者は最初はおろおろして、まさか車椅子をお使いとは存じませんでしたと謝罪してくる。いえ、車椅子は使っていませんよと答えると、最初は恥じ入っていた相手の表情が困惑に変わる。そこで私が、アクセシブルな建物は講師だけでなく、聴衆にとっても必要なのですよと説明するのである[40]。

自分の身の回りで自分に必要なことは、社会全体にも必要なのだ。慢性疾患や身体障害という問題は以前よりも注目されるようになったとはいえ、その語られ方には、どこか区別や分断を固定するはたらきがある。医療コストに加えて、建物面・運用面双方のバリアを除くためのコストの増大を正当化しようと思えば、どんな人が障害者に該当するかを定義し、人数も把握しなければならないものらしい。しかしそれをすれば、重要な現実をねじ曲げることになる。障害かどうかを振り分ける厳格な基準を見つけようとしたり、「重い」「見た目ではっきりわかる」障害だけに絞ろうとしたりすれば、実際には非常にぼんやりした、しかも不断に変動する領域に明確な線を引き、はっきり差をつけることになる。障害者は二〇〇〇万人いるという立場、三六〇〇万人だという立場、さらには人口の

40 ここ数か月で、私にとっての「アクセシビリティ」の意味はさらに広がった。主としてボストン自助センターの同僚たちのおかげで、それは単に物理的なバリアのことだけをいうのではなく、コミュニケーションのバリアも含まれると気づくことができた。だから、人前で講演を頼まれると、聴覚に障害のある人々のために各種の通訳をつけるよう要求するようになった。

半数に何らかの障害があるという立場さえあるが、そのいずれで合意したところで自己欺瞞にしかならない。いくら人数を大きくとろうと、固定した人数が存在するという考えが誤っている。こうして範囲を定め、人数を定めることで、人は病・障害・死という現実を「異常な問題」に仕立てようと企て、少なくとも「今ここにはいないだれかほかの人の問題」という事にしようとする。だが現実はそうではないし、そうではありえない。本書をお読みの読者諸賢にしても、せいぜい、一時的に健常者であるにすぎない。ほぼ全員が、いつかは何らかの慢性疾患にかかるか、一時的にか一生かはともかく、それなりの期間を障害者としてすごすことになるのだ[41]。

この種の障害の否認がやめにくいものである以上、このプロセスを解体するのに必要な手段の数々は、気づくことも困難なら実行することも困難だ。それでも、少なくとも三つの方法はおのずから浮かび上がってくるだろう。まず、われわれ障害者は、自分自身の利害を大切にしなくてはならない。われわれは自分の症状の「身体性」からも、医療に生活を支配されることからも、自らを解放しなくてはならない[42]。なかでも私がよくいうのは、私たちはどれほど頻繁に自分のことを診断名でよび、人にも呼ばせてきたかということである。私たちはポリオであり、がんであり、麻痺、ろう、盲、びっこであり、四肢切断であり、卒中である。喪失の形はそれぞれにちがっても、それによって半人前扱いを受けるという結果は同じ。個別の疾患名を軸にまとまれば研究資金を集める上では有利だろうが、そのためにわれわれは力を合わせることができず、互いに張り合うよう仕向けられることになった。サービスは専門分化が進みすぎたし、われわれの集団意識は発展しなかった。他者に（治療

41

あまりの皮肉さに愕然としてしまうが、私は二〇年近くも前に、疾患というものの概念、診断、さらには患者数の数え方さえもがまともに機能していないことを知っていた。私の立場を端的に示した論文もある。

「疫学的研究の大半において、疾患の定義は問うまでもないこととされている。しかし今日の慢性疾患はいずれも、かつての伝染病のようには容易に概念化することも測定することもできない。われわれが長年、疾患とは何であるかを決着ずみの問題であるかのように仮定してこられたのは、ひとえにここ半世紀にわたる医学的・外科的な進歩が多大なものであったからである。がん、心臓病、嚢胞性線維症、その他さまざまな疾患との闘いにおいて、一つ、また一つと勝利をおさめつつある中では、病なき世界というユートピアがあたかもすぐそこにあるようにも見えよう。しかし、一つ決着がつくたび、また新たな敵が現れるのが常とも思えるほどで、これでは、病なき世界など本当に実現するのか疑う声もでてくる」

「通常は、病なき人生の真偽など形而上学的な課題にすぎないと片づけられてきた——疾患の統計的な分布についてのよくある思いこみによって、この問題を無視することは非常に容易であった。人は必ず死ぬということはしぶしぶ認めつつも、病気については概して、比較的頻度も低く、普通でない、異常な現象という思いこみがなされてきた。さらに、疾患を記述するのに一般に使われる統計もこの思いこみを補強している。はっきりと診断名のついた疾患、欠勤した日数、通院した回数などの数字を見れば、一人あたりの頻度はたしかに比較的低い。実はこの種の統計が示すのは治療がなされた疾患に限られるのだが、それが真の姿を反映しているかどうかに疑問が挟まれることは少ない。病院その他の機関を受診しなかった（それゆえ「疾患の」統計に表れなかった）人々は健康と見なされている可能性がある」

「しかしながら、捕捉されていない疾患の多さに言及する研究はしだいに増えてきた。医師の見積もりからみても、素人の回想からみても、治療につながらなかった疾患の比率は三分の二から四分の三にのぼる」

「こうしたデータを持ちこめば、疾患の統計は意外な姿を見せる。経験にもとづく現実では、臨床的に深刻な症状の存在によって定義づけられる疾患は、比較的まれで異常な現象どころか、統計的には『標準』といってもいい」（"Culture and Symptoms: An Analysis of Patients' Presenting Complaints," American Sociological Review 31, no. 5 (October 1966) : 615-616.）

つまり私は、疾患はどこにでもあるものだという主張が可能なことを、十分に承知していたことになる。このような主張が、医療、および、医学研究に、また社会学的にはどのような意味があるかということも、あちこちでこまごまと記述してきた。それなのに、そのことが、社会に、政治に、私個人にどのような意味をもつかをまともに受けとめるには、ほとんど一世代分の年月がかかってしまったのだ。

では医療関係者に、資金については社会全体に）依存していることを強く意識させられ、責任を感じさせられたことで、自分には権利などないかのような気にさせられてきた。われわれ病人、権利を剥奪された市民としてはもしかしたらアメリカで最後の、そして潜在的には最大の集団であるわれわれは、自分たちの権利のために団結しなくてはならない[43]。疾患ごとの団体の枠を超えて、権利を主張し、人々を啓発し、カウンセリングを行い、助け合いのグループを結成しなくてはならない。そして、可能なかぎりどこでも、いつでも、スタッフはメンバー同様、慢性疾患や身体障害を持つ本人であるべきだ。それ以外の人の手伝いを受けつけないとか、健常者には理解できないとかいうのではない。ただ、女性団体や黒人団体がそうだったように、歴史の流れの中で、われわれは目下、進むべき道を知るには自分の直接体験が欠かせない段階にいるということだ。

とはいえ、自助運動は闘争の一部分でしかない。変革のための必要条件ではあるが、十分条件ではない。社会の制度に関しても、私たちの自己意識に劣らぬほど問題にしなくてはならない。というより、この二つは相乗効果になるのだ。だから、一人の障害者の困りごとを語るのに、身体機能にかかわるその人の欠陥だとか、能力の不足で説明してはならない。私たちが社会に参加し、役割を果たすのを邪魔する制限、障壁は何なのかと語らねばならない。問うべきなのは身体障害者が全員アクセスできる社会を作るのにいくらかかるかではなく、なぜこの社会は、こんなに多くの成員を締め出すように作られ、維持されてきたのかということなのだ。

こうした締め出しは、産業社会に伴う偶然の副産物ではないという考えがしだいに広まりつつある。

西欧の宗教のいくつかと資本主義とのあいだには、イデオロギー上の親和性がある。「勤勉」や「神の恩寵」によって人々に序列をつけることを、たえず正当化してきた宗派なのだ。宗教や法律が社会的価値の絶対的規範としての力を失いはじめると、今度はダーウィンが、おそらく本人にそんなつもりはなかっただろうが、生物学的決定論の時代への扉を開いた。当時の批評家にも彼の仕事が社会に与える意味の重さに気づき、声高に声を上げたものはいた。

「これでは科学的カルヴァン主義を伝導することになりますよ。宗教による運命論の代わりに、生物学的決定論をもってね」

かつては神のせいにされていた宇宙の不変さ、序列の強固さが、今では科学的な必然性のせいにされている。それからの百年で科学、なかでも医学の影響力はどんどん大きくなり、ある部分では医学が信仰や法律に取って代わるほどになった。かつてこの社会で「善良」か「邪悪」か、あるいは「合法」か「非合法」かと表現されていたものが、今では「健康」か「病気」かと称されるようになった。私たちが目下経験しているのは社会全体の医療化であり、社会統制の手段と制度として医療が肥大化

42　Ivan Illich, *Medical Nenesis* (New York: Pantheon, 1976 ＝『脱病院化社会——医療の限界』金子嗣郎訳、晶文社、1998）は、われわれが救われる唯一の道は医学の進歩だと考えるすべての人にとって、読んでおく価値のあるものだ。

43　John Gleidman, "The Wheelchair Rebellion," Psychology Today 12 August 1979: 58-64, John Gleidman and William Roth, *The Unexpected Minority* New York: Harcourt-Brace Jovanovich, 1980.

しているのだ[44]。そして、社会問題にとりくむ上ではこの方が人間的でリベラルなのだという意見も一部にはあるとはいえ、健康と病気という枠組で考える以上、依然として問題の原因も解決法も個人の能力に求めるばかりで、社会制度を問う視点は出てこない[45]。身体に欠陥ありと宣告された成員を人口の一定数かかえることは、社会にとって、ある重要な機能を果たしている。これは認識しておいた方がいいが、この国では、健康関係の職業は現在、雇用数の面で最も成長著しい分野だし、医師は高額所得者の第一位だし、健康関係の産業はいずれも大きな利益をあげている[46]。品のない言い方をすれば「他人の苦しみで儲けている者がいる」というわけだ。こうして、社会にとっての経済的動機と政治的動機は互いを強化しあう関係となった。だれかを下層に置くことで経済的にも、社会的にも、心理的にも得をする者が一人もいなくなる日まで、排除のためのカテゴリーは存在しつづけるだろう。

本書の出発点であった、人を半人前扱いするとはどういうことかという問いは、結局のところ、私たち全員に向けられた問いである。医療という舞台で今起きていることは、「私たちの『主体性』はどうなってしまうのか?」という、現代のアイデンティティの危機を示す絶好の例である。私たちの主体性と医療が戦うことになるのは、はっきりそれとわかる抑圧者がいるからではなく、抑圧者の姿がほぼ目に見えないからだ。医療の考え方、使われる道具、医師をはじめとする援助職の人々などに邪悪な面があるからではなく、むしろないからなのだ。悪とは凡庸なものであることをハンナ・アレントは描写したが、その原理がここにもみられる[47]。だが医療という場では、ナチスよりも危険はより大きくなる。そのプロセスが技術的な、科学的な、客観的なものであるかのように偽装されるばかりでなく、目的も本人のためだとされるからである。

そして最後に、実際に運動団体に加入するかどうか、加入せずとも支援するかどうか、また、アメリカの社会的・政治的・経済的な構造を変革するべくその他の方法を探るかどうかを問わず、やはり少なくとも自分自身について点検することは欠かせない。道義心や正義感ではそんな気にはなれなくとも、生死にかかわることとなれば話は別かもしれない。人はだれでも、いつ壊れるかわからない存在であり、それは変えようがない。そして全員が、それを自覚して耐えていかねばならない。目をそむければ、不測の事態への備えがよけいに手薄になるだけだ。だれもが年をとる。現代技術の恩恵で命が助かることがあれば、病人として、あるいは障害者として生きる年月はかつてよりも長くなり、三重の意味で無力さを味わうことになる。一つめに、身体が悪くなるのだから、物理的にも対人的に

44　Irving Kenneth Zola, "Medicine as an Institution of Social Control," Sociological Review 20, no. 4（November 1972）: 487-504.

45　Peter Conrad and Joseph w. Schneider, *Deviance and Medicalization: From Badness to Sickness*（St. Louis: C. V. Mosby, 1980 =『逸脱と医療化——悪から病いへ』進藤雄三監訳／杉田聡・近藤正英訳、ミネルヴァ書房、2003）並びに Robert Crawford, "You Are Dangerous to Your Health: The Ideology of the Politics of Victim Blaming," International Journal of Health Services 7, no. 4（1977）: 603-680.

46　Health Policy Advisory Committee, editors, *American Health Empire: Power, Profits, Politics*（New York: Vintage, 1971）.

47　Hannah Arendt, *Eichmann in Jerusalem*（New York: Viking Press, 1963 =『エルサレムのアイヒマン——悪の陳腐さについての報告［新版］』大久保和郎訳、みすず書房、2017）

も、どうしても人の手を借りざるを得なくなる。二つめに、それまでの障害の否認によって知識も持てず、適応のための資源も失っている。そして三つめに、先に老人になった人々に自分がしてきた仕打ちに気づき、何かあっても今さら抗議できる立場ではないと感じてしまう[48]。自分の一生には価値がなかったと感じている高齢者が少なくないという調査結果が相次いでいるのも、不思議はあるまい。どんないい物語だろうと、ラストが悪いだけで、現在ばかりか過去までも色あせて見えてしまうのだから。

本書はエリック・エリクソンの引用句で始まった。もう一度、同じ引用句で締めくくるのも悪くはあるまい。

その長短を問わず、また、それがライフサイクルの序盤であるか、中盤、終盤であるかを問わず、はっきりした意義もなく生きた時期が少しでもあったなら、一生をとおしての生の感覚も、死の意味も危うくなるものだ。人生のあらゆる時期は、互いに絡みあっているのだから[49]。

48 「これは当然の報いだ」と感じていればいるほど、好ましからぬ状況の是正を要求するのがひどく難しくなる——そして、自分を許し、助けてくれる他者の気前のよさに任せるしかなくなる。

49 Erik H. Erikson, *Insight and Responsbility* (New York: W. W. Norton, 1964, p. 133. ＝『洞察と責任——精神分析の臨床と倫理［改訳版］』鑪幹八郎訳、誠信書房、2016)

解　説――アメリカ障害学の原点

杉野昭博
（東京都立大学教授　障害学・社会福祉学）

アーヴィング・ケネス・ゾラ（Irving Kenneth Zola 1935-1994）の *Missing Pieces: A Chronicle of Living With a Disability* を私が初めて読んだのは二〇〇四年頃のことである。当時私は、障害学 Disability Studies を日本に紹介する本を書いていて、イギリスに比べてアメリカの障害学の情報があまりに少なかったので、自分であれこれ調べていくうちに、「この本こそがアメリカ障害学の原点だ」といった記述を見て注文した記憶がある。最初の読後感は「文学的だな」という印象で、文学に無知な私は、同じユダヤ系アメリカ人のウディ・アレンの映画を連想するしかなかった。退屈な日常描写と小難しい会話が延々と続くのだが、なぜか最後まで読んで／見てしまうところが、私にとってのゾラとアレンの共通点だった。しかし、論文英語しか読めない私はこの本の中の微妙な心象描写、つまりウディ・アレンの映画のような部分はすべて飛ばして、自分で理解できた部分だけを取り上げて自著で紹介した。[1]

とはいうものの、私自身が読みきれなかった心象描写の部分に何が書かれているのか気になって、生活書院の高橋さんに翻訳の企画を持ち込んで、「訳者は英文学の人がいい」などと勝手な注文までつけていた。翻訳作業は難航したが、ニキ・リンコさんという異能の人と出会うことで、すばらしい翻訳原稿ができあがった。ニキさんの翻訳を読み終えてみると、私は何もわかっていなかったなという感慨にふけっている。これは凄い本だと思う。「あなたの人生を変えた一冊」というような企画があると、そんな書物と出会ったことのない私は縁遠く感じていたが、ようやく私もそういう本と出会えた気がする。

二〇〇三年に日本で障害学会が設立されて以降一七年が経過して、さまざまな優れた研究が発表されてきた。初期の障害学において説明に時間を要した「社会モデル」は今や国連の障害者権利条約にも採用され、「世界の常識」になりつつあるし、障害学の「障害当事者視点」についてももはや説明は不要になり、その多様化や「拡張」について議論されていると思う。日本ではおそらく「障害当事者」と言えば、未だに行政上の「障害者」定義、つまり、「障害者手帳が交付された人」が想定されるし、国内の障害者政策を研究する場合は、どうしても行政上の定義をひとまず出発点にせざるをえないだろう。しかし、障害学では設立当初から行政上の「障害者」に当たらない人たちの視点や研究もあり、その「多様性」もまた「既存の障害研究」にはない魅力の一つだったと思う。今日では、「障害」の多様性はさらに拡張して、知的障害や発達障害や精神障害のみならず、ＬＧＢＴの身体や、「ジェンダー化された身体」や、あるいは「サイボーグ化した身体」まで含むようになり、もはや「標準的でない身体感覚／経験」すべてが障害学というフィールドになだれこんでいるというのが世界の潮流だと思う。

このことは、いわば、「障害の主体的経験」とは「身体規範からの逸脱」であり、「病気の主体的経験」と本質的には変わらないことになる。こうした見方は、一般には「医療社会学」と呼ばれる社会学の一分野の視点であり、この視点から「障害」を定義したのが医療社会学者のアーヴィング・ゾラである。彼はポリオ・サバイバーでもあり、本書のナンシー・メアーズ[2]による序文にもあるように「アメリカ障害学創設の父」とも呼ばれている。

このように、アメリカ障害学の古典とも言うべき本書をはじめ、ゾラの業績の先見性は近年のアメリカ社会学においても高く評価されている。二〇一七年にアメリカで出版された障害社会学を振り返る11の論文からなるアンソロジーのうち2つの章がゾラの業績を主題にしている。そのうちの一つ、Back to the Future: Irving K. Zola's Contributions to the Sociology of Disability（温故知新：アーヴィング・K・ゾラの障害社会学への貢献）という論文で、著者の Melissa Jane Welch は、「見えない障害があって慢性疾患のある自分」は、いつも「医療社会学と障害学との間で引き裂かれるように感じてきた」が、ゾラの業績は二者択一から自由にしてくれたと述べている。[3]

病気や身体経験の解釈を重視する医療社会学と、差別や社会的抑圧として障害をとらえようとする障害学は、当初から「医療モデルVS社会モデル」の二元論をめぐって対立してきた。個人的なインペアメントは医療の問題とする一方で、障害による差別や排除をディスアビリティと呼んで社会の問題として扱おうとする障害学の社会モデルは、いわば障害者の身体と差別を切り離すものだった。こうした障害学の二元論に対して、医療社会学者や女性障害者たちは「身体の問題は差別と切り離せない」と批判してきた。[4] しかし、社会的差別の解消を優先させるべきだというマイケル・オリバーやコリン・バーンズの主張が障害学では優勢となり、また、アメリカの障害者差別禁止法や国連の障害者権利条約などの法制度の整備がすすむなかで、障害者運動の目標も「身体と切り離した差別の解消」へと向かっていった。

しかし、障害者差別禁止法制が世界的に実現した現在では、障害者運動や障害学の中心を担っているのは、むしろ、身体と差別が切り離せない人々、目に見えにくい多様な障害や疾病をもつ人や、多様な抑圧を受けている人たちである。いわばこの人たちは、医療モデルと社会モデルの二元論のはざまに落ちた人たちであり、差別禁止法や障害者権利条約では救済されにくい人たちだといえるだろう。この人たちの運動や主張に共通するのは「身体性」の強調と、幅広いマイノリティとの連帯である。たとえば、障害のある身体を「芸術」として提示するディスアビリティ・アートの運動や、ＬＧＢＴＱなどの性的マイノリティと連帯する障害者運動などが海外では盛んである。

身体（医療モデル）と社会（社会モデル）の二分法を架橋する試みの原点が、ゾラの論文 Bringing Our Bodies and Our Selves Back in（私たちの身体と自分自身を取り戻すこと）であると Welch は述べている。この論文でゾラは、自身の障害をはじめとして、あらゆる身体特徴は自分のアイデンティティの中核を占めていると述べている（Zola 1991: 2）。このことは、ディスアビリティ（社会的障壁）はインペアメント（障害や病気のある身体）から切り離せないし、私たちは（脳も含めた）身体を通じて世界を経験しているということを示唆している。障害学のディスアビリティとインペアメントの二分法を理論的に克服する必要が迫られる現在、障害の主体的経験や、人間の経験の身体性を重視することで、客観的医学知識の権威に対抗しようとしたゾラの業績への再評価がおこなわれているといえるだろう。

本書を紹介するうえで、もう一つの特徴に触れる必要がある。それは、およそ学術的な論文形式とは異なり、ゾラのモノローグや私的なダイアローグで構成されている点である。本書の出版以降、晩年の学術論文には必ず彼の「個人的経験」が埋め込まれるようになった。また、彼が生前ほぼ一人で編集していた障害学会ニュースレターの『季刊障害学』*Disability Studies Quarterly*には、多様な書評やエッセイや映画評などが掲載されていた。このようにゾラは、学術論文の執筆とほぼ同じ熱意で「障害をめぐる多様な開かれた語り」を紡ぎ出そうとしていた。本書はそうした「開かれた語り」の一つであり、その副題には「ある障害者の人生の語り」と記されている。本書の序文でナンシー・メアーズは次のように述べている。ニキさんの訳文を引用しよう。

「本書の美点の一つは、こうした（障害と共生することで社会はどれだけ豊かになるだろうかという）問いを、必ずしもじかに問うてはいないのに読者からおのずから引き出すところだ。その語り口に誘われて、私たち一人一人がアーヴの体験をそのままに共有し、どんなに平凡なことだろうとそのすべてを味わうことになる。」

ゾラの紡ぐ語りとは、障害の身体性の経験のモノローグであったり、また、ユダヤ人の出自や、労働者コミュニティの出身であるといったさまざまなアイデンティティをめぐるダイアローグであったりする。これらの語りには不思議な共感力がある。それはメアーズも指摘しているように、平凡で退屈な日常のこまごまとした出来事が詳細に語られるからかもしれない。ポリオも、アメリカのユダヤ人も、ボストンのマタパン地区も、ハーバード大学も、ほとんど想像できない私でも、慣れない車いすでシャワーでずぶぬれになってしまう心地悪さや絶望感などの描写には思わず共感をもつ。こうした日常的な身体レベルでの共感をきっかけとして、想像しにくいようなゾラの出自や個人的事情に引き込まれてしまうのかもしれない。

このような「開かれた語り」の効果をゾラはかなり意識的に用いていたことがうかがわれる。ゾラの没後、その妻で、アメリカの第二波フェミニズムの一角を担った「ボストン女の健康の本集団」の設立者の一人のジュディ・ノルシジアン Judy Norsigian が運営するゾラ公式サイトには、ゾラのショート・ストーリーを集めた遺稿集 *Meaningful Relationships/Moments in Time*（人生で意味のある関係や瞬間）が公開されている。ゾラがこれらの短い話を書きためてきた理由と、ゾラの周囲の人たちが彼の学術論文よりも語りを愛してやまない理由が、ゾラ公式サイトに寄せられた一人の元学生の文章で明らかにされている。

高校時代に自動車事故で障害を負ったスティーブは、一九九〇年にオハイオ州のオバーリン・カレッジに入学して障害啓発イベントを企画していた。そこでゾラの先妻との娘のアマンダと出会い、ゾラを紹介してもらい講演を依頼する。

緊張気味に電話をするスティーブに、ゾラは「アーブと呼んでくれ」と親しみをこめて応答する。

「本当のところ僕は自分の話をしたいんだ。学術講演がご希望ならするけれど、語りの方がわれわれのメッセージを人々に伝えるにはいいと思うんだ」

「われわれのメッセージってなんですか？」

「障害のある人は生身の人間で、廃人なんかじゃないってことだよ」[5]

ゾラがこうした個人的な話を語るようになるのは、本書 *Missing Pieces* がきっかけだと思う。本書はオランダの障害者施設での滞在記だが、ゾラの滞在は一九七二年のことである。本書の初版の出版は一九八二年なので、参与観察調査から出版まで一〇年が経過している。これはたんに研究成果の整理に時間がかかったといったことでなく、学術的な禁欲主義からゾラが自由になるために必要な時間だったし、自分自身を語るために必要な時間でもあったのではないだろうか。先述したようにゾラは一九八〇年以来『季刊障害学』を一九九四年に亡くなるまで個人的に編集していたが、初期の学会ニュースレターのような内容から徐々に障害や病気のある人のエッセイや詩が掲載されるようになる。

このように、本書の出版を機に学術論文から語りへの転換がゾラのなかで起きていたのではないだろうか。そういう意味では本書は、アメリカにおける「障害社会学」から「障害者の語りとしての障害学」への分水嶺なのかもしれない。

残念ながら、日本の障害学は、これまでイギリスの障害学、とくにその社会理論的な側面が強調されていて、アメリカ障害学の判例研究から文学論まで幅広い鉱脈が十分に紹介されていない。アメリカの法学分野での障害学の興隆と、歴史学、文学、芸術学での障害研究の厚みを見ると、日本の障害学は障害学の可能性のごく一端しかとらえていないような気がしてならない。[6] 本書が日本語に翻訳されることで、ゾラの障害学が日本でも広く読まれ、障害学にも、障害者運動にも一つの刺激になることを願っている。

最後に蛇足かもしれないが本書のタイトルについて解説しておきたい。*Missing Pieces: A Chronicle of Living With a Disability* という題名は翻訳するのにかなり悩んだ。*Missing Pieces* は直訳すれば「失われた断片」だろうが、何の断片なのか考えると、ゾラのアイデンティティの断片だろうから「失われた私のアイデンティティ」という意味で「失われた自分」、さらにこの本はゾラのアイデンティティ回復の物語なので「忘れていた自分」という翻訳を私は自著で紹介した。また、サブタイトルの *A Chronicle of Living With a Disability* も、a chronicle をどう翻訳するか悩んだ。直訳すれば「年代記」や「編年史」だがうまくあてはまらない。「時間を追った出来事の記録」という意味では、本書はオランダの障害者施設にゾラが滞在した一週間の記録が日記形式で書かれているので「日誌」という意味もあるだろう。しかし、その滞在日誌の中でゾラは自分自身の四〇年近い人生を回顧し、それらの回顧録も日誌に含まれるので「ゾラの個人史」という意味もある。その両方を意味するものとして私は「障害とともに過ごした日々」という翻訳をあてた。しかし、主題も副題も本当にこの訳で間違いないのか不安が残った。

今回この解説を書くにあたって参照したゾラを再評価するスーザン・ベルの論文では、「*Missing Pieces* の最終章でゾラは、車いすを使用したオランダの施設では、自分が性的な存在で、怒ったり、傷ついたりするし、可能性をもった存在であることが失われていたように、これまでの自分の人生でもこの四つの要素がいかに拒否されてきたかを思い出している」[7]と述べられている。つまり、missing pieces（失われた断片）とは、具体的には本書第11章の「性・怒り・脆弱さ・可能性」の四つの否定のことであり、「廃疾にいたる四つの階段」を指しているということだ。つまり「障害者」になるということは、自分のアイデンティティの中核をなす重要な四つを失うことであるということが本書の主題である。さらに、先述したメアーズの序文やゾラの公式サイトの「短編遺稿集」から推測すると、chronicle は時系列の記録でありゾラの人生史という意味での「語り」だろう。

このようにアメリカで出版されたゾラの再評価論文やゾラの公式サイトからの情報によれば、本書のタイトルは『障害によって失われるアイデンティティの重要な四つの部分――ある障害者の人生の語り』[8]となるだろう。この翻訳には、間違いないという確信があるが、大学受験問題の解答と解説を読んだ時のような気分になる。異議はないけれど、どこか納得できない自分がいる。

やはりこの本は、ゾラが失っていた自らのアイデンティティの重要な一部を回復する語りだと思うし、オランダの施設であるヘット・ドルプの人々も、とてもセクシーで生き生きとした人間性ある人物として描かれている。私はこの本を読んだ時、とくにヘット・ドルプの描写については、一九八〇年代に五年余り教員として過ごした盲学校での経験を重ねていた気がする。盲学校というのは、いわば、健常者社会から隔離された通所施設だが、そこには濃密な人間関係があふれていた。ある意味では、健常者の社会よりも人間臭い場所だったし、性も怒りも脆弱さもあふれていた気がする。ただし、可能性については否定されていたかもしれない。

ゾラを語るうちに、ついつい自分のことを語り出してしまう。これは私だけなのだろうか。読者のみなさんのご意見をぜひうかがってみたいものだ。

■注

1　杉野昭博 2007『障害学――理論形成と射程』東京大学出版会、第3章参照

2　Nancy Mairs（1943-2016）二〇代後半に多発性硬化症と診断され、車いすで生活していたアメリカの女性作家。*Waist-High in the World: A Life Among the Nondisabled*（1996）が、青海恵子訳『車椅子の高さで』というタイトルで一九九九年に晶文社から邦訳出版されている。

3　Melissa Jane Welch, 2017, " Back to the Future: Irving K. Zola's Contributions to the Sociology of Disability", in S. E. Green & S. N. Barnartt eds., Sociology Looking at Disability: What did we know and when did we know it?, Emerald（UK）, pp.

134-5

4　杉野 2007（前掲書）pp. 126-134

5　Stephen Gulley, 2001, "Irv and the Big Blue Hippie Van", https://irvingzola.com/hippie.htm

6　二〇一六年に日本障害法学会が設立され、日本でもアメリカと同様に法学における障害研究が今後発展することが期待できる。一方、日本における「文学的障害学」の業績には、倉本智明編 2010『手招くフリーク――文化と表現の障害学』生活書院、荒井裕樹 2011『障害と文学――「しののめ」から「青い芝の会」へ』現代書館などがある。また、芸術と障害については、田中みわ子 2014『障害の身体におけるコミュニカビリティの研究――芸術と日常の実践を中心に』筑波大学博士論文（つくばリポジトリ）などがあり、『障害学研究16号』では「障害の歴史――歴史学と障害学が交わる場」という特集が掲載されている。これらの業績から、アメリカの「人文学としての障害学」という方向へ、日本の障害学が今後発展することを大いに期待したい。

7　Susan E. Bell, 2017, "Bringing Our Bodies and Ourselves Back in : Seeing Irving Kenneth Zola's Legacy" in S. E. Green & S. N. Barnartt eds (op. cit.) p. 147

8　今回 *A Chronicle of Living with a Disability* の和訳を、拙著での「障害とともに過ごした日々」ではなく、「ある障害者の人生の語り」と訂正したのは、本書はあくまでもゾラの個人史であって、「ともに過ごす」共生について読者に考えさせたとしても、ゾラ自身が直接共生について言及することはないからである。

◉本書のテクストデータを提供いたします

本書をご購入いただいた方のうち、視覚障害、肢体不自由などの理由で書字へのアクセスが困難な方に本書のテクストデータを提供いたします。希望される方は、以下の方法にしたがってお申し込みください。

◎データの提供形式：CD-R、フロッピーディスク、メールによるファイル添付（メールアドレスをお知らせください）

◎データの提供形式・お名前・ご住所を明記した用紙、返信用封筒、下の引換券（コピー不可）および200円切手（メールによるファイル添付をご希望の場合不要）を同封のうえ弊社までお送りください。

◉本書内容の複製は点訳・音訳データなど視覚障害の方のための利用に限り認めます。内容の改変や流用、転載、その他営利を目的とした利用はお断りします。

◎あて先：
〒160-0008
東京都新宿区四谷三栄町6-5 木原ビル303
生活書院編集部　テクストデータ係

キリトリ線

【引換券】

ミッシング・ピーシズ

【著者紹介】

アーヴィング・ケネス・ゾラ（Irving Kenneth Zola）

1935年、アメリカ合衆国マサチューセッツ州生まれ。ハーバード大学卒業。医療社会学者。

16歳で罹患したポリオ・サバイバー。アメリカ障害学会（Society for Disability Studies）創設メンバーであり、学会ニュースレターの『季刊障害学』（Disability Studies Quarterly）は、生前ほとんど一人で編集していた。「アメリカ障害学創設の父」と呼ばれている。1994年没。

【訳者紹介】

ニキ リンコ

1965年日本生まれ。出版翻訳者。

訳書にワイズ『奇跡の生還を科学する』（青土社）、アースキン『モッキンバード』、ブートン『人生の途上で聴力を失うということ』（明石書店）、バーンバウム『アノスミア　わたしが嗅覚を失ってからとり戻すまでの物語』、デサール＆タッターソル（三中信宏との共訳）『ビールの自然誌』（勁草書房）など。

ミッシング・ピーシズ
——アメリカ障害学の原点

発　行———　2020年10月20日　初版第一刷発行
著　者———　アーヴィング・ケネス・ゾラ
訳　者———　ニキ リンコ
発行者———　髙橋　淳
発行所———　株式会社　生活書院
〒160-0008
東京都新宿区四谷三栄町6-5 木原ビル303
TEL 03-3226-1203
FAX 03-3226-1204
振替 00170-0-649766
http://www.seikatsushoin.com
印刷・製本——　株式会社シナノ

Printed in Japan
ISBN 978-4-86500-117-4

定価はカバーに表示してあります。
乱丁・落丁本はお取り替えいたします。